LEGENDÄRE EXPEDITIONEN

LEGENDÄRE EXPEDITIONEN

50 Originalberichte

Fergus Fleming & Annabel Merullo (Hg.)

Einführung von Michael Palin

NATIONAL GEOGRAPHIC

INHALT

VORWORT

DAS 18. JAHRHUNDERT markierte in der Geschichte der Entdeckungsreisen einen Scheideweg. Bis dahin ging es eher darum, Gold oder Gewürze zu finden und die Länder zu erobern, die sie produzierten. Als aber die Gelehrten der Aufklärung darüber nachdachten, wie die Welt funktioniert, verdrängte der Entdeckungsgeist die Gier. Zwar ging es auch weiterhin um die Eroberung von Territorien, doch es wurde jetzt auch akzeptiert, dass Entdeckungsreisen das Verständnis der Menschheit von der Welt erhöhen sollten. Jene, die ins Unbekannte aufbrachen, waren keine Abenteurer und Freibeuter mehr, sondern Forscher. Es wurde von ihnen erwartet, dass sie sehr genau über ihre Reisen berichteten – und das Gesehene auch in Bildern dokumentierten.

Kapitän James Cook war einer der ersten, der dies leistete. Zwischen 1768 und 1779 unternahm er drei große Seereisen, welche die Antarktis, die Arktis, Australien, Neuseeland und Polynesien umspannten. Seine Tagebücher beschrieben nicht nur die neuen und exotischen Gefilde, sondern zeigten dank der Kunstmaler der Expedition auch, wie diese aussahen. Die Obrigkeit sperrte vor Staunen Mund und Augen auf und die Öffentlichkeit ebenso: So etwas hatte man nie zuvor gesehen. Danach wagte es kein Forschungsreisender mehr, nach Hause zurückzukehren, ohne den von Cook gesetzten Standard mindestens zu halten oder gar zu übertreffen.

Man kann gar nicht genug betonen, welchen großen Eindruck diese frühen Reisetagebücher hinterließen. Sie trafen auf eine Epoche, in der Alphabetisierung weit fortgeschritten war, als wilde Landschaften und „edle Wilde" in aller Munde waren und als die Wissenschaft noch nicht so entwickelt war, dass man den Traum von der Realität hätte scheiden können. In der Tat leistete die Realität dem Traum Vorschub. Romantiker wie Byron, Keats, Shelley und Coleridge verfassten einen Großteil ihrer besten Werke unter dem Einfluss der Entdeckerliteratur. (Samuel Taylor Coleridges *Ballade des alten Seefahrers* (1798), Mary Shelleys *Frankenstein* (1818) und Edgar Allen Poes *Der Bericht des Arthur Gordon Pym* (1850) wurden alle durch Berichte aus den Polargebieten inspiriert). Um 1820 gehörten Entdecker zu den prominentesten Zeitgenossen: Ihre Tagebücher waren Bestseller, Passanten überquerten die Straße, um den Autoren die Hand zu schütteln; sie wurden mit Ehrungen überhäuft und ermutigt, wieder auf Entdeckungstour zu gehen.

Dies war zwar nicht die Geburt der Reiseliteratur, aber der Beginn ihrer Popularisierung. Während der nachfolgenden Jahrzehnte wurde sie ein etabliertes Genre, eines, das über alle Merkmale der Fiktion verfügte – erzählerischer Fortschritt, Spannung, die Entwicklung von Charakteren, plastische Beschreibungen von Ländern und Menschen – jedoch mit dem Vorteil, dass alles auf Tatsachen beruhte. Nicht dass man Tatsachen hätte zwangsläufig von Fiktion trennen können. Erst spät, nämlich in den 1830ern, merkte Charles Darwin an: „Die Grenzen des Wissens des Menschen in jedem Fachbereich bergen ein großes Interesse, das möglicherweise durch die Nähe zur Fantasie erhöht wird." Diese Nähe machten sich Autoren wie Jules Verne zunutze, deren Romane nicht nur in der Entdeckerliteratur wurzelten, sondern bisweilen nicht von ihr nicht zu unterscheiden waren. Es ist eine Ironie der Geschichte, dass einige der scheinbar bizarrsten Beispiele der Science Fiction später Tatsachen wurden.

Entdecker wie auch Romanschriftsteller erkannten, dass man mit Seemannsgarn gut Geld verdienen konnte. Manchmal spielten sie ihre Erfahrungen hoch: Gefahren wurden ausgewalzt, Streitigkeiten übertrieben, Aufzeichnungen gefälscht, und gelegentlich war alles von vorn bis hinten erfunden. Ein herausragendes Beispiel für Letzteres war Frederick Cook, der ein Jahr in der kanadischen Arktis verschwand und dann 1909 verkündete, er sei am Nordpol gewesen, wobei er darauf vertraute, dass niemand ihm das Gegenteil beweisen könnte. (Seine Erwartungen wurden zunichte gemacht.) Es gab nur wenige Gauner wie Cook – mit der möglichen Ausnahme seines Rivalen Robert Peary – aber als die Rätsel des Globus schrittweise gelöst wurden, veränderten die Tagebücher der Entdecker ihren Charakter. Waren sie zunächst Tatsachenberichte über Gesehenes und besuchte Länder gewesen, entwickelten sie sich zu dramatisierten Erzählungen und dann zu nachdenklichen Aufsätzen über die Natur des Entdeckens, die Welt und die Menschheit. Auch die Art und Weise, in der die Entdecker ihre Erfahrungen festhielten, veränderte sich. Stift, Papier und Wasserfarben wurden schrittweise durch Schreibmaschinen und Kameras ersetzt, die ihrerseits von Computern und Filmen abgelöst wurden. Unabhängig vom Medium, dem Jahrhundert oder der Geisteshaltung, erfüllte jeder Entdecker den ursprünglichen Zweck der Aufklärung, nämlich von neuen Welten ein möglichst lebendiges Bild zu vermitteln.

Unweigerlich kommt auch die Frage auf, wer denn nun ein Entdecker sei und wer nicht. Eine allgemein akzeptierte Definition besagt, dass es jemand ist, der neue Länder entdeckt hat. Was ist jedoch dieses Entdecken, und was sind neue Länder? Ein Geografiepurist würde sagen, von einigen Ausnahmen abgesehen, wurde bislang erst wenig Neues entdeckt: Es ist nicht mehr passiert, als dass Menschen eines Ortes verkündet haben, dass auch andere Orte existieren, wobei sie den Verdacht bestätigten, den die Bewohner dieser Orte schon lange hatten.

Im gleichen Zuge ist es auch schwer, zwischen Entdeckungs- und „normalen" Reisen zu unterscheiden, zumal die dem Tode trotzende Odyssee des einen für einen anderen ein alter Hut ist. Daher haben wir beschlossen, dass ein Entdecker jemand ist, der das Unbekannte genau aufzeichnet und das tut, um zu forschen statt eine Reportage darüber zu schreiben und haben dabei jenen den Vorrang gegeben, die dies als erste taten – wobei wir uns als Herausgeber das Recht vorbehalten, jemanden zu begünstigen oder inkonsequent zu sein.

FERGUS FLEMING & ANNABEL MERULL

EINFÜHRUNG *von Michael Palin*

ERST ALS ICH UNGEFÄHR ZWÖLF oder dreizehn Jahre alt war, gab ich schließlich die Hoffnung auf, ein Entdecker zu werden. Seit dem Alter von etwa acht Jahren war ich mir eines starken, manchmal fast verzweifelten Bedürfnisses bewusst, vor allen anderen Menschen bestimmte Teile der Welt sehen zu wollen. Ich bin mir nicht sicher, woher dieser Drang kam, aber als ich *Legendäre Expeditionen* las, wurden meine Erinnerungen wach. Ich war von den Geschichten der großen Entdecker völlig hingerissen. Frostbeulen, Wundbrand, Kannibalismus und Flüche, die nackte Angst und völlige Erschöpfung, diese ganze Palette des Schreckens erschien mir um so vieles interessanter als Cricket zu spielen und Horlicks zu trinken.

Meine Fantasien zogen begierig Nahrung aus den Berichten über Leid und Tapferkeit – etwa Kapitän Scotts verhängnisvolle, aber packend dokumentierte, Expedition zum Südpol, Livingstons Auflehnung gegen Tod und Krankheit, um die hoch aufragenden Viktoria-Wasserfälle zu erreichen; Mallory und Irvin, die etwa 250 Meter vom Gipfel des Mount Everest entfernt in einer Wolke verschwanden und nie wieder gesehen wurden.

Für einen angehenden Entdecker der 1940er und frühen 1950er Jahre waren es schwierige Zeiten. Beide Pole waren schon „weg", genau wie die Nordwest- und die Nordost-Passage, die Quelle des Nils und ein Großteil Saudi-Arabiens. Die großen Gipfel des Himalayas, auf die ich meine Hoffnungen gesetzt hatte, wurden einer nach dem anderen „abgehakt": Der Annapurna, der Everest und dann sogar der K2 – und ich war noch nicht einmal in der Pubertät.

Am 29. Mai 1953 kämpften sich Edmund Hillary und Tenzing Norgay bis zum Gipfel des Mount Everest hinauf, als erste Menschen, die das jemals geschafft hatten. Ich war stolz auf sie. Wir alle waren das. Und vielleicht war ich auch etwas enttäuscht. Vielleicht hatte ich sogar schon damals eine kleine Vorstellung davon, dass dies, wenn ich jetzt so zurückblicke, im wörtlichen und im übertragenen Sinne der Höhepunkt des goldenen Zeitalters für Entdeckungen war, das die westliche Welt für eineinhalb Jahrhunderte gefesselt hatte.

Nach dem Everest waren die meisten der ikonenhaften Extreme bezwungen worden. Aber das war es nicht allein. Die Everest-Expedition, mit Geld und Ausrüstung gut ausgestattet und sich der Medienpräsenz bewusst, schien den Schluss zuzulassen, dass wir für das Schwierige und das Gefährliche ein Maß hätten. Irgendwie war den Expeditionen das Rätselhafte verloren gegangen. Die Technik wurde immer ausgeklügelter; damit sank das Risiko und auch der Grad der Errungenschaft für den Menschen. Es waren immer noch große Herausforderungen geblieben, sie nahmen nur die Fantasie der Öffentlichkeit nicht mehr auf gleiche Weise gefangen wie die Suche nach der Quelle des Nils oder die Durchquerung Australiens. Vier Jahre nach Hillarys und Tenzings Triumph leitete Vivian Fuchs die erste Durchquerung der Antarktis, aber Fergus Fleming bemerkte: „Nach so viel schillerndem Scheitern am Nordpol schien es, als ob dieser Sieg nie stattgefunden hätte... keiner starb, alles verlief mehr oder weniger nach Plan." Als dies geschrieben wird, tut Ranulph Fiennes sein Bestes, die Traditionen der Entdeckungsreisen am Leben zu erhalten, indem er sich immer schwierigeren Aufgaben aussetzt. Aber die Errungenschaft, „der Erste" zu sein, macht schon lange nicht mehr so viel Furore wie früher. Es bleibt die Tatsache, dass, wie ich zögernd zugeben musste, der Großteil der Welt bereits entdeckt war, noch ehe ich lange Hosen tragen durfte.

Die einzige Expedition, die in meinem Erwachsenenleben internationale Aufmerksamkeit erregte, war die Mondlandung am 20. Juli 1969. Aber sogar dies, wenn es nicht zu spitzfindig ist, dies zu sagen, unterschied sich von den klassischen Heldentaten der Entdeckungsreisenden.

Neil Armstrong musste kein Buschwerk durchschlagen und Blasrohren ausweichen, sich keinem dritten Jahr auf dem Eis stellen wie John Ross in den 1830er Jahren, oder zusehen, wie seine Finger und Zehen einer nach dem anderen amputiert wurden, wie es Maurice Herzog widerfuhr, als er vom Annapurna herabstieg.

Fergus Fleming und Annabel Merullo haben eine reizvolle und umfassende Sammlung zur heroischen, tragischen und triumphalen Geschichte der großen Entdeckerjahre erstellt. Falls möglich, ließen sie die Entdecker selbst zu Wort kommen und ergänzten deren Berichte mit Bildern von unschätzbarem Wert. Es ist unmöglich, sich dieses Buch anzuschauen, ohne vom Ausmaß dieser Riesenschritte für die Menschheit überwältigt zu werden. Zum Glück behält Fergus Flemings Kommentar die menschliche Perspektive bei, feiert die Furchtlosen und die Törichten gleichermaßen, erfreut sich an Verrücktheiten ebenso wie an Erfolgen.

Es fällt einem schwer zu entscheiden, welche Rosinen man sich herauspicken soll. Ich war erfreut, daran erinnert zu werden, dass eines der großartigsten und am wenigsten bekannten „ersten Male" die Expedition des unprätentiösen Jules-Sébastien-César Dumont d'Urville war, der 1837 als Erster seinen Fuß auf den antarktischen Kontinent setzte. Als Franzosen feierten sie das Ereignis mit einer Flasche Bordeaux – vermutlich gut gekühlt. Die Skandinavier kommen in diesem Buch besonders zur Geltung, der erfindungsreiche Fridtjof Nansen schuf einen eierförmigen Schiffskörper für seine Polarexpedition, um nicht vom Eis eingeschlossen zu werden. Und das funktionierte. Amundsen, ein Karriereentdecker, erzielte einen beinahe sensationellen Dreifacherfolg: Als erster am Südpol, als erster durch die Nordwest-Passage und, ziemlich wahrscheinlich als erster am Nordpol.

Wie sich herausstellte, liegt die Entdeckung des Nordpols im Dunkeln. Ich hatte es für eine Tatsache gehalten, dass der Amerikaner Admiral Peary ihn 1909 erreichte, doch ist er ihm wohl nur bis auf etwa 95 Kilometer nahe gekommen. Fleming weist darauf hin, dass der erste Mensch, der „unstrittig" seinen Fuß auf den Nordpol setzte, Wally Herbert 1968 war.

Typisch für die nach der Aufklärung stattfindenden Reisen war die Notwendigkeit, alles aufzuschreiben. Wir erfahren, dass Freya Stark an jedem Reisetag durchschnittlich zehn Briefe schrieb. Richard Burton, der 27 Sprachen sprach, schrieb weitschweifige Tagebücher, aber nach seinem Tod verbrannte seine Ehefrau Isabella sie alle, weil sie ihr zu unflätig waren. Scotts Expedition zum Südpol mag durchaus gescheitert sein, aber seine Tagebücher sind ganz sicher die bewegendsten von allen hier zitierten. Eingeschlossen durch einen riesigen Schneesturm, durch Frostbeulen verkrüppelt, schrieb Scott weiter bis zum bitteren Ende.

„So leid es mir tut, aber ich glaube nicht, dass ich noch mehr schreiben kann."

Scotts Expedition bewegt uns ganz besonders, zumal auf ihr einige der großartigsten Fotografien des Entdeckerzeitalters entstanden. Frank Hurleys Bilder gehören zu den ausdrucksstärksten Polarbildern, die je aufgenommen wurden und sind unübertroffen, ebenso Wilfried Thesigers Fotografien des Leeren Quartiers in Arabien.

„Legendäre Expeditionen" ist eine wahre Fundgrube. Unzählige Wunder, wie das von Hiram Binghams Ausgrabung von Macchu Picchu oder Charles Darwins Ankunft auf den Galapagosinseln, werden sich Ihnen offenbaren.

MICHAEL PALIN, LONDON IM MAI 2005

JOSEPH BANKS 1743–1820

Zum Großen Barriereriff und weiter

BANKS WAR DER NATURPHILOSOPH des 18. Jahrhunderts par excellence. Obwohl als Botaniker ausgebildet, widmete er sich mit unstillbarer Neugier praktisch jedem Wissenschaftszweig. Mal erforschte er die Wettermuster Feuerlands, mal dachte er über die Existenz der Antarktis nach und ein anderes Mal untersuchte er, wie eine Wärmeperiode möglicherweise die Zusammensetzung des Walspecks beeinflusste (wobei er mit dem Öl der Haushaltslampen experimentierte). Seine Reise mit Kapitän James Cook an Bord der „Endeavour" (1768-71) führte ihn via Südamerika, Neuseeland und Australien zum Südpazifik und brachte die Entdeckung so vieler neuer Pflanzen mit sich, dass sie teils heute noch analysiert werden. Dabei fand auch die Kartografierung einer Bucht an der australischen Küste statt, die Banks nachfolgend als idealen Ort für eine Strafkolonie empfahl. Heute als Sydney bekannt, läutete ihre Besiedlung die Kolonialisierung des gesamten Kontinents ein. Später, als Präsident der Royal Society, etablierte sich Banks als Autorität für Erkundungen in Afrika und der Arktis. Sein Haus am Soho Square wurde ein Treffpunkt für britische Forscher und Entdecker.

DIE ENDEAVOUR, DIE OSTKÜSTE AUSTRALIENS ENTLANGSEGELND, WAR DAS ERSTE EUROPÄISCHE SCHIFF AM GROSSEN BARRIERERIFF.

August 1770. Zum ersten Mal in diesen drei Monaten hatten wir an diesem Tag zu unserer großen Zufriedenheit kein Land mehr in Sicht. Genau der Ozean, den wir (wohl) alle zuvor mit Schrecken betrachtet hatten, wurde nunmehr zum Asyl, nach dem wir uns lange gesehnt hatten und es schließlich fanden. Die Zufriedenheit stand deutlich im Gesicht eines jeden Mannes geschrieben... Der Kapitän hatte aus Angst, sich zu weit vom Land zu entfernen, das Schiff in westlicher Richtung auf das Land hin zugesteuert... aber gerade bei Anbruch der Nacht fand er sich auf eine Weise im Riff eingeschlossen, dass es zur Streitfrage kam, ob er es in irgendeine Richtung meistern würde. Wir standen jedenfalls Richtung Norden, und mit der Dunkelheit schlossen wir, dass sie [die Endeavour], so weit wir es beurteilen konnten, allem entrinnen würde. Die Nacht war trotzdem nicht besonders angenehm; all die Gefahren, denen wir entrinnen konnten, waren klein im Vergleich zu der, auf dieses Riff geworfen zu werden. Ein Riff, wie jenes ist in Europa kaum bekannt oder sogar in diesen Gewässern: Es ist ein Wall aus Korallenfelsen, der sich fast senkrecht aus dem unermesslich großen Ozean erhebt, bei Hochwasser ist er 7 oder 8 Fuß überspült und fällt bei Niedrigwasser trocken; die großen Wogen des Ozeans treffen so plötzlich auf Widerstand, dass es dort eine schreckliche, berghohe Brandung gibt...

Um drei Uhr morgens setzte plötzlich eine Flaute ein, was unsere Lage keinesfalls verbesserte: Wir waren nicht mehr als vier oder fünf Längen vom Riff entfernt, vielleicht sogar viel weniger, und das Anschwellen der See bewirkte eine Strömung direkt darauf zu... Seit wir unsere Gefahr erkannt hatten, war jede Maßnahme ergriffen worden, die Boote zu Wasser zu lassen, in der Hoffnung, dass Ruderer uns mit Tauen herausziehen könnten, doch das war noch nicht vollbracht.... In dieser Zeit kamen wir immer näher, und ich begann zu glauben, dass es geschafft werden könnte, bevor wir dem Brecher auf 40 Yards nahe kämen. Die gleiche See, die die Schiffsseite umspülte, erhob sich das nächste Mal beim Aufsteigen zu einem Brecher riesiger Höhe; so war zwischen uns und diesem nur

Bromelia bracteata.

Sydney Parkinson pinx 1768.

Eine brasilianische Bromelie (eine Verwandte der Ananas), gezeichnet von Sydney Parkinson, einem der beiden offiziellen Kunstmaler an Bord der Endeavour. Als Spezialist für botanische Illustrationen kam Parkinson die Aufgabe zu, die von Banks und seinem Kollegen Daniel Solander gesammelten Arten zu dokumentieren. Kapitän Cook erinnerte sich an Parkinsons Ärger mit den Insekten auf Tahiti. „Die Insekten... machten es Mr. Parkinson fast unmöglich... zu arbeiten, denn sie bedeckten nicht nur sein Motiv, so dass man keinen Teil davon mehr sehen konnte, sondern fraßen sogar die Farbe von seinem Papier – so schnell, wie er sie auftragen konnte." Obgleich Parkinson auf der Reise starb, hinterließ er insgesamt 1332 Zeichnungen.

ein verzweifeltes Tal in Breite unserer Welle... Nunmehr war unsere Lage wahrhaft verzweifelt, es gab wohl niemanden, der sich dieser Verzweiflung nicht gänzlich ergeben hätte. Wir durften nur auf einen raschen Tod hoffen; und dass die Riesenhaftigkeit dieses Brechers ganz sicher das Schiff schnell würde zerschellen lassen, konnte kaum bezweifelt werden... Zu diesem kritischen Zeitpunkt, in diesem, wie ich wohl sagen darf, grauenvollen Augenblick, wenn alle Hilfe zu gering erschien, um auch nur unser elendes Leben zu retten, kam ein leichter Wind auf, so leicht, dass er uns bei keiner anderen Flaute aufgefallen wäre... Daher setzten wir jedes Segel, um ihn einzufangen und beobachteten, wie das Schiff sich in schräger Richtung von den Brechern entfernte... Doch schon in weniger als 10 Minuten ließ unsere kleine Brise wieder nach und verwandelte sich in eine Flaute wie zuvor... Nun wuchs unsere Angst aufs Neue. Unzählige Papierschnitzel etc. wurden über die Reling geworfen, um herauszufinden, ob die Boote das Schiff wirklich vorwärts bewegten oder nicht, und sie bewegten sich so wenig, dass die Frage strittig blieb. Nun besuchte uns die kleine freundliche Brise wieder und dauerte so lange wie zuvor, wobei sie uns etwa 100 Yards von den Brechern forttrieb: doch wir befanden uns weiterhin in den Klauen der Zerstörung. Eine schmale Öffnung im Riff wurde entdeckt, kaum breiter als eine Schiffslänge, jedoch wurde beschlossen, die „Endeavour", falls möglich, dorthin zu ziehen. Dort gab es keine Brandung, daher hätte sie unser Leben retten können: Es stand lediglich in Zweifel, ob wir das Schiff würden so weit bekommen – unsere kleine Brise besuchte uns jedoch ein drittes Mal und schob uns fast dorthin. Todesangst ist bitter: Die Aussicht, die nun vor uns lag, nämlich, dass wir unser Leben würden retten können, wenn auch um den Preis von allem, was wir besaßen, führte dazu, dass mein Herz viel leichter auf seinem Throne weilte, und es gab wohl niemanden, der nicht das gleiche Gefühl hegte... Gegen vier konnten wir endlich ankern, glücklich, diese seichte Küste wieder anzutreffen, der zu entkommen uns zwei Tage zuvor überglücklich gemacht hatte...

J. Beaglehole (Hrsg.), *The Endeavour, Journal of Joseph Banks. Band II, 1962.*

ÜBER DIE ABORIGINES

So leben die, ich würde fast sagen, glücklichen Menschen, zufrieden mit wenig, nein, fast nichts. Weit genug entfernt von den Ängsten der Reichen oder gar dem Besitz von dem, was wir Europäer als Notwendigkeiten bezeichnen: Ängste, die das Schicksal vielleicht deshalb geschaffen hat, um dem Vergnügen gegenzusteuern, dass dem Besitz ersehnter Errungenschaften entspringt, die folglich mit steigendem Wohlstand zunehmen und in gewissem Maße die Balance des Glücks zwischen Reich und Arm aufrecht erhalten. An ihnen offenbart sich, wie gering die wirklichen Bedürfnisse der menschlichen Natur sind, die wir Europäer in solchem Übermaß genährt haben, das diesen Menschen sicher unglaublich erschiene, könnten sie davon erfahren. Auch werden wir nicht aufhören... so lange Luxusgüter erfunden werden können und Reichtümer vorhanden sind, um sie zu erwerben; und wie rasch diese Luxusgüter zu Notwendigkeiten degenerieren, zeigt der weit verbreitete Gebrauch von Alkohol, Tabak, Gewürzen, Tee etc. Auch in diesem Fall scheint die Vorsehung die Rolle eines Gleichmachers zu spielen, indem sie dazu beiträgt, alle Ränge in den gleichen Zustand der Bedürftigkeit und folglich in den wirklicher Armut zu versetzen. Die Großen und Herausragenden wünschen so viel und vielleicht mehr als die Mittleren, diese im Verhältnis mehr als die Niederen; jeder Rang blickt höher als auf seinen eigenen Stand, beschränkt sich aber selbst auf einen bestimmten Punkt über den hinaus er nicht zu wünschen weiß, nicht wissend, zumindestens nicht vollkommen, was man dort genießt.

The Endeavour, Journal of Joseph Banks, Band II, 1962

Der Tauschhandel beginnt in Neuseeland mit einem zögernd angebotenen Hummer. Wahrscheinlich von Banks selbst gezeichnet, wirft dieses Bild einen rosigen Schein auf die Beziehungen zu den Maoris. Als kriegerisches Volk, das gelegentlich dem Kannibalismus frönte, empfingen sie die Eindringlinge nicht freundlich. Bei den seltenen Gelegenheiten, bei denen Handel möglich war, erbat die Mannschaft der Endeavour keine Hummer, sondern in Teilen abgenagte menschliche Knochen als Souvenir. „[Die Crewmitglieder] fragen ständig danach und bezahlen sie [die Knochen] mit jeglichen Kleinigkeiten, die sie besitzen", schrieb Banks.

JAMES COOK 1728–1779
Abenteuerliche Reisen in der Südsee

Marinesoldaten in roter Uniform beaufsichtigen 1769 das Wasserholen für die Endeavour, *die in der „Bucht des guten Erfolgs" auf Feuerland ankert. Der Name war fehl am Platze: Zwei Männer kamen bei einem Beutezug ins Hinterland ums Leben. Alexander Buchan, der dieses Bild malte, war unter den 41 Männern, die am Fieber starben, bevor die* Endeavour *heimkehrte.*

COOK WAR EINER *der großen Seefahrer des 18. Jahrhunderts. Im Verlauf von vier wegweisenden Seereisen – eine davon mit Joseph Banks – umsegelte er die Antarktis, kartografierte den Südpazifik, Neuseeland, die Ostküste Australiens und nahm die Nordwest-Passage in Angriff. Dabei halfen ihm das erste je gebaute Chronometer, so dass er, den Längengrad – den heiligen Gral der Navigation – bestimmen konnte, sowie eine innovative Ernährung, reich an Gemüse, die Skorbut verhinderte und ihn daher in die Lage versetzte, länger als seine Vorgänger auf See zu bleiben. Im November 1778 legte der Kapitän der* Resolution *und der* Discovery *als erster Europäer auf Hawaii an; zunächst freundlich empfangen. Bei seinem zweiten Besuch im Februar 1779 kommt es zu handgreiflichen Auseinandersetzungen zwischen der Mannschaft und den Einheimischen, wobei Cook getötet wird. Entdecker aller Nationen würdigten seine Leistungen mit großer Ehrfurcht; und in Großbritannien wurde er zum Halbgott. Selbst für kleinste Erinnerungsstücke zahlten Sammler exorbitante Preise.*

COOK BERICHTETE MIT SCHRECKEN, DASS DIE MAORI ZUM KANNIBALISMUS NEIGTEN

21. Februar [1777]... Nach meinen eigenen Beobachtungen, der Information von Tiarooa und anderen, müssen die Neuseeländer unter dem ständigen Druck leben, umgebracht zu werden. Es gibt nur wenige Stämme, die nicht durch einen anderen eine Verletzung erlitten haben, die sie ständig zu rächen trachten; und die Vorstellung eines guten Mahls trägt vielleicht in nicht geringem Maße dazu bei. Mir wurde gesagt, dass manchmal viele Jahre vergehen, ehe sich eine Gelegenheit ergibt, und dass ein Sohn niemals eine seinem Vater zugefügte Verletzung vergisst.

Um ihre grauenvollen Pläne auszuführen, schleichen sie sich nachts an die Gruppe heran; und wenn diese unbewacht ist (was vermutlich sehr selten der Fall ist), töten sie jeden Menschen, wobei sie nicht einmal Frauen und Kinder verschonen; und dann feiern sie oder geben sich sofort der Völlerei hin oder tragen so viele Tote wie möglich weg, um dies zu Hause zu tun, mit unsagbar brutaler Grausamkeit. Wenn man ihren Hinterhalt rechtzeitig entdeckt, fliehen sie meist, manchmal werden sie von der anderen Gruppe verfolgt und angegriffen; sie stellen weder ein Lager noch nehmen sie Gefangene, so dass die Besiegten ihr Leben nur durch Flucht retten können.

Diese Methode der Kriegsführung lässt sie ständig auf der Hut sein...Tag und Nacht. Niemand hat so starke Gründe wie sie, denn sie berichten uns, dass die Seele des Menschen, der in die Hände des Feindes fällt und dessen Fleisch von ihm gegessen wird, in die Hölle eingeht. Er steigt in ein immer während Feuer herab, während die Seele dessen, der getötet und sein Körper vor dem Feind gerettet wird, in den Himmel kommt, in die Gefilde der Götter, wie auch die Seelen aller, die eines natürlichen Todes sterben.

Ich fragte, ob sie auch das Fleisch ihrer Freunde äßen, die vom Feind getötet, aber deren Körper vor den Feinden gerettet wurden? Sie schienen von der Frage überrascht zu sein und verneinten, allein diese Vorstellung schreckte sie ab. Ihre Toten begraben sie, aber wenn sie mehr Feinde haben, als sie essen können, werfen sie sie ins Meer.

J. BEAGLEHOLE (Hg.), *The Voyage of the Resolution and Discovery, 1999.*

A VIEW of the *ENDEAVOUR'S* *Watering-place in the Bay of* **GOOD SUCCESS**

CHARLES CLERKE, ERSTER OFFIZIER AN BORD VON COOKS SCHIFF, WAR VON DEN BEWOHNERN NEUKALEDONIENS BEEINDRUCKT.

Diese Menschen sind von mahagonifarbener Haut – gut aussehend, wolliges Haar, wohlgeformte Körper und eine mittlere Statur – die Gesichtszüge sowohl von Männern als auch Frauen sind bemerkenswert gut und übertreffen bei weitem die jeder anderen wollhaarigen Nation, die uns je begegnet ist… Sie sind absolut unglücklich, wenn sie sich nicht nützlich machen können… entweder fällten sie Holz oder trugen Wasser, füllten die Fässer oder rollten sie – und wenn man sie dabei unterbrach, schienen sie sich unwohl zu fühlen, weil ihre besten Anstrengungen unserer Anerkennung nicht würdig schienen. Wir haben allen Grund der Welt, uns als die ersten Europäer zu betrachten, die sie je getroffen haben und dieses unbegrenzte Vertrauen, das sie sofort in uns setzten, spricht meiner Meinung nach sehr für ihre Ehrlichkeit und Herzensgüte… Die Kleidung dieser unserer guten Freunde ist ziemlich einzigartig: Als wir auf sie trafen, waren sie völlig nackt, bis auf den Penis, der in Blätter gewickelt war; und was immer man ihnen gab, oder was sie sonst wie erhielten, wurde sofort dort drapiert; doch interessierten sie keine Kleidungsstücke, die nicht in irgendeiner Weise zur Dekoration dieses bevorzugten Körperteils beitragen konnten. Eines Tages gab ich einem von ihnen einen Strumpf – den er gleich dort überzog – dann zeigte ich ihm eine Medaille, die er gleich dort aufhängte – damit sein edles Körperteil wohl geschmückt und gut aussah, sie sind…dem Zustand des restlichen Körpers

NÄCHSTE SEITE
Der junge Künstler William Hodges malte dieses Panorama von Tahiti auf Cooks zweiter Seereise in den Südpazifik. Bei Cooks drittem Besuch war die Insel so vertraut und ihre Gastfreundschaft so legendär, dass er Mühe hatte, seine Männer von ihr fortzureißen. Charles Clerke, sein erster Offizier, schrieb: „Ich muss zugeben, dass ich nur mit Zögern diesen glücklichen Inseln Adieu sagte, auf denen ich so viel glückliche Stunden verlebt habe."

Ein tahitischer Priester wirft Cook auf dessen erster Seereise mit geneigtem Kopf einen kessen Blick zu. Unter den Wundern, denen Cook auf dieser Insel begegnete, war eine Tempelplattform, deren Steine mit bemerkenswerter Präzision behauen und ineinander eingepasst worden waren. Er war verblüfft, wie den Tahitiern ohne Eisenwerkzeuge und europäische Maurerfertigkeiten ein solches Bauwerk gelingen konnte.

gegenüber absolut gleichgültig. Die Frauenkleidung besteht aus einem langen Streifen, an dem Hanf herabhängt, der zu kleinen, etwa 20 Zentimeter langen, meist schwarz gefärbten, Enden verarbeitet wurde. Diesen wickeln sie sich vier oder fünf Mal um den Körper ...was alles verdeckt, was sie verdecken möchten, ebenso, wie all die Unterröcke etc. die ich bei anderen Frauen in meinem Leben gesehen habe.

David Samwell, Schiffsarzt an Bord der Discovery, hielt die Nachwirkungen von Cooks Tod auf Hawaii fest.

Sonnabend, den 20. Februar... Zwischen zehn und elf Uhr sahen wir eine große Anzahl Menschen, die in einer Art Prozession die Hügel hinabkamen, wobei jeder einzelne ein Zuckerrohr oder zwei auf seinen Schultern trug & etwa ebenso viele Brotfrüchte, Tarowurzeln oder Kochbananen in der Hand. Zwei Trommler, die sie begleiteten, saßen neben einer weißen Flagge auf dem Strand & schlugen ihre Trommeln, während die Indianer einer nach dem anderen kamen, ihr Zuckerrohr etc. niederlegten und sich dann zurückzogen; eine andere Gruppe kam auf die gleiche Weise an den Strand & legte ihre Geschenke oder Friedensopfergaben nieder und zog sich dann zurück. Eine weitere weiße Flagge, neben der ein Mann saß, flatterte etwa in der Mitte des Strandes. Nach kurzer Zeit sahen wir Eeapo in seinem Federumhang auf einem Felsen stehen und eines unserer Boote herbeiwinken, das an die Küste kommen sollte, woraufhin Kapitän Clerke vom ersten Offizier begleitet in der Pinasse zu ihm fuhr. Sie gingen nicht an Land, denn Eeapo kam in Begleitung von Taweno-ora in die Pinasse und überreichte ihm ein großes Bündel, das mit einem schwarzen Federumhang bedeckt war und die sterblichen Überreste von Kapitän Cook enthielt, sorgsam in reichlich feinen, neuen Stoff gewickelt. Eeapo blieb nicht lange an Bord, sondern kehrte bald mit Geschenken...zurück; man hatte ihm an Bord der Discovery einen schönen, neuen Umhang aus rotem Tuch mit grünem Saum überreicht. Am Nachmittag wurde das Bündel in der Kabine an Bord der Resolution geöffnet, wir fanden folgende Knochen mit etwas Fleisch daran, an denen Spuren von Feuer erkennbar waren. Die Hüften & Beine hingen beisammen, nicht aber die Füße, beide Arme mit den Händen waren abgetrennt, der Schädel mit allen Knochen, die das Gesicht bilden, fehlte, der Skalp war abgetrennt, er befand sich ebenfalls in dem Bündel, mit kurz geschorenem Haar. Beide Hände waren mit der Haut der Unterarme erhalten, die Hände waren nicht im Feuer gewesen, aber in Salz eingelegt und mit einigen Schnitten versehen, damit das Salz eindringen konnte. Obwohl wir keinerlei Zweifel an der Identität der im Bündel enthaltenen Körperteile hatten, muss jeder mit der der Hände zufrieden sein, wir alle erkannten die rechte wegen der großen Narbe, die etwa 2,5 Zentimeter zwischen Daumen und Zeigefinger verlief. Die Ohren hingen am Skalp, der einen etwa 2,5 Zentimeter großen Riss zeigte, wahrscheinlich durch den ersten Schlag mit einem Knüppel entstanden, doch war der Schädel nicht zertrümmert, so dass dieser Schlag wohl nicht tödlich war. Dergestalt war der Zustand, dass jene, die zu Kapitän Cook wie zu einem Vater aufblickten & dessen große Qualitäten sie fast bis zur Hingabe verehrten, jetzt dazu verurteilt waren, seine sterblichen Überreste zu erblicken. Wie ihre Gefühle bei diesem Ereignis waren, kann nicht in Worte gekleidet werden.

The Voyage of the Resolution and Discovery.

Plate XI.

S. Parkinson del.   T. Chambers Sculp.

An Heiva, or kind of Priest of Yoolee=Etea, & the Neighbouring Islands.

LOUIS-ANTOINE DE BOUGAINVILLE 1729–1811

Überfahrt nach Tahiti

Diese südamerikanische Fledermaus befand sich unter den vielen Spezies, die Bougainville auf dem Weg zum Pazifik als Probe sammelte. Als Sammler war er genauso entschlossen wie seine angelsächsischen Rivalen; und sein Name wurde in der farbenfrohen Kletterpflanze Bougainvillea unsterblich gemacht. Sie hatte ihren Ursprung in Brasilien und wurde später erfolgreich in Südfrankreich angepflanzt.

IN MANCHER HINSICHT war Bougainville die kriegerische Version eines Joseph Banks. Er hatte in Paris ein Studium der Rechtswissenschaften und Mathematik absolviert und als Armeeoffizier gedient, bevor er im Alter von 34 Jahren in die Marine eintrat. Er war so befähigt, dass er innerhalb von nur drei Jahren zum Kommandanten einer Expedition ernannt wurde, die die Erde umsegeln sollte. Mit zwei Schiffen, der Boudeuse und der Étoile, segelte er die südamerikanische Küste abwärts und nahm eine kurze Erforschung des Südpazifiks vor, wo er sich lyrisch über die Freuden Tahitis ausließ, scheiterte jedoch darin, Australien zu orten, bevor er seine Reise fortsetzte. Er war nicht der erste Europäer, der diese Region besuchte: Holländische Entdecker annektierten lange vorher die ostindischen Inseln; und ein Brite hatte ihn ein Jahr zuvor bei der Entdeckung Tahitis ausgestochen. Dennoch begeisterte die Erzählung von seiner Seereise (1766-69) die Öffentlichkeit mit Berichten über paradiesische Inseln; und die Beschreibung von „Edler Wildheit" wurde in vielen akademischen Zirkeln diskutiert. Wie Banks sammelte er zahlreiche Proben von Pflanzen sowie der Flora und Fauna des Meeres. Nach der Französischen Revolution widmete er sich der Forschung und gehörte zu den führenden französischen Gelehrten. Sein Originaltagebuch wurde erst 1977 veröffentlicht.

1768 ERREICHTE BOUGAINVILLE DIE INSEL TAHITI.

Donnerstag, den 7. [April]. Wir arbeiteten daran, unsere Wasserfässer zu reinigen und am Nachmittag machte ich mich auf, ein Lager an Land aufzuschlagen. Die Indianer schienen zunächst erfreut, uns zu sehen, dann kam der Häuptling. Er hatte eine Art Besprechung mit den führenden Männern. Das Ergebnis war, dass er mir mitteilte, dass wir zu gehen und an Bord zu schlafen hätten und am Morgen zurückkehren sollten. Ich erklärte, wir würden zum Schlafen an Land kommen, um Wasser und Nahrungsmittel zu erhalten und dass ich dafür 18 Tage brauchen würde, bevor wir wieder abreisen könnten. Ich gab ihm eine Anzahl Steine für jeden Tag, den ich zu bleiben erwartete. Nach Beratungen wollte er 9 Steine fortnehmen. Ich stimmte dem nicht zu. Am Ende war alles geregelt, die Indianer zeigten sich jedoch immer noch sehr misstrauisch. Ich nahm ein Nachtmahl in meinem Zelt mit dem Häuptling und einem Teil seiner Familie ein, jede Küche hatte ihre Gerichte zur Verfügung gestellt; wir aßen nicht viel, Seine Majestät und die Prinzen seines Geblüts verfügten über einen so großen Appetit, dass wir ihnen nicht nacheifern konnten. Nach dem Abendessen ließ ich an Land vor den Gästen 12 Raketen zünden. Ihr Schrecken war unbeschreiblich... Gegen Mitternacht...gab es eine lautstarke Auseinandersetzung zwischen dem König, seinen Brüdern und Leuten, die seine Diener zu sein schienen, über Operngläser, die man während des Nachmahls aus meiner Tasche gestohlen hatte. Der König beschuldigte seine Untertanen und drohte sie zu töten; die armen Teufel waren für den Diebstahl wohl weniger verantwortlich als er selbst. Alles beruhigte sich und der Rest der Nacht verlief friedlicher. Während des folgenden Tages gab es für einige Franzosen Grund, die Sitten des Landes zu preisen. Als sie in die Häuser gingen, stellte man ihnen junge Mädchen vor, Grünzeug wurde auf den Boden ausgebreitet und eine große Anzahl Indianer, Männer und Frauen, bildete einen Kreis um sie, die Gastfreundschaft wurde gefeiert, während einer der Gehilfen eine Hymne auf das Glück sang, von Flötenklängen

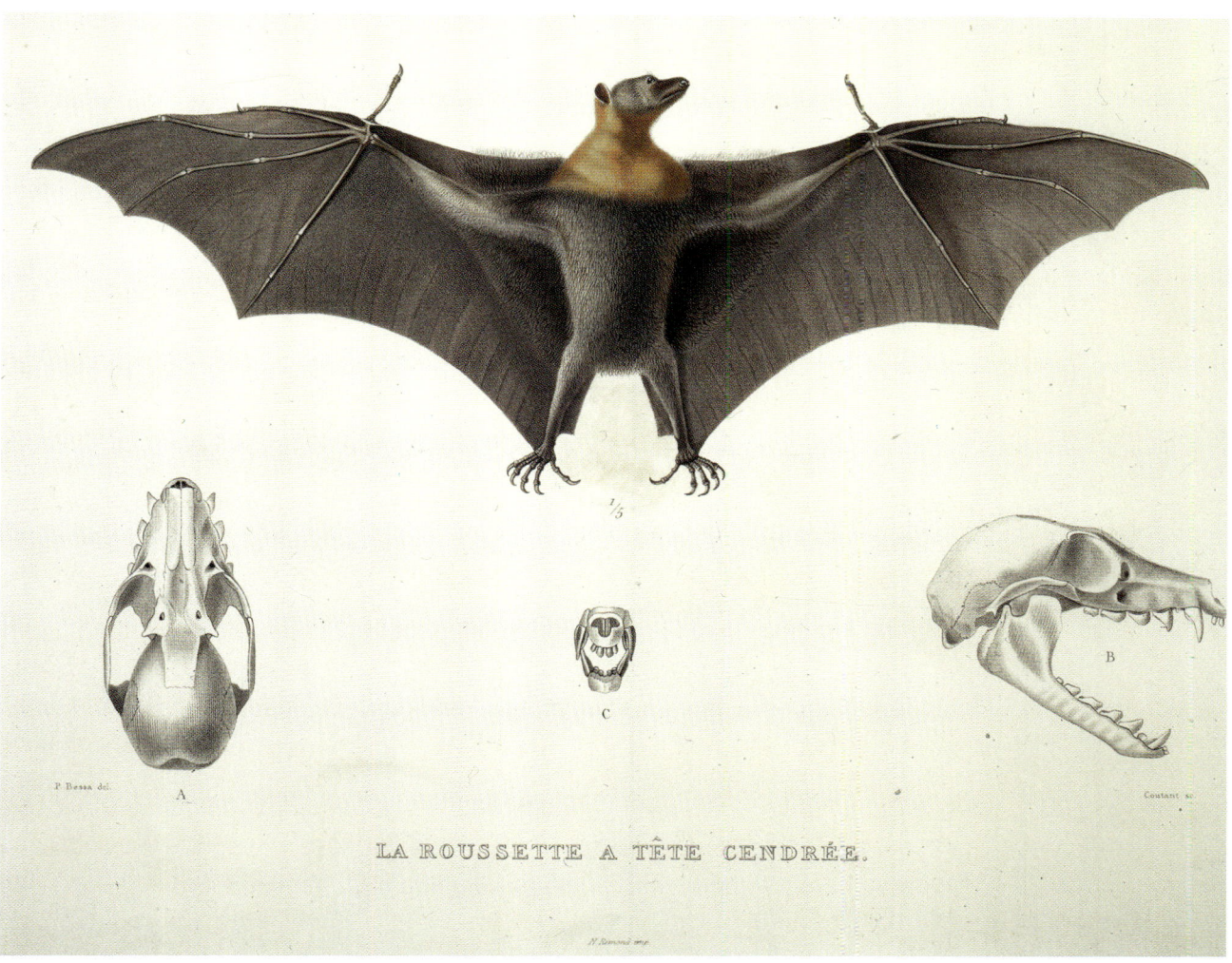

LA ROUSSETTE A TÊTE CENDRÉE.

begleitet... Verheiratete Frauen sind ihren Gatten treu, sie würden jegliche Untreue mit ihrem Leben bezahlen, aber man bietet uns alle jungen Mädchen an. Unsere weiße Haut entzückt sie, sie teilen ihre Bewunderung sehr ausdrucksvoll mit. ...die Männer sind etwa 1,75 Meter groß, viele über 1,80 Meter, einige übertreffen dies sogar. Ihre Gesichtszüge sind sehr wohlgestaltet. Sie haben schöne Haare, die sie auf vielfältige Weise tragen. Viele haben auch einen langen Bart, den sie, ebensowie das Haar mit Kokosnussöl einreiben. Die Frauen sind hübsch; und wegen des Klimas, der Ernährung und des Wassers haben Männer, Frauen und selbst alte Männer die besten Zähne der Welt. Diese Menschen strahlen Ruhe und Sinnlichkeit aus. Sie verehren Venus als Göttin. Das milde Klima, die Schönheit der Landschaft, die Fruchtbarkeit des Bodens, der von Flüssen und Kaskaden bewässert wird, die reine Luft, die nicht einmal von jenen Insektenschwärmen verdorben wird, die sonst der Fluch der heißen Länder sind, all dies regt zur Sinnenfreude an. Und so habe ich sie Neu-Kythera genannt; und der Schutz der Minerva ist hier so nötig wie im antiken Kythera, um einen gegen das Klima und die Moral der Leute zu verteigen.

Ich kann ihre Regierungsform noch nicht beschreiben, ihre Standesunterschiede und ihre herausragenden Merkmale. Der Häuptling regiert despotisch, wie wir ständig sehen, vertreibt die Leute mit einem Stock, wenn sie uns belästigen und sorgt sogar für die Rückgabe der uns gestohlenen Gegenstände, obwohl er selbst ein großer Dieb ist, aber er will der einzige sein, der in diesem Königreich stiehlt. Ein Zeichen sozialer Unterschiede, durch das man, so glaube ich, (und das ist kein Witz), freie Männer von Sklaven unterscheiden kann, ist, dass freie Männer ihre Gesäßbacken bemalen lassen... Ich soll die Dinge aufschreiben, wie ich sie entdecke.

The Pacific Journal of Louis-Antoine De Bougainville, 1767-68.

SCHWINDENDE LEBENSMITTELVORRÄTE UND DROHENDER SKORBUT ZWANGEN BOUGAINVILLE, DIE ROUTE DER ÉTOILE ZU ÄNDERN.

Sonnabend, den 28. auf Sonntag den 29. [Mai]. Wir hatten die Segel aufgegeit..., als wir auf die Étoile warteten, die schlechter als je zuvor segelte. Trotzdem sind wir genötigt, nicht einen Moment zu verlieren. Der Zustand unserer Nahrungsvorräte verlangt von uns, einen europäischen Stützpunkt zu erreichen. Seit langem schon erhalten wir die gleichen Rationen wie die Mannschaft. Wir haben nur noch einige Hühner, die den Kranken vorbehalten sind, sowie drei Truthähne, die für drei Sonntage reichen. Einen verzehren wir heute Mittag, ...für uns Anlass zu großem Jubel. Diese dicken Bohnen, Rossbohnen genannt, Speck und fast drei Jahre altes Pökelfleisch geben so klägliche Mahlzeiten ab!...

Gestern überprüfte ich an Bord der Étoile ein merkwürdiges Ereignis. Seit geraumer Zeit ging auf den beiden Schiffen das Gerücht um, der Diener von Mr de Commercon, namens Bare, sei eine Frau. Sein Körperbau, seine Vorsicht, niemals in Gegenwart anderer die Kleidung zu wechseln..., der Klang seiner Stimme, sein bartloses Kinn sowie andere Anzeichen, gaben Anlass zu diesem Verdacht und verstärkten ihn. Dies scheint sich jetzt durch eine Begebenheit auf der Insel Kythera [Tahiti] in eine sichere Tatsache verwandelt zu haben. Mr de Commercon war mit Bare an Land gegangen, der ihm beim Botanisieren überall hin folgte, [und] Waffen, Lebensmittel, Notizbücher mit einem Mut und einer Stärke trug, das unser Botaniker ihn Lasttier nannte. Kaum war der Diener an Land, wurde er von den Bewohnern Kytheras umringt, die riefen, er sei eine Frau und anboten, ihr nach den Sitten des Landes die Ehre zu bezeugen. Der Dienst habende Offizier musste kommen, um sie zu befreien. Daher war ich verpflichtet, ...zu prüfen, ob der Verdacht stimmte. Bare gab mit Tränen in den Augen zu, sie sei ein Mädchen, sie hätte ihren Herrn in die Irre geführt, indem sie in Rochefort beim Boarding Männerkleidung trug, dass sie bereits als Diener bei einem Genfer gearbeitet hatte, dass sie, im Burgund geboren und verwaist, nach einem verlorenen Gerichtsprozess in finanzielle Not geraten sei und beschloss, ihr Geschlecht zu verbergen, dass sie beim Einschiffen gewusst habe, dass es um eine Weltumsegelung ginge und dass dies ihre Neugier erregt habe. ...ich bewundere ihre Entschlossenheit umso mehr, als sie sich alle Zeit äußerst korrekt verhalten hat. Ich habe Schritte unternommen, um sicherzustellen, dass ihr keine Unannehmlichkeiten entstehen. Das Gericht wird ihr wohl diesen Regelverstoß vergeben. Ihr Beispiel wird kaum zur Nachahmung anregen. Sie ist weder hässlich noch hübsch und noch keine 25.

THE PACIFIC JOURNAL OF LOUIS-ANTOINE DE BOUGAINVILLE, 1767–68.

Pl. 59

Besso del.

G. N.

Coutant sc.

LE CALLOCEPHALE AUSTRÂL, Mâle.

ALEXANDER VON HUMBOLDT 1769–1859

Botanische Studien in Südamerika

ALS DEUTSCHER ARISTOKRAT, *der von der Liebe enttäuscht und von seiner Arbeit als Mineninspektor ernüchtert war, beschloss Humboldt, Entdecker zu werden. 1799 traf er mit einem beträchtlichen persönlichen Geldvermögen und einen ehrgeizigem Plan in Südamerika ein: Alles über alles zu lernen. Innerhalb der nächsten fünf Jahre reiste er in Begleitung des französischen Botanikers Aime Bonpland kreuz und quer durch Nord- und Südamerika und sammelte so viel wissenschaftliches Material, dass er 30 Jahre benötigte, um es zu ordnen. (Der letzte Band von „Reisen in die Äquinoktial-Gegenden des Neuen Kontinents" erschien erst 1834.) Er gab den Rest seines schwindenden Vermögens auf Expeditionen in die Alpen, den Ural und nach Zentralasien aus, ließ sich dann nieder, um „Kosmos" zu schreiben, eine philosophische Abhandlung, die die Welt zu erklären versuchte und nach seinem Tod 1859 unvollendet blieb. Bis dahin war er so berühmt geworden, dass er eine Anzeige aufgeben musste, um seine Bewunderer zu bitten, ihn in Ruhe zu lassen. Seine Tagebücher sind nicht nur wegen ihres unstillbaren Wissensdursts bemerkenswert, sondern auch wegen der Genauigkeit seiner Zeichnungen.*

Humboldt ließ nicht zu, dass irgendetwas ihn an seinem Streben nach Wissen hinderte. Obwohl er keine Erfahrungen als Bergsteiger hatte, erklomm er einige der eindrucksvollsten Berge der Anden, nur um zu sehen, was es dort gab. Am 23. Juni 1802 nahm er den Gipfel des damals als höchsten Berg der Welt bekannten Chimborazo in Angriff und kam bis auf eine Höhe von 5790 Metern, was zu dieser Zeit einem Himmelstürmerrekord entsprach, der auch Jahrzehnte später noch nicht gebrochen werden konnte. Humboldt kraxelte immer wieder in Vulkankrater hinein und zog sich erst zurück, wenn seine Kleidung zu verkohlen begann oder die Luft nicht mehr zu atmen war. Im Gegensatz zu Bergsteigern, die sich in den Schrecken der Höhe ergingen, betrachtete Humboldt alles als ein großartiges Spiel. Nachdem er gerade in einem Krater ein bißchen angesengt worden war, schrieb er: „Was für ein fantastischer Ort! Wie viel Vergnügen uns das bereitete!"

Humboldt und Bonpland sammelten mehr als 60 000 Pflanzen, von denen mehr als die Hälfte in Europa unbekannte Arten waren. Diese Proben über Berge hinweg und durch Flüsse zu transportieren wurde ein Hauptproblem. „Der Transport dieser Objekte und die äußerste Sorgfalt, mit der dies geschehen musste, bereiteten uns derartige Schwierigkeiten, wie man sich kaum vorstellen kann", schrieb Humboldt. „Unser Fortschritt wurde häufig durch die dreifache Notwendigkeit verzögert, während der Expeditionen von fünf oder sechs Monaten, zwölf, fünfzehn und manchmal zwanzig beladene Maultiere mitzuführen, diese Tiere alle acht bis zehn Tage auszutauschen und die Indianer zu beaufsichtigen, die diese große Karawane führen sollten." Vorsorglich skizzierte er jedes Exemplar in seinem Tagebuch, bis er die Zeit fand, es in allen Details zu zeichnen. Von seinem Tagebuch fertigte er gewissenhaft drei Abschriften, die er nach Frankreich und Großbritannien sandte, während die dritte in Havanna versteckt wurde. Im Nachhinein erwies sich die Mühe als überflüssig, denn alle drei Versionen kamen wohlbehalten zurück.

EINEN ELEKTRISCHEN AAL ERWERBEN.

Die Furcht vor Stromschlägen, die durch Gymnoti [Zitteraale] verursacht werden, ist so groß und übertrieben, dass wir drei Tage lang keinen erhalten konnten, obwohl man sie

leicht fangen kann und wir den Indianern zwei Piaster für jeden starken und strammen Fisch versprochen hatten. Diese Furcht der Indianer ist umso außergewöhnlicher, als sie keinen Versuch machen, die Vorsichtsmaßnahmen zu treffen, in die sie angeblich großes Vertrauen haben. Zur Wirkung dieser [Aale] befragt, versäumen sie nie, den Weißen mitzuteilen, dass man sie ungestraft anfassen dürfe, während man Kautabak kaue. Dieser [Glaube] ist auf dem südamerikanischen Kontinent genauso verbreitet, wie der Glaube unter Seeleuten an die Wirkung von Knoblauch und Talg auf die Magnetnadel.

...Wir brachen am 19. März zu sehr früher Stunde in Richtung des Dorfes Rastro auf; von dort wurden wir von den Indianern zu einem Bach geführt, der in der Trockenzeit einen Teich schlammigen Wassers bildet, umgeben von schönen Bäumen...mit duftenden Blüten. Die Gymnoti mit Netzen zu fangen ist wegen der extremen Flinkheit, mit der sich die Fische im Boden eingraben, sehr schwierig... Daher teilten uns die Indianer mit, dass sie „mit Pferden fischen" würden. Wir fanden es schwer, sich diese außergewöhnliche Art des Fischens vorzustellen, doch bald schon sahen wir, wie unsere Führer aus der Savanne zurückkehrten, die sie nach Wildpferden und Maultieren abgesucht hatten. Sie brachten etwa dreißig von ihnen mit, die sie zwangen, in den Teich zu gehen.

Der ungewöhnliche Lärm der Pferdehufe, lockt die Fische aus dem Schlamm und erregt sie so, dass sie angreifen. Diese gelblichen und zornigen Aale, die an große Wasser-

Simia ursina.

Huet fils 1807.   De l'Imprimerie de Langlois.   Bouquet sculpsit.

Pl. XXX.

schlangen erinnern, schwimmen an der Wasseroberfläche und tummeln sich unter den Bäuchen der Pferde und Maultiere... Die mit Harpunen und langen Schilfgrasszangen ausgerüsteten Indianer scharen sich um den Teich, und einige klettern auf Bäume, deren Äste horizontal über der Wasseroberfläche hängen. Durch ihre wilden Rufe und die Länge ihrer Stangen verhindern sie, dass die Pferde fortlaufen und das Teichufer erreichen. Die durch den Lärm betäubten Aale verteidigen sich durch wiederholtes Entladen ihrer elektrischen Batterien... Etliche Pferde brechen unter der Gewalt der unsichtbaren Schläge, die sie von allen Seiten in ihren lebenswichtigsten Organen erhalten, zusammen... Andere schnaufen mit zu Berge stehender Mähne und erschöpftem, Schmerz und Entsetzen ausdrückendem Blick, bäumen sich auf und unternehmen Anstrengungen, vor dem Sturm der sie überwältigt hat, zu fliehen. Sie werden von den Indianern wieder ins Wasser zurückgetrieben, aber eine kleine Zahl entkommt... Diese gelangen wieder an das Ufer, geraten bei jedem Schritt ins Stolpern und strecken sich, erschöpft von den Strapazen und mit von den elektrischen Schlägen der Gymnoti betäubten Gliedern, auf dem Lande aus.

In weniger als fünf Minuten ertranken zwei Pferde. Der 1,50 Meter lange Aal drängt sich gegen die Bäuche der Pferde entlädt sich über die Gesamtlänge seines elektrischen Organs. Er greift sogleich das Herz, die Eingeweide und die Nerven im Bauch an. Es ist natürlich, dass die Wirkung, wie sie die Pferde verspüren, kraftvoller sein dürfte, als die Berührung desselben Fisches durch einen Menschen mit nur einer Extremität. Die Pferde werden wahrscheinlich nicht getötet, sondern nur betäubt. Sie ertrinken, weil es ihnen unmöglich ist, sich inmitten des lang anhaltenden Kampfes zwischen den anderen Pferden und den Aalen zu erheben.

Wir hegten kaum Zweifel, dass das Fischen mit dem Tod aller beteiligten Tiere enden würde, aber ganz allmählich nahm die Hitze des ungleichen Kampfes ab, und die erschöpften Gymnoti verstreuten sich. Sie benötigen eine lange Pause und reichlich Nahrung, um die galvanische Kraft, die sie verloren haben, wiederzuerlangen. Die Maultiere und Pferde scheinen weniger verängstigt, ihre Mähnen knistern nicht mehr und ihre Augen drücken weniger Furcht aus. Die Gymnoti nähern sich scheu dem Sumpfufer, wo man sie mittels kleiner, an langen Kordeln befestigter Harpunen fängt. Wenn diese Kordeln sehr trocken sind, erhalten die Indianer keinen Schlag, während sie die Fische in die Luft heben. In wenigen Minuten hatten wir fünf große Aale, von denen die meisten nur leicht verletzt waren. Andere wurden mit denselben Mitteln gegen Abend gefangen...

Es wäre purer Leichtsinn gewesen, sich den ersten Schlägen eines sehr großen und äußerst gereizten Gymnotus auszusetzen. Falls man zufällig einen Schlag erhält, bevor der Fisch durch die lange Verfolgung verwundet oder geschwächt ist, sind der Schmerz und die Taubheit so heftig, dass sich die Natur des erregten Gefühls unmöglich beschreiben lässt. Ich kann mich nicht erinnern, durch die Entladung einer großen Leydener Flasche einen furchtbareren Schlag erlitten zu haben als durch einen Gymnotus, auf den ich unvorsichtigerweise beide Füße setzte, nachdem er gerade aus dem Wasser gezogen worden war. Ich hatte den restlichen Tag furchtbare Schmerzen in den Knien und fast allen Gelenken...

In Holländisch-Guyana, in Demerara zum Beispiel, wurden Zitteraale früher eingesetzt, um Lähmungen zu heilen... Diese elektrischen Heilverfahren werden unter den Wilden Amerikas praktiziert... Ich hörte nichts über die Behandlungsmethode in den von mir besuchten spanischen Kolonien; und ich kann versichern, dass A. Bonpland und ich, nachdem wir vier Stunden lang mit den Gymnoti experimentiert hatten, bis zum nächsten Tage Muskelschwäche, Gelenkschmerzen und eine allgemeine Unruhe verspürten, die Auswirkungen einer starken Reizung des Nervensystems.

A. VON HUMBOLDT, *Personal Narrative to the Equinoctial Regions of America, 1852, Bd. 2.*

Dieser Rote Brüllaffe, einer der größten Primaten Südamerikas, war nur eine der vielen Entdeckungen, die Humboldt in seinem Tagebuch skizzierte.

MERIWETHER LEWIS 1774–1809
WILLIAM CLARK 1770–1838
In der Wildnis von Nordamerika

Lewis war Sekretär von US-Präsident Jefferson, Clark ein Offizier, mit dem er sich in der Armee befreundet hatte. Sie waren alles andere als Wissenschaftler, doch sie hatten, wie Jefferson geistreich anmerkte „Konstitution & Charakter, Besonnenheit, fanden sich gut in den Wäldern zurecht & waren vertraut im Umgang mit den Gebräuchen der Indianer und deren Charakter – unabdingbar für das Unterfangen". Dieses Unterfangen bestand aus der Leitung einer Expedition von einer Seite Nordamerikas zur anderen und wieder zurück. Zwischen 1803 und 1806 reisten sie über den Mississippi hinaus, durch die Rocky Mountains und den Columbia hinab zum Pazifik, durch völlig unkartografierte Territorien, die nur gelegentlich von Händlern aus Kanada besucht worden waren. Von einigen als ein ausgedehnter Treck abgewertet, entpuppte sich die Expedition jedoch als politische und wissenschaftliche Faktensuche, die weitreichende Konsequenzen nach sich zog. Lewis und Clark öffneten den Kontinent einer Gruppe von Kolonialisten in ähnlicher Weise, wie Livingstone, Stanley und andere es in Afrika taten. Doch während die Europäer sich nach und nach aus Afrika zurückzogen, blieben die US-Siedler und verdrängten die Ureinwohner durch Waffengewalt und Krankheiten.

Lewis beschreibt seine Erregung zum Start der Expedition.

Als Schiffe besaßen wir sechs kleine Kanus und zwei große Pirogen. Diese kleine Flotte, wenn auch nicht so respektabel wie die von Kolumbus oder Kapitän Cook, wurde von uns jedoch mit so viel Vergnügen betrachtet, wie diese zu Recht berühmten Abenteurer die ihre betrachtet hatten; und ich möchte sagen, mit genauso viel Sorge um ihre Sicherheit und ihren Erhalt. Wir schickten uns an, ein mindestens 3200 Kilometer breites Land zu durchdringen, auf das noch kein zivilisierter Mensch seinen Fuß gesetzt hatte; das Gute oder das Böse, das es für uns bereit hielt, würde sich erst noch zeigen; und diese kleinen Schiffe enthielten jeden Gegenstand, den wir zum Lebensunterhalt oder zur Verteidigung würden brauchen können... Wie große Hoffnungen ich auch in den Erfolg einer Reise setzte, die für mich in den letzten zehn Jahren das Lieblingsprojekt war, konnte ich nicht anders, als diesen Moment unseres Aufbruchs als einen der glücklichsten meines Lebens zu betrachten. Die Reisenden erfreuen sich alle guter Gesundheit und guten Mutes, sind dem Unterfangen leidenschaftlich verbunden und begierig, voranzukommen; kein unzufriedenes Flüstern oder Murmeln ist unter ihnen, alle handeln im Einklang und in vollkommenster Harmonie. Ich nahm ein frühes Abendessen zu mir und ging zu Bett.

E. Osgood (Hg.), *The Field Notes of Captain William Clark, 1964.*

An der Pazifikküste, mit nur wenig Proviant, geriet die Expedition durch einen gestrandeten Wal in helle Aufregung.

5. Januar. Zwei der fünf Männer, die zur Salzgewinnung entsandt wurden, kehrten zurück. Sie hatten die Küste sorgfältig untersucht, entdeckten aber erst am fünften Tage einen guten Platz für ihre Arbeit... Die Indianer behandelten sie sehr freundlich und schenkten ihnen Walspeck, den einige der Männer heimbrachten. Er war weiß und Schweinespeck nicht unähnlich, obwohl von gröberer und schwammartiger Textur, und

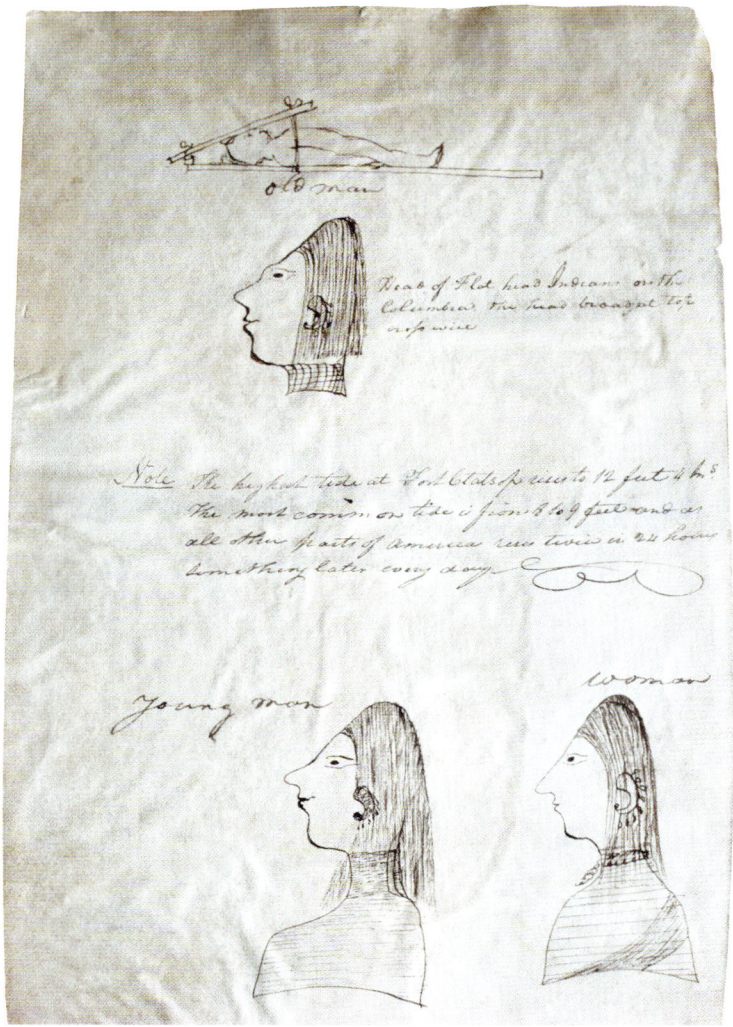

Eine Seite aus Clarkes bebildertem, elchledernem Tagebuch zeigt, wie die Flachkopfindianer zu ihrem Namen kamen. Der Schädel des Kleinkindes wurde zwischen zwei Brettern zusammengepresst, damit er die gewünschte (und unverwechselbare) Form erhielt. „Dies macht man, um die Stirnfläche zu vergrößern, die sie sehr bewundern", schrieb Lewis. Dabei handelte es sich um ein Privileg der gesellschaftlich Bessergestellten. Sklaven wurde das Abflachen ihrer Köpfe nicht gestattet.

beim Kochen stellte er sich als zart und genießbar heraus, im Geschmack dem Biber ähnelnd. Die Männer brachten auch eine Gallone Salz mit, das weiß, fein und sehr gut war, aber nicht so stark wie das Steinsalz im westlichen Teil der Vereinigten Staaten...

Das Auftauchen des Wales schien für alle Indianer dieser Gegend eine höchst wichtige Angelegenheit zu sein, und da wir eventuell...von den Indianern Walspeck kaufen konnten, wurde ein kleines Päckchen mit Handelsware vorbereitet und eine Gruppe Männer hielt sich bereit, am nächsten Morgen aufzubrechen. Sobald dieser Entschluss bekannt wurde, verlangten Chabonneau und seine [indianische] Frau danach, uns zu begleiten. Die arme Frau erzählte sehr ernst, sie sei so weit mit uns gereist, um das große Wasser zu sehen, trotzdem sei sie noch nie unten an der Küste gewesen; und nun, da man diesen riesenhaften Fisch sehen konnte, schien es hart, dass es ihr nicht erlaubt sein solle, weder den Ozean noch den Wal zu sehen. Solch eine verständliche Bitte konnte nicht abgeschlagen werden; daher wurde ihnen gestattet, Kapitän Clark zu begleiten, der am 6. Januar nach einem frühen Frühstück mit zwölf Männern in zwei Kanus aufbrach... [Bei ihrer Rückkehr] Das Wetter war herrlich, der Himmel klar, und der Mond schien hell, ein Umstand, der umso angenehmer ist, als dies der erste schöne Abend ist, den wir in zwei Monaten genossen haben.

E. COUES (Hg.), *History of the Expedition under the Command of Lewis and Clark, Bd. II, 1965.*

MUNGO PARK 1771–1806
Reise an den Niger

In einer Szene aus seinen „Reisen in das Innerste Afrikas" bemerkt Mungo Park Schmelzöfen im gambischen Dorf Kamalia. Nach seinem Tode versuchten Entdecker, den in seinem Tagebuch genannten Ort zu finden. Alles was sie fanden, war ein Logarithmenbuch, in dem sich eine Schneiderrechnung befand, sowie eine Einladung, mit Mr. und Mrs. Watson zu dinieren.

ALS SCHOTTISCHER CHIRURG, *der eben erst von einem Kommando aus Sumatra zurück-gekehrt war, wurde Mungo Park von Joseph Banks ausgewählt, eine Expedition an den Niger zu leiten. Die europäischen Geografen wurden durch diesen Fluss vor sehr große Herausforderungen gestellt. Sie wussten, dass es ihn – wahrscheinlich – gab, hatten aber keine Vorstellung davon, wo er verlief. Es hieß, er flösse in den Nil oder in den Kongo; eine Theorie ging davon aus, er flösse westwärts und eine andere, nordwärts. Was seine Mündung betraf, glaubten viele Experten, er hätte keine und würde einfach irgendwo in der Sahara versickern. 1795 segelte Park aus Portsmouth los, um diese Angelegenheit zu klären. Nach einer gefährlichen Alleinreise durch Äquatorialafrika fand er schließlich den Niger, aber Krankheit und mangelnde Vorräte hinderten ihn daran, dem Fluss bis zu seinem Ende zu folgen. Er kehrte 1805 mit einer Einheit Rotröcke zurück, um sein Werk zu beenden. Ein Großteil der Kompanie starb durch Krankheiten, bevor sie den Niger erreicht hatte, und die Verbliebenen wurden bei einem Hinterhalt auf dem Fluss getötet. Park wurde eine Berühmtheit, zahlreiche Expeditionen wurden entsandt, um seine sterblichen Überreste zu finden und seine Aufgabe zu vollenden, aber es sollten noch 25 Jahre vergehen, ehe das Rätsel um den Niger endlich gelöst wurde.*

IM JAHR 1796 ERREICHTE MUNGO PARK DEN NIGER.

20. Juli – ... Wir passierten einige große Dörfer, in denen ich ständig für einen Mauren gehalten wurde und bei den Bambarranern große Heiterkeit hervorrief, die herzlich über mich lachten, als sie sahen, wie ich mein Pferd vor mir hertrieb... Er war in Mekka, sagt einer, das sieht man an seinen Kleidern; ein anderer fragte mich, ob mein Pferd krank sei; ein dritter wünschte es zu kaufen etc. – ich glaube, selbst die Sklaven waren beschämt, mit mir gesehen zu werden. Kurz vor Einbruch der Dunkelheit erhielten wir für die Nacht Quartier in einem kleinen Dorf, in dem ich etwas zu Essen für mich und Getreide für mein Pferd beschaffte, zum bescheidenen Preis eines Knopfes; und mir wurde gesagt, dass ich den Niger (der von den Negern Joliba, oder Großes Wasser, genannt wird) Morgen früh sehen würde. Die Löwen sind hier sehr zahlreich: Die Tore werden kurz nach Sonnenuntergang geschlossen, und es ist niemandem erlaubt, auszugehen. Der Gedanke, den Niger zu sehen und das ärgerliche Summen der Moskitos verhinderten, dass ich nachts auch nur ein Auge zutat; ich hatte mein Pferd gesattelt und war vor Tagesanbruch bereit – aber wegen der wilden Tiere mussten wir warten, bis...die Tore geöffnet wurden...

Als wir uns der kleinen Stadt [Sego] näherten, hatte ich Glück, die flüchtenden Kaartans zu überholen, deren Freundlichkeit ich auf meiner Reise durch Bambarra so viel zu verdanken hatte. Sie waren gerne bereit, mich dem König vorzustellen, gemeinsam ritten wir durch sumpfiges Gebiet, in dem, als ich mich sehnsüchtig umsah, einer von ihnen rief: „Geo affili! (Sieh das Wasser!)", und als ich nach vorn blickte, sah ich mit unendlicher Freude das Ziel meiner Mission – den lang gesuchten, majestätischen Niger, in der Morgensonne glitzernd, breit wie die Themse bei Westminster, und langsam gen Osten fließend. Ich eilte ans Ufer, und nachdem ich Wasser getrunken hatte, dankte ich im Gebet dem Großen Herrscher aller Dinge, dass er mein Streben bislang mit Erfolg gekrönt hatte.

M. PARK, *The Life and Travels of Mungo Park, 1870.*

Mit größtem Bedauern muss ich Ihnen mitteilen, dass von den vierundvierzig Europäern, die Gambia in bester Gesundheit verlassen haben, gegenwärtig nur noch fünf am Leben sind, nämlich drei Soldaten (einer von ihnen hat den Verstand verloren), Lieutenant Martyn und ich selbst. Nach diesem Bericht werden Eure Lordschaft wohl leider annehmen, dass die Lage hoffnungslos sei, aber ich versichere Ihnen, dass ich noch lange nicht verzweifle. Mit Unterstützung eines der Soldaten habe ich ein großes Kanu in einen annehmbar guten Schoner verwandelt, an Bord dessen ich an diesem Tage die britische Flagge hisste und gen Osten Segel setzen werde, mit dem festen Vorsatz, das Ende des Nigers zu finden oder bei diesem Versuch mein Leben zu lassen. Ich habe nichts Zuverlässiges, was den fernen Verlauf dieses mächtigen Stroms betrifft, erfahren können, bin aber mehr und mehr geneigt, anzunehmen, dass er nirgendwo anders als im Meer enden kann.

Mein lieber Freund, Mr. Anderson und ebenso Mr. Scott sind beide tot; aber selbst wenn alle Europäer, die mich begleiten, sterben sollten und ich selbst halbtot wäre, würde ich immer noch nicht aufgeben, und sollte ich das Ziel meiner Reise nicht erfolgreich erreichen, würde ich doch wenigstens auf dem Niger sterben.

The Life and Travels of Mungo Park

GEORGE LYON 1795–1832

Erfahrungen in der Sahara

Ein Sandsturm bringt Lyons Karawane durcheinander. Bei fast allen Illustrationen Lyons, wie in dem hier gezeigten Beispiel, schwelgte er in der Exotik Nordafrikas.

IM JAHRE 1818 LANDETE DER BRITE JOSEPH RITCHIE in Tripolis mit dem Ziel, die Sahara bis zum Niger zu durchqueren. Mit ihm kam Lyon, ein extrovertierter junger Marineoffizier, dessen Interessen „Bälle, Reiten, Dinieren & sich selbst zu Narren machen" waren. Die zwei Männer erreichten nur wenig, und Ritchie starb ein Jahr nach seiner Ankunft; es blieb Lyon überlassen, ein Tagebuch ihrer Heldentaten zu verfassen. Voller Eifer machte er sich daran und kommentierte Sandstürme, Sklaverei, Fata Morganas, Spinnen und einen Oasenwurm, der wie Kaviar schmeckte. Später ging Lyon auf einige Expeditionen zur Arktis, bei denen er sich als sehr subjektiver Amateuranthropologe erwies. Bedeutsame geografische Entdeckungen gelangen ihm aber nicht. Als versierter Künstler und Maler hatte Lyon ein Auge dafür, was die Öffentlichkeit sehen wollte. Zwar war sein Tagebuch in Großbritannien kein Bestseller, aber in Afrika wurde es so berühmt, dass die nachfolgenden Sahara-Reisenden ständig von Menschen belagert wurden, die die Bilder sehen wollten, die Lyon von ihnen gemalt hatte. Dies ist einer der wenigen belegten Fälle, bei denen ein Entdeckertagebuch für die „Entdeckten" von größerem Interesse war als für den heimischen Markt.

ÜBER VERBLENDUNG IN DER WÜSTE.

31. März... Ein Junge, der uns von Tripolis aus begleitet hatte, kam zu mir, voll des Lobes für Lilla Fatima, die fette Ehefrau von Scheich Baruhd, einer weißen Frau, die, wie er sagte, die schönste Kreatur sei, die er je gesehen habe und so fett, dass sie kaum laufen könne: „Ihr Arm ist so dick wie mein Körper", fuhr er fort, „und sie sagt, sie würde Euch und Sidi Yussuf [Ritchie] gerne sehen." Solch einen Hinweis konnte man nicht überhören, und daher stattete ich ihr umgehend einen Besuch ab, wobei der Junge als mein Dolmetscher fungierte. Bei meinem Eintreten legte sie einen Schleier an, damit ihr Arm, mit all dem schönen Schmuck, ins rechte Licht gerückt würde; und meiner Bitte, sie möge mir den Gefallen erweisen, ihr Gesicht sehen zu dürfen, gab sie mit ein wenig Zurückhaltung nach. Ihr Kinn, ihre Nasenspitze und der Platz zwischen ihren Augenbrauen waren mit schwarzen Linien verziert; sie trug viel Rouge; ihr Hals, ihre Arme und die Beine waren mit tätowierten Blumen, offenen Händen, Kreisen, den Namen Gottes und denen ihrer zahlreichen männlichen Freunde bedeckt. Sie trug eine große Zahl goldener Ohrringe und Schmuck, der mit sehr schlechten und gefälschten Edelsteinen bestückt war und der alles in allem wohl etwa zwei oder drei Pfund gewogen haben dürfte. Ihr Hemd war aus gestreifter Seide; und sie hatte einen dunkelpurpurnen Seidenbarracaun, eine Art Umhang, anmutig um sich drapiert und über ihrer Brust mit einer Goldnadel befestigt; an diesem hingen Schmuckstücke des gleichen Metals herab: Alle anderen Prachtstücke, die sie besaß, waren im Zelt ausgelegt, während eine große Zahl armer dünner Wesen, die Hexen ähnelten, voller Staunen um sie herumsaßen und nie zuvor in ihrem Leben solch einen Ausbund an Vollkommenheit gesehen hatten. Wie alle anderen Araber berührten sie, was ihnen am besten gefiel,... so dass unsere arme Schöne manchmal von einem Dutzend Finger gleichzeitig betastet wurde; alle waren sich jedoch einig, dass sie wunderbar und über alle Maßen fett sei, und ich muss sagen, dass ich nie zuvor eine solch riesenhafte Masse menschlichen Fleisches geschaut hatte. Eines ihrer Beine, von enormer Größe, war

bis zu ihrer Wade unbedeckt und alle drückten es, seine Festigkeit bewundernd und Gott dafür preisend, dass er sie mit solch einem Anblick gesegnet hatte. Ich wurde mit größter Anmut empfangen und eingeladen, nahe bei ihr zu sitzen, als eine ihrer ersten Fragen war, ob in meinem Lande die Damen genauso fett und hübsch wie sie seien? Was die Fülligkeit meiner weiblichen Landsleute betreffe, so gab ich mit Scham zu, dass ich nie eine gesehen hätte, die auch nur halb so viel von ihrer bewundernswerten Leibesfülle besessen hätte, was sie als großes Kompliment nahm; doch versuchte ich, keine weiteren Vergleiche zu ziehen, obgleich ihr Gesicht und ihr Ausdruck wirklich ansprechend waren. Sie vergnügte sich während des Gesprächs, indem sie mit der einen Hand auf einer Art Tontrommel spielte; ...und als sie sah, dass mich das amüsierte, befahl sie einem alten Mann aufzustehen und zu tanzen. Recht bald danach sangen die Weiber dazu und klatschten in ihre Hände, und der Tänzer führte eine Reihe von Figuren vor, die alle gleich derb waren. Dann folgte ihm eine Frau und übertrumpfte ihn diesbezüglich noch, aber da der Tanzstil in diesem Teil der barbarischen Welt üblich ist, applaudierte ich natürlich. Dann hielt Lilla Fatima es für angebracht, uns mit einigen anmutigen Darstellungen gleichen Stils zu beehren, aber Mr. Ritchies Betreten des Zeltes machte der Vorführung ein Ende, und die

Verschleierungszeremonie fand wie zuvor statt. Fatima entdeckte bald eine Ähnlichkeit zwischen ihrem verstorbenen Gatten und Mr. Ritchie insofern, dass beide sehr schlank waren; aber unglücklicherweise gab es keine weiteren Ähnlichkeiten, zumal ihr früherer Ehemann zu der Zeit, als sie auf Befehl des Paschas gezwungen wurde, ihn zu verlassen, fünfzig Jahre alt und graubärtig war, während Mr. Ritchie erst siebenundzwanzig war... Jedenfalls war sie sehr zufrieden mit uns; und nachdem sie uns mit Rosenwasser besprengt hatte, erlaubte sie uns, uns zu verabschieden. Nachdem wir zu unserem Zelt zurückgekehrt waren, schickten wir ihr Kaffee und einige Zuckerstückchen.

G. LYON, *A Narrative of Travels in Northern Africa, 1821.*

ÜBER AFRIKANISCHE GASTFREUNDSCHAFT:

16. Januar... Wir brachen um zehn nach Murzuk auf... Gegen Mittag hörten wir die Schüsse der Ghrazzie [Sklavenjäger] beim Eindringen in das nahe Zaizow gelegene Dorf Bidan und kurz danach, bei Ankunft in Zaizow, ließen wir uns bei der Residenz des Kaid Saad nieder. Wir fanden ihn auf dem Boden liegend, auf amüsanteste Weise betrunken und mitteilsam, und umgeben von Hühnern und Broten, Eiern, Kuchen, Suppe und Datteln.

Er war überaus großzügig und hätte uns im Laufe des Handels wohl sein ganzes Haus überlassen... Wir entdeckten bald, dass er nicht in der Verfassung war, ein Geheimnis für sich zu behalten, weshalb er in großen Zügen Lakbi trank. Er hatte die ganze Zeit, die er mit mir verbrachte, von seiner zweiten Frau geprahlt und mir versprochen, sie zu Gesicht zu bekommen, wenn er eine solch schöne und schamhafte Kreatur dazu bewegen könne, sich irgendjemand anderem als ihrem Gatten zu zeigen. Kaum hatte er jedoch Zaizow vor einem Monat verlassen, um mich zu begleiten, als diese charmante Person sich aus dem Staube machte... Die Berichte über ihr Gebaren gereichten ihr zum Nachteil, und der alte Mann strengte sich infolgedessen an, seine Sorgen mit seinem Lieblingsschnaps zu ertränken...

An diesem Nachmittage kam ein Mann um Medizin zu mir, gegen seine Schmerzen in der Brust, und als er sein Hemd öffnete, bot sich mir der ekelerregendste Anblick, den ich je gesehen hatte: Er war an der ganzen Brust so verbrannt, dass diese vereitert und zu einer ...großen Entzündung geworden war und sich derart in seine Haut gefressen hatte, dass ich dachte, er würde nicht mehr viele Tage überleben. Ich hatte nichts bei mir, um ihm Linderung zu verschaffen, riet aber, die Entzündung sauber zu halten, eine Vorsichtsmaßnahme, die ihm nicht in den Kopf wollte. Sein Freund, der ihn zu mir gebracht hatte, sagte, um alles in der Welt könne er ihn nicht dem Leid aussetzen, gewaschen zu werden, da er in einem Buch gelesen habe, dass Wasser auf einer Brandwunde zum sicheren Tode führen würde. Wahrscheinlich verlor der arme Mann sein Leben aufgrund des Unwissens und der Vorurteile. Nachdem man uns mit Freundlichkeiten fast erdrückt hatte, brachen wir auf. Der Kaid, obwohl kaum fähig, auf seinem eigenen, mageren Pferde zu sitzen, vergnügte sich damit, mit voller Geschwindigkeit vor und quer zu meinem zu reiten, mir zu Ehren zu kreischen und sein Gewehr abzufeuern. Aber zum Glück für sein Genick, und ich darf wohl hinzufügen, auch für meins, ging ihm nach ungefähr einer halben Stunde das Schießpulver aus.

A Narrative of Travels in Northern Africa.

Lyon malte dieses Bild einer Eskimofrau während einer Seereise zum Foxe Basin, einer Wasserstraße in der Arktis (1821-1823). Begeistert nahm er am Alltag der Eskimos teil, lebte in Iglus, lernte, mit einem Hundeschlitten umzugehen und aß ihre Nahrung – tapfer erzählte er, dass eine Scheibe Luftröhre von einem Hirsch sehr schmackhaft sei; und dass der Mageninhalt ihn an „eine Mischung aus Sauerampfer- und Rettichblättern" erinnerte.

JOHN FRANKLIN 1786–1847

Die Suche nach der Nordwest-Passage

Während der Expedition von 1819-1822, mit dem Ziel, die Nordwest-Passage zu finden, mussten sich Franklins Kanus durch einen Orkan kämpfen. Seine kanadischen Träger waren durch diese Erfahrung zutiefst verängstigt – keiner von ihnen hatte je zuvor das Meer gesehen. Aber ihnen stand noch ein viel größeres Unglück bevor: Von Franklins zwanzig Mann starker Truppe verloren elf während des Rückzugs durch Kanadas Ödland ihr Leben.

FRANKLIN WAR ÜBERGEWICHTIG, litt unter Durchblutungsstörungen, konnte sich ohne häufige Teepausen nicht vorwärts bewegen und musste auf fast allen Trecks getragen werden. Im Jahre 1819 wurde er auf eine Überlandreise durch Kanadas unwirtlichstes Territorium geschickt, um die Nordwest-Passage zu finden. Er verirrte sich nördlich der Hudson Bay. Von seiner Reisegruppe verhungerte die Hälfte oder wurde von den anderen aufgegessen; den Überlebenden blieb nichts anderes übrig, als Aas, Flechten und schließlich sogar ihre eigenen Schuhe zu kauen. Dass überhaupt einer von ihnen lebend nach Hause kam, war ein Wunder. Trotzdem mußte Franklin zurückkehren, um seinen Auftrag zu beenden. Dieses Mal starb keiner von seinen eigenen Männern, aber er plünderte so viele Nahrungsmittel, dass in der Region mehrere hundert Indianer an Hunger starben. Im Jahre 1845 leitete er nach einer verheerenden Zeit als Gouverneur einer Strafkolonie sogar noch eine weitere Expedition zur Nordwest-Passage. Weder er, seine Schiffe noch die 133 Männer unter seinem Kommando wurden je wiedergesehen.

AUF SEINEM RÜCKZUG DURCH DIE BADLANDS LIEß FRANKLIN SEINEN STELLVERTRETER DR. RICHARDSON ZURÜCK, UM FÜR DIE HUNGERNDEN MÄNNER ZU SORGEN, WÄHREND ER VORAUSGING, UM NAHRUNGSMITTEL AUS IHREM LAGER DES VORJAHRES, FORT ENTERPRISE, ZU HOLEN.

4. Oktober – Unsere Schuhe und Kleidungsstücke waren steif vom Frost, und wir liefen unter großen Schmerzen... Es gab keine Felsenflechten, und wir tranken Tee und aßen zum Abendbrot etwas von unseren Schuhen. Am nächsten Morgen, nach unserer gewöhnlichen Teepause, machten wir uns auf dem Weg zum Haus. Wir grübelten, was wir dort wohl finden würden, unsere Gedanken schwankten aufgeregt zwischen Hoffnung und Furcht, und – im Gegensatz zu unserer Gewohnheit, uns durch Gespräche aufzumuntern – gingen wir schweigend voran.

Schließlich erreichten wir Fort Enterprise, und fanden es, zu unserer unendlichen Enttäuschung und Trauer, in vollkommen desolatem Zustand vor. Es gab kein Proviantlager, keine Spur von den Indianern, keinen Brief von Mr. Wentzel, der Angaben darüber gemacht hätte, wo man die Indianer hätte finden können. Es ist mir unmöglich, unsere Gefühle beim Betreten dieser elenden Unterkunft zu beschreiben und als wir feststellten, dass man uns so im Stich gelassen hatte: Alle vergossen Tränen, weniger wegen unseres eigenen Schicksals, als dem unserer Freunde hinter uns, deren Leben gänzlich von unserer Hilfe hier abhing...

Wir sahen uns nun nach Mitteln zum Überleben um und waren dankbar, einige Hirschfelle zu finden, die während unseres früheren Aufenthalts fortgeworfen worden waren. Die Knochen wurden aus dem Aschehaufen gesammelt; diese würden uns, mit dem Leder und durch Felsflechten ergänzt, eine Weile über Wasser halten. Was das Haus betraf, fehlte das Pergament an den Fenstern, so dass unsere Unterkunft ... allen Launen der Jahreszeit ausgesetzt war. Wir versuchten, den Wind so gut wie möglich fern zu halten, indem wir lose Bretter gegen die Öffnungen lehnten. Die Temperatur betrug nun zwischen 15 ° und 20° unter Null. Wir erhielten Brennholz, indem wir die Bodendielen der anderen Räume herausrissen, und Wasser zum Kochen, indem wir Schnee schmolzen...

Als ich am nächsten Morgen aufstand, waren mein Körper und meine Glieder so geschwollen, dass ich nicht mehr als einige Meter laufen konnte. Adam befand sich in noch schlimmeren Zustand; völlig unfähig, sich ohne Hilfe zu erheben. Meine anderen Kameraden litten zum Glück weniger unter diesen Unannehmlichkeiten und sammelten Knochen und einige Felsflechten, die uns zwei Mahlzeiten lieferten. Die Knochen waren ziemlich bitter, und die daraus gewonnene Suppe griff die Mundschleimhaut an, wenn man sie allein zu sich nahm, aber sie wurde etwas verträglicher, wenn man sie mit Flechten kochte; und mit ein wenig Salz, von dem wir im letzten Frühling glücklicherweise ein Fass hier zurückgelassen hatten, erschien sie uns sogar genießbar...

[22. Oktober] – Ich übernahm das Kochen und bestand darauf, dass alle zweimal täglich essen sollten, sofern Nahrungsmittel beschafft werden konnten, aber da ich zu schwach war, um die Knochen zu zermahlen, erbot sich Peltier, dies zu übernehmen, zusätzlich zu seiner noch ermüdenderen Aufgabe, Holz zu sammeln. Am ganzen nächsten Tag litten wir unter einem heftigen Schneesturm, und das düstere Wetter verschlechterte die Depression von Adam und Samandre. Keiner von ihnen sah sich imstande, das Bett zu verlassen, und sie weinten fast ohne Unterlass; vergeblich strengten Peltier und ich uns an, sie aufzumuntern. Wir mussten sogar eine beträchtliche Überzeugungskraft aufwenden,

bevor wir ihnen die von uns zubereiteten Mahlzeiten aufdrängen konnten. Unsere Lage war in der Tat erschreckend, aber im Vergleich zu der unserer Freunde in der Nachhut, erachteten wir sie als glücklich...

[26. Oktober] – Wir spürten, wie unsere Kraft von Tag zu Tag nachließ, und jede Anstrengung wurde zunehmend lästig; wenn wir erst einmal saßen, kostete es uns große Mühe, aufzustehen, und wir mussten einander häufig von unseren Sitzen hochheben... Nachdem wir alles Holz unserer gegenwärtigen Unterkunft verbraucht hatten, das wir beschaffen konnten, ohne dass diese einstürzte, begann Peltier heute damit, die Trennwände der angrenzenden Häuser abzureißen. Obgleich diese nicht mal 20 Meter entfernt lagen, schwächte ihn das Tragen des Holzes so sehr, dass er am Abend erschöpft war. Am nächsten Tag war er derart geschwächt... dass er mit Mühe das Beil heben konnte: Doch er gab nicht auf, Samandre und ich halfen ihm... aber mit unseren vereinten Kräfte sammelten wir nur genug, um das Feuer im Laufe des Tages viermal neu zu entfachen. Da die Innenseiten unserer Münder durch das Essen der Knochensuppe entzündet waren, aßen wir sie nicht mehr und kochten nunmehr unsere [Decke aus Tierhaut], die wir auf diese Weise schmackhafter fanden, als wenn wir sie, wie bisher, gebraten hätten...

29. Oktober – [Als Richardsons Gruppe Fort Enterprise erreichte.] Wir waren alle erschüttert, die ausgemergelten Gesichtszüge des Doktors und von Hepburn zu sehen, die deutlich ihren geschwächten Zustand zeigten. Unser verändertes Aussehen war für sie gleichermaßen erschreckend, denn seit die Schwellungen nachgelassen hatten, waren wir kaum mehr als Haut und Knochen. Der Doktor bemerkte vor allem unsere Grabesstimmen und verlangte von uns, sie, wenn möglich, fröhlicher zu machen, ohne sich dessen bewusst zu sein, dass seine nicht anders klang...

1. November – Peltier war so erschöpft, dass er sich nur mit Schwierigkeiten aufsetzte und bemitleidenswert aussah; schließlich rutschte er von seinem Hocker auf sein Bett, wie

wir annahmen, um zu schlafen, und in diesem ruhigen Zustand blieb er mehr als zwei Stunden, ohne unser Misstrauen zu wecken. Dann erschraken wir über seinen rasselnden Atem und als der Arzt ihn untersuchte, fand er ihn sprachlos vor. Er [Peltier] starb im Laufe der Nacht. Samandre... begann, über Kälte und steife Glieder zu klagen. Da wir nicht im Stande waren, ausreichend Feuer zu schüren, um ihn warm zu halten, legten wir ihn hin und deckten ihn mit mehren Decken zu. Es schien ihm jedoch nicht besser zu gehen und ich bedauere zutiefst, sagen zu müssen, dass auch er vor Tagesanbruch starb. Wir trugen die Leichen in den gegenüber liegenden Teil des Hauses, aber auch unsere vereinten Kräfte reichten nicht, um sie zu beerdigen oder nur zum Fluss hinabzutragen.

[6. November] – Ich stellte fest, dass in dem Maß, wie unsere Kräfte schwanden, auch unser Geist Symptome von Schwäche zeigte, die sich in einer Art unangemessener Empfindlichkeit miteinander offenbarte. Jeder von uns hielt den anderen für verstandesschwächer als sich selbst und für rat- und hilfebedürftiger. So geringfügige Umstände wie das Wechseln des Platzes, den einer als wärmer und bequemer empfahl, und der vom anderen aus Furcht vor Bewegung abgelehnt wurde, riefen ärgerliche Bemerkungen hervor... Das Gleiche geschah oft, wenn wir uns anstrengten, einander beim Tragen des Holzes zum Feuer zu helfen; keiner von uns war willens, Hilfe anzunehmen, obwohl die Aufgabe im Missverhältnis zu unseren Kräften stand. Bei einer dieser Gelegenheiten war Hepburn so von seiner Verwahrlosung überzeugt, dass er ausrief: „Du meine Güte, wenn es uns vergönnt sein sollte, nach England zurückzukehren, frage ich mich, ob wir unseren Verstand je zurückerlangen werden."

7. November – Dr. Richardson kam herein, um uns die freudige Mitteilung zu machen, dass Hilfe angekommen war. Er und ich dankten dem Herrn für die Erlösung, aber der arme Adam war in einem so schlechten Zustand, dass er diese Nachricht kaum verstehen konnte. Als die Indianer eintraten, versuchte er sich aufzurichten, sank aber wieder zurück. Ohne die glückliche Fügung, hätte sein Dasein innerhalb weniger Stunden ein Ende gefunden und das der anderen wahrscheinlich nach wenigen Tagen... Dr. Richardson, Hepburn und ich verschlangen gierig die Nahrung, die sie uns unbesonnen in großem Überfluss angeboten hatten, folglich litten wir unter einer schlimmen Magenverstimmung und fanden für den Rest der Nacht keine Ruhe... Die Gefahr war uns bestens bewusst, und Dr. Richardson hielt uns wiederholt zur Mäßigung an, doch war auch er nicht im Stande, sich an die Maßnahmen zu halten, die er uns so wohl bedacht empfohlen hatte...

8. November – Am Abend brachten sie einen Stapel getrockneten Holzes, das am Flussufer lag und auf das wir oft einen sehnsüchtigen Blick geworfen hatten, wobei wir unfähig gewesen waren, ihn das Ufer hinaufzuziehen. Die Indianer machten sich an alles mit erstaunlicher Tatkraft heran. Wirklich, verglichen mit unseren ausgemergelten Figuren und unserer Schwäche, erschienen ihre Gestalten riesig und ihre Stärke übernatürlich. Diese freundlichen Geschöpfe kümmerten sich um unser Erscheinungsbild und bestanden darauf, dass wir uns wuschen und rasierten. Die Bärte des Doktors und Hepburns waren unberührt, seitdem sie die Küste verlassen hatten, und zu abscheulicher Länge gewachsen, was besonders für die Indianer anstößig war. Der Arzt und ich litten unter extremen Blähungen und aßen daher nur wenig.

J. FRANKLIN, *Narrative of a Journey to the Shores of the Polar Sea, 1823.*

Sir John Franklin (rechts) und Lieutenant Francis Crozier 1845 am Vorabend ihrer Abreise auf den Schiffen HMS Erebus *und* HMS Terror *Richtung Nordwest-Passage. Damals stellten viele Leute in Frage, ob es in Anbetracht von Franklins Alter (60) und seiner schlechten Gesundheit klug gewesen war, ihn auszuwählen. Trotzdem wurden er und seine Offizierskameraden nach ihrem Verschwinden idealisiert.*

DIXON DENHAM 1786–1828
HUGH CLAPPERTON 1788–1826
WALTER OUDNEY 1790–1824

Die Sklavenroute zum Tschad

Clapperton, das am wenigsten ausgebildete Mitglied der Expedition, gab sich große Mühe, dieses Gemälde einer Saharaoase anzufertigen. Solch üppiger Anblick war selten: Normalerweise mussten sie stundenlang graben, um auch nur auf das kleinste Rinnsal zu stoßen. Wie Denham von einer Rast berichtete: „Die Brunnen waren so sehr mit Sand verstopft, dass etliche Wagenladungen davon entfernt wurden, bevor man ausreichend Wasser fand; und selbst dann konnten die Tiere nicht vor zehn Uhr abends trinken."

IM JAHRE 1822 VERSUCHTEN DENHAM, CLAPPERTON UND OUDNEY – *begleitet von einem Seemann namens Hillman – die Sahara zu durchqueren, um den Niger zu finden. Sie schlossen sich einer Karawane durch die Wüste an und sahen am 24. Februar 1823 als erste Europäer den Tschadsee. Es war eine Reise voller Streit gewesen, weil sowohl Denham als auch Oudney um die Führung der Gruppe kämpften. Einmal war Denham so gekränkt, dass er die Expedition verließ; Clapperton und Oudney waren äußerst enttäuscht, als er später wieder zu ihnen stieß. Am Tschadsee gingen die Widersacher ihrer eigenen Wege: Denham, um die Umgebung zu erkunden (wobei er versehentlich in einen Raubzug von Sklavenhändlern geriet); Clapperton und Oudney, um sich nach Westen gen Sokoto aufzumachen, wo sie nicht nur Informationen zum Niger sammelten, sondern auch etwas über die geheimnisvolle Stadt Timbuktu erfahren wollten. Die Gruppe fand 1824 wieder zusammen, wobei keine der beiden Parteien den Niger gefunden hatte und Oudney an Tuberkulose gestorben war. Innerhalb von drei Monaten nach ihrer Rückkehr machte sich Clapperton wieder auf den Weg; dieses Mal nahm er den Niger vom Süden her in Angriff. Immer noch erfolglos, starb er 1826 in Sokoto an Fieber. Sein Diener, Richard Lemon Lander, kam dem Lauf des Nigers 1831 auf die Spur.*

IHR WEG GEN SÜDEN FÜHRTE ENTLANG DER ALTEN TRANS-SAHARA-HANDELSROUTEN. DENHAM WAR ERSCHÜTTERT, ALS ER ENTDECKTE, WIE VIELE STERBLICHE ÜBERRESTE VON MENSCHEN DIE SKLAVENKARAWANEN ZURÜCKGELASSEN HATTEN.

22. Dezember – Wir brachen vor Tagesbeginn gen Westen auf, passierten einige grobsandige Hügel, mit rotem Stein vermischt, eine Ebene mit feinem Kies und rasteten...nahe eines Felsüberhangs, der in Sichtweite gewesen war, seit wir unser Lager am Morgen aufgegeben hatten. Man hatte an diesem Tage strikt befohlen, die Kamele zusammen zu halten, und dass die Araber nicht umherstreiften – die Tibu-Araber waren auf dem Aussichtspunkt gesehen worden. Während der letzten beiden Tage kamen wir täglich an durchschnittlich 60 bis 90 Skeletten vorbei; aber die Zahl der an den Brunnen von El-Hammar liegenden [Skelette] war unermesslich: Die zweier Frauen, deren vollkommene und regelmäßige Zähne sie als jung auswiesen, waren besonders erschütternd; sie hielten einander noch immer mit ihren Armen umschlungen, so wie während ihres Todes; obwohl das Fleisch schon lang von der brennenden Sonne zerstört war und nur die geschwärzten Knochen zurückließ: Die Fingernägel und einige Handsehnen waren erhalten, und die Zunge der einen schaute immer noch zwischen den Zähnen hervor. Wir hatten nun die Wüste sechs Tage lang ohne das geringste Zeichen von Vegetation durchquert... Am folgenden Tag... Während ich mittags auf meinem Pferd döste, überwältigt von der Hitze der Sonne, die zu dieser Zeit immer mit großer Kraft schien, wurde ich plötzlich durch ein Knirschen unter seinen Hufen geweckt, dass mich außerordentlich erschreckte. Ich sah, dass meine Ross, ohne Anschein von Scham oder Furcht, auf die vollständigen Skelette zweier Menschen getreten war, wobei es ihre spröden Knochen unter seinen Hufen

zermalmte und mit einen Huftritt einen Schädel vom Rumpf abtrennte, der wie ein Ball vor ihm rollte. Dieses Ereignis löste in mir Gefühle aus, die noch einige Zeit nachwirkten. Mein Pferd wurde viele Tage lang nicht mit der gleichen Achtung betrachtet wie zuvor.

D. Denham, H. Clapperton, W. Oudney, *A Narrative of Travels and Discoveries in Northern and Central Africa, 1828.*

Das unerwartete Ende eines Überfalls von Sklavenhändlern

Nun bedauerte ich zum ersten Mal, als ich Barca Gana auf einem frischen Pferd sah, meine eigene Torheit, mich so auszuliefern und schlecht auf Unfälle vorbereitet zu sein. Wenn irgendeine der Wunden meines Pferdes von Giftpfeilen stammte, würde nichts mich retten können: Es blieb jedoch nicht viel Zeit zum Nachdenken; wir wurden sofort zu einer fliegenden Masse und stürzten uns in größter Unordnung in diesen Wald, durch den wir nur wenige Stunden zuvor geordnet und mit völlig anderen Gefühlen gezogen waren. Ich war ein wenig westwärts von Barca Gana geraten, in dem Durcheinander, als wir die Schlucht passierten, die wir gerade eben hinter uns gelassen hatten und wo mehr als 100 Bornowy von den Felatahs mit Speeren durchbohrt worden waren; und folgte im Galopp den Spuren eines der Mandara Eunuchen, der auf der Hut war, ständig über seine linke Schulter zurückblickend, mit einem Gesichtsausdruck größter Bestürzung – als die Rufe hinter uns, uns unseren Schritt noch beschleunigen ließen. Dieses Anspornen führte jedoch zur Überforderung meines Tieres, weil der Pfeil, wie ich später sah, den Schulterknochen erreicht hatte; und als wir groben Untergrund überquerten, stolperte es und fiel hin. Noch

bevor ich auf die Beine kam, fielen die Felatahs über mich her; ich hatte jedoch den Zügel festhalten können, und eine Pistole aus dem Halfter reißend, richtete ich sie auf zwei dieser furchterregenden Wilden, die mich mit ihren Speeren bedrohten; sie machten sich sofort aus dem Staub, aber ein anderer, der auf mich zustürmte, gerade als ich aufsteigen wollte, erhielt eine Ladung in seine linke Schulter, und noch einmal setzte ich meinen Fuß in den Steigbügel. Zurück im Sattel, floh ich erneut; ich war jedoch keine hundert Meter weit gekommen, als mein Pferd wieder stürzte, mit solcher Gewalt, dass ich gegen einen ziemlich weit entfernten Baum schleuderte; und alarmiert durch die Pferde hinter ihm, stand es rasch auf und verschwand, mich zu Fuß und unbewaffnet zurücklassend.

Der Eunuch und seine vier Gefolgsleute wurden hier, nach nur sehr wenig Widerstand, niedergemetzelt... Ihre Schreie waren furchtbar; und noch jetzt erinnere ich die Gefühle dieses Augenblicks, als wäre es gestern gewesen. Meine Überlebenshoffnungen waren zu schwach, um diesen Namen zu verdienen. Ich wurde sofort umzingelt, und unfähig, den geringsten Widerstand zu leisten, da ich unbewaffnet war, wurde ich rasch durchsucht; und beim Versuch, mein Hemd und meine Hosen zu retten, wurde ich auf den Boden geworfen. Meine Verfolger stießen mich einige Male mit ihren Speeren, die meine Hände an zwei Stellen schlimm verwundeten und meinen Körper etwas, unter den Rippen auf der rechten Seite. Tatsächlich sah ich vor mir nichts als den gleichen grausamen Tod, der vor meinem Augen gnadenlos denjenigen zugefügt worden war, die in die Hände derer gefallen waren, die nun auch mich festhielten; und mich nur deshalb nicht sofort ermordeten, meine ich, aus Angst, den Wert meiner Kleidung zu zerstören, die ihnen als reiche Beute erschien – aber es war anders vorherbestimmt.

Mein Hemd war nun ganz von meinem Rücken gerissen, und ich war vollkommen nackt. Als meine Plünderer um die Beute zu streiten begannen, schoss der Gedanke an ein Entkommen wie ein Blitz durch meinen Kopf, und ohne auch nur einen Moment zu zögern oder nachzudenken, krabbelte ich unter den Bauch des Pferdes in meiner Nähe und rannte, so schnell mich meine Beine tragen konnten, auf den dichtesten Teil des Waldes zu. Zwei der Felatahs folgten mir, und ich rannte jetzt ostwärts, wohlwissend, dass unsere Nachzügler in dieser Richtung sein würden, hatte aber immer noch vor Freunden fast so viel Angst wie vor Feinden. Meine Verfolger kamen immer näher, denn das dornige Unterholz behinderte nicht nur mein Fortkommen, sondern zerriss auch ganz fürchterlich mein Fleisch; und die Freude, mit der ich einen Bergbach am Boden einer tiefen Schlucht entlangfließen sah, ist unvorstellbar. Meine Kraft hatte mich fast verlassen, und ich packte die jungen Zweige, die einem großen Baumstumpf entsprossen, der über der Schlucht hing, um mich zum Wasser hinabzulassen, da die Seiten steil abfielen, als, unter meiner Hand, ... sich eine große Liffa aufrichtete – die übelste Schlangenart, die dieses Land hervorbringt – als wolle sie sofort angreifen. Ich erstarrte vor Schreck, und für einen Augenblick fehlt mir die Erinnerung – der Zweig entglitt mir, und ich purzelte kopfüber ins Wasser unter mir; das immerhin belebte mich wieder, und ich erreichte mit drei Schwimmzügen das gegenüberliegende Ufer, das ich mit Mühe erklomm; und dann fühlte ich mich zum ersten Mal sicher vor meinen Verfolgern.

A Narrative of Travels and Discoveries in Northern and Central Africa.

Ein Leibwächter im Dienste des Scheichs von Bornu strahlt eine gewisse Bedrohlichkeit aus, wie hier von Dixon Denham dargestellt. Der Scheich, dessen Reich westlich des Tschad-Sees lag, war äußerst gastfreundlich. Seine Untertanen waren jedoch weniger entgegenkommend. Von einem Dorf berichtet Denham, dass die Einwohner Christen für „die schlimmsten Menschen der Welt" hielten „und sie, bevor sie mich sahen, wohl kaum als menschliche Wesen erachteten".

RENÉ CAILLIÉ 1799–1838

Die Suche nach der sagenumwobenen Stadt Timbuktu

IMMER SCHON WOLLTE CAILLIÉ *Afrika erforschen, und Mitte der 1820er Jahre hatte er es auf die sagenumwobene Stadt Timbuktu abgesehen. Der einzige Europäer, der sie je gesehen hatte, war der Brite Gordon Laing, der 1826 von Tuareg ermordet wurde – bevor er die Neuigkeiten seiner Entdeckung heimbringen konnte. 1827 brach Caillié von Westafrika mit einer Karawane Richtung Timbuktu auf, nachdem er Arabisch gelernt und eine Einführung in Religion absolviert hatte. Er gab vor, ein moslemischer Sklave auf dem Weg in seine Heimat Ägypten zu sein. Caillié litt unter Fieber, einem infizierten Fuß, der ihn verkrüppelte und unter so schlimmem Skorbut, dass sein Gaumen auf seine Zunge „krümelte". Dennoch hielt er durch, bis er schließlich am 20. April 1828 sein Ziel erreichte. Innerhalb von zwei Wochen brach er wieder auf; vorsichtshalber schloss er sich einer Karawane an, die die Sahara Richtung Marokko durchquerte, statt seiner Spur zurück nach Westafrika zu folgen, da seine „vielen Feinde die Tatsache meiner Reise und meines Aufenthalts in Timbuktu bezweifeln würden, wohingegen bei der Rückkehr durch die Barbarenstaaten die bloße Erwähnung des Ortes sogar die Bösartigsten verstummen lassen würde." Er wurde von der Geografischen Gesellschaft von Paris großzügig belohnt, kehrte aber nie nach Afrika zurück. Er starb am 17. Mai 1838 an Tuberkulose.*

AUF SEINER HEIMREISE GERIET CAILLIÉ IN EINEN SANDSTURM.

Was uns an diesem schrecklichen Tag am meisten beunruhigte, waren die Sandsäulen, die uns jeden Augenblick unter sich zu begraben drohten. Eine der größten dieser Säulen durchquerte unser Lager, stellte alle Zelte auf den Kopf und wirbelte uns wie Strohhalme herum... wir wussten nicht, wo wir waren und konnten nicht mehr als einen Fuß weit sehen. Der Sand hüllte uns wie dicker Nebel in Dunkelheit, und Himmel und Erde schienen verflucht und miteinander verschmolzen zu sein.

In diesem Aufruhr der Natur herrschte allgemeine Bestürzung; man hörte nichts als Jammern, und die meisten meiner Kameraden empfahlen sich dem Himmel, wobei sie mit aller Kraft ausriefen: „Es gibt keinen Gott außer Gott, und Mohammed ist sein Prophet!" Durch diese Rufe und Gebete sowie das Tosen des Windes konnte ich in Abständen die leisen, melancholischen Klagelaute der Kamele hören, die genauso erschrocken wie ihre Herren waren und noch bemitleidenswerter, da sie vier Tage lang nichts gefressen hatten. Während der beängstigende Sturm anhielt, blieben wir auf dem Boden liegen, bewegungslos, vor Durst sterbend, vom heißen Sand verbrannt und durch den Wind umher geworfen. Immerhin litten wir nicht unter der Sonne, deren Scheibe – von der Sandwolke fast verborgen – schwach und von ihrer Strahlen beraubt schien. Wir wagten nicht, unser Wasser zu trinken, aus Angst, die Brunnen könnten trocken sein, und ich weiß nicht, was aus uns geworden wäre, hätte der Wind nicht gegen drei Uhr nachgelassen...Wir bereiteten den Aufbruch vor, und der Dokhnou [Getränk aus Wasser, Hirse und Salz] wurde angerührt und verteilt. Die Ungeduld, mit der wir diesen Moment herbeisehnten, ist unbeschreiblich; um den Genuss zu erhöhen, den ich von meiner Portion erwartete, tauchte ich den Kopf in das Gefäß und schlürfte das Wasser in großen Zügen...

Gegen halb fünf Uhr nachmittags verließen wir den Ort, an dem wir diesen schrecklichen Orkan erlebt hatten und setzten unseren Weg Richtung Norden fort. Die Kamele

liefen langsam und mit Mühe, weil sie erschöpft waren; die armen Tiere sahen matt und betrübt aus. Der Anblick dieser großen Karawane, ...verdammt, an Durst zu sterben, war wirklich trostlos. Die Kamele... liefen von selbst Richtung Norden. Wir bewegten uns auf sandigem, mit großen Felsbrocken bedeckten Boden. In meine Gedanken versunken, dachte ich über die Weisheit göttlicher Vorsehung nach, die all unsere Bedürfnisse erahnt hatte. Was für ein Meisterstück der Natur, sagte ich, ist doch das Kamel! Wer, wenn nicht dieses wunderbare Tier, könnte eine Woche lang ohne Nahrung aushalten, wie könnten diese Wüsten durchquert werden? Kein Sterblicher würde den Versuch wagen, oder falls doch jemand unbesonnen genug für ein solch gewagtes Unternehmen wäre, der sichere Tod wäre der Lohn für seine Kühnheit. Diese Betrachtungen mögen abgedroschen klingen; aber in der Situation, in der ich mich befand, waren sie nur natürlich, und ich möchte meine Gedanken wie auch meine Gefühle und Leiden schildern.

R. Caillié, *Travels through Central Africa to Timbuctoo, 1830.*

JOHN ROSS 1777–1856

Gefangen im Eis der Arktis

Die Einwohner Boothias – der einzigen Landmasse, die nach einer Ginmarke benannt wurde – fliehen vor den Eindringlingen. Später kamen sie jedoch an Bord der Victory, um Karten des Terrains zu zeichnen und Ross zu beraten, wie er in der Arktis am besten überleben könne. Ross befahl dem Tischler der Victory, ein hölzernes Bein für einen Mann zu machen, der sein eigenes an einen Eisbären verloren hatte. Seiner Zeit weit voraus, bewahrte Ross seine Mannschaft vor Skorbut, indem er sie nach dem Vorbild der Eskimos mit reichlich Fisch und Fleisch ernährte.

NACHDEM ER FÜR SEIN SCHEITERN *gegeißelt worden war, die Nordwest-Passage 1818 auf einer Expedition zur Baffin Bay zu finden, wollte Ross seinen guten Ruf wieder herstellen. 1829 fuhr er mit einem kleinen Dampfschiff, der Victory, gen Arktis, gesponsert vom Gin-Magnaten Felix Booth. Vier Jahre lang war Ross in der Passage eingeschlossen. Der übellaunige Mann verbrachte viele Stunden damit, seiner Meinung über die Arktis Luft zu machen, über ihre Bewohner, das Klima, sein Schiff, seine Mannschaft und das Leben im Allgemeinen. In weniger reizbaren Augenblicken malte er Aquarelle von naiver Unmittelbarkeit, die der Außenwelt einen ersten Blick von der langen, arktischen Nacht (in Farbe) vermittelten. Obwohl ihn der Großteil der Mannschaft nicht mochte – einschließlich seines Neffen James Clark Ross, der 1832 den magnetischen Nordpol entdeckte – brachten seine Genialität und Entschlossenheit sie sicher wieder nach Hause.*

ÜBER ESKIMOS.

23. August 1831. Des Königs Geburtstag, alle Flaggen waren gehisst; was unseren Eingeborenenfreunden sehr zu gefallen schien; während die Männer traditionell Extra-Rationen und so weiter erhielten. Einer der Eingeborenen, der in die Kabine eingeladen war, berichtete uns über die Angelegenheiten seiner Gruppe. Die Witwe eines Verstorbenen erhielt sofort einen neuen Ehemann, weil sie fünf Kinder hatte. Dieses „weil" wäre in Großbritannien sicher kein sehr guter Grund gewesen; die Familie eines anderen ist nicht gerade ein Quell der Freude; und dass sie kein wertvoller Besitz ist, muss nicht gesagt werden. Doch hier waren die fünf Kinder... eine Quelle des Gewinns statt des Verlusts und von Glück statt Ärger und Qual. Schon mit acht beginnen sie, sich nützlich zu machen: In einigen Jahren sind sie imstande, mehr als nur sich selbst zu erhalten; und wenn die Eltern alt sind, sind sie von ihnen abhängig, seien sie nun Stiefkinder oder vollkommen adoptiert, was hier ebenfalls Brauch ist... Es gibt in diesem Land keine Armen... Es klingt utopisch, dass eine Frau mit fünf Kindern die beste aller Ehefrauen ist und unter den jungen Männern wählen kann; noch utopischer ist eine Gesellschaft ohne Armut, aber mit Wohlstand: wenn die Männer wirklich arbeiten, und wenn die Arbeit eines Mannes... nicht nur ihn selbst erhält, sondern jene, die von ihm abhängig sind, bis sie selbst arbeiten können und werden. Lasst die Weisen der weiseren Länder hierher reisen und von der Weisheit der Wilden in Robbenfellen lernen, die Öl trinken und ihren Fisch roh essen.

Von einem anderen Bereich ihrer Nationalökonomie kann ich nicht mit Zustimmung sprechen: obwohl auch darin philosophische Tauglichkeit liegt... Wir dürfen kein Rechtssystem in Stücke reißen und dann sagen, dieses oder jenes Gesetz sei schlecht. Man sollte alles in seiner Gesamtheit betrachten... bevor wir uns anmaßen, zu entscheiden, was richtig ist... Es ist Brauch, Ehefrauen auszutauschen. Hätten die Römer dasselbe getan, in einer sehr anderen Zivilisation, wären ihre Gründe nicht zu verteidigen gewesen... In diesem Land mögen die Ansichten der Bürger physiologisch-philosophisch sein... obwohl es noch herauszufinden bliebe, ob sie sich in der Praxis als tauglich erwiesen. Dieses Volk erwägte also, dass es mehr Kinder haben sollte: Es ist eine gute Sache, gute Gründe für ein Handeln zu haben, das vielleicht nicht sehr richtig sein könnte.

J. ROSS, *Narrative of a Second Voyage in Search of a North West Passage, 1835.*

13. August, 1831. Die Gruppe kehrte zurück, Ehefrauen, Kinder und alle, 23 an der Zahl, wurden von uns mit einem Abendessen aus Fisch und Fett verwöhnt. Wir kauften etwas Kleidung und begleiteten sie zu ihren Zelten; sogar froh über ihre Gesellschaft, mangels Abwechslung oder Belustigung. Gibt es irgend etwas, was deutlicher unsere völlige Armut in allem, was Männer interessieren kann, vermitteln könnte, sei es nun Beschäftigung oder Belustigung, als zu gestehen, dass uns das Selbstgespräch und die Gesellschaft anderer erleichterte, ...und Essen in Gesellschaft dieser öligen, schlemmenden menschlichen Spezies, deren Sprache wir kaum zu verstehen vermochten, deren Vorstellungen aber, glaube ich, mehr als ausreichend ohne jegliche Sprache verständlich waren. Es sollte niemand annehmen, wir hätten dies nicht gefühlt... wenn ich nicht darüber berichtet habe, wenn ich darüber hinweggegangen bin, als ob wir es niemals gefühlt hätten. Es gab die Übel der Kälte, die Übel des Hungers und die Übel der Plackerei; und obgleich wir nicht starben oder unsere Glieder verloren, wie es Männern in jenen Gefilden widerfuhr, so mussten wir doch derartige Übel wie kleinere Erkrankungen mit dem Rest der Welt teilen, die ausreichend schwerwiegend sind, während sie andauern, obwohl sie im Weltenlauf nicht weiter ins Gewicht fallen und umso weniger bei einer Expedition wie der unsrigen. Hatten wir nicht auch im Überfluss Angst und Sorge durchlebt durch das Erleiden enttäuschter Hoffnungen; denn größer, und nicht etwa geringer als alles andere, war diese Sehnsucht nach unseren weit entfernten Freunden und unserem Heimatland; mussten wir nicht auch diese genauso entbehren, wie jene, die ebenso fern der Heimat und dieser Freunde gereist waren? Und wem außer uns, denen es schon so oft widerfahren war, geschah es, dass er genau diese Freunde und diese Heimat doch so sehr vermisste?

NÄCHSTE DOPPELSEITE
Bei einem Ausflug zur Baffinbucht 1818 trafen Ross' Schiffe auf „einen bemerkenswerten Eisberg". Während seiner Seereise entdeckte er die nördlichste Gemeinde der Welt bei Etah, an der Westküste Grönlands. Die Eskimos hatten „[keine] Überlieferung wie sie an diesen Ort gelangt waren oder woher sie kamen, zumal sie sich bis zu unserer Ankunft für die einzigen Bewohner des Universums hielten." Sie wollten wissen, welche Art Vogel sein Schiff war, wer hinter einem Spiegel lebte und wie eine Uhr schmeckte.

Dennoch gab es jenseits all dessen einen Schmerz; und diese Klage hörte selten auf. Wir waren des Mangels an Beschäftigung müde, des Mangels an Abwechslung, des Mangels der geistigen Herausforderung... und (warum sollte ich es nicht sagen?), des Mangels an Gesellschaft. Heute war wie gestern, und wie es heute war, würde es auch morgen werden: Auch wenn es dort weder Abwechslung, noch Hoffnung auf Besserung gab, ist es nicht verwunderlich, dass sogar die Besuche der Barbaren willkommen waren, oder kann irgendetwas deutlicher die Natur unseres Vergnügens zeigen, als das Eingeständnis, dass sie charmant waren; sogar wie die Gesellschaft Londons es inmitten der Londoner Geschäftigkeit sein könnte?

DAS DRITTE JAHR IM EIS.
31. August 1831. Es war ein unerfreulicher Zustand zu wissen, dass, obwohl keiner unserer Männer wirklich krank war und es keinen Skorbut gegeben hatte, die allgemeine Gesundheit der Mannschaft nicht so gut wie zuvor war, denn es hatte sich herausgestellt, dass sie nicht mehr im Stande waren, Erschöpfung zu ertragen, ganz besonders beim Reisen inmitten des Eises.

Dass es für uns im Ganzen ein stumpfsinniger Monat gewesen war, muss ich wohl kaum sagen. Dafür spricht, so befürchte ich, dieses klägliche Tagebuch wohl eine zu deutliche Sprache. Doch was kann der Tagebuchschreiber mehr tun als der Seefahrer? Falls dies eine Zeit mit wenigen Ereignissen war, und solchen von geringer Vielfalt, hätten selbst diese dabei keinen Unterschied mehr machen können, nichts hätte Aufmerksamkeit erregt oder das Denken angeregt. Die Gleichförmigkeit aller Dinge belastete uns, und der Geist verkümmerte, denn selbst, wenn etwas geschah, stellte sich das oft als eine ermüdende Wiederholung dessen heraus, was sich schon oft zuvor ereignet hatte. Bei keiner Gelegenheit, selbst wenn alles neu war, gab es viel, das das Interesse geweckt hätte; es gab dort sogar noch viel weniger, nun, da wir so lange an fast demselben Ort gefangen gewesen waren und mit so wenig zu sehen und zum Nachdenken, es gab keinen Stoff, über den man sich Gedanken machen könnte, ohne sich in die große Gefahr des Verfälschens oder der Romantik zu begeben, die eine interessante Erzählung hätten abgeben können. Auf dem Land gab es nichts Malerisches, dass der Beschreibung wert gewesen wäre: Die Hügel hatten keine besonderen Merkmale, die Felsen waren selten und Seen und Flüsse ohne Schönheit. Es gab kaum Vegetation, keine Bäume, und selbst wenn die Landschaft schön gewesen wäre, hätte die endlose, ermüdende, Resignation hervorrufende, einförmige, kalte Last des Schnees und Eises alles erstickt. Auf See änderte sich die Gleichförmigkeit nicht, denn hier war die meiste Zeit des Jahres gleichermaßen alles aus Eis, und es war daher einerlei, was Wasser war und was Land. Selten machte der Himmel Anstalten, diesen Mangel an Schönheit und Vielfalt unter ihm wettzumachen, alle Mittel der malerischen Zurschaustellung waren winterliche... Wer wollte, beschränkt auf Stoffe wie diese, hoffen, ein Buch zu verfassen, das von Interesse wäre und Belustigung böte? Dies ist schlimmer als dazu verurteilt zu sein, aus nichts etwas zu machen...

14. September. Das neue Eis war dick genug, um darauf Schlittschuh zu laufen, aber auf dieses Vergnügen hätten wir nur allzu gerne verzichtet...

Für uns war der Anblick des Eises eine Qual, ein Ärgernis, eine Tortur, ein Übel, ein Grund zum Verzweifeln. Es wäre nicht einmal eine Belustigung gewesen, hätten wir über das ganze Land Schlittschuh laufen können, denn es gab kein Ziel zu erreichen, keine Gesellschaft, mit der man im Rennen um Ruhm im Wettbewerb gestanden hätte, keinen, der uns bewunderte, keine Rivalität, keine Ermutigung, kein Ziel. Auch ohne diese Ergänzung hatten wir genügend Bewegung; am schlimmsten war, das uns umgebende und in jeder möglichen Weise verärgernde, das uns im Wege stehende Eis, das uns und unser Schiff wie durch Fesseln band, schlimmer, als wären sie aus Eisen gewesen, und uns zehn Monate im Jahr verfolgte und ärgerte... Wir hassten seinen Anblick, weil wir seine Auswirkungen hassten; und alles, was mit ihm einherging, jede damit verbundene Vorstellung, war hassenswert.

Gibt es irgend jemanden, der den Anblick von Eis und Schnee liebt? Ich stelle mir jetzt vor, dass ich dies immer bezweifelt habe; ich bin mir dessen sogar ziemlich sicher...

Dies sind die Einwände gegen eine Schneelandschaft, die sogar das Erleben eines Tages zu liefern vermag, wie viel mehr, wenn, nach mehr als einem halben Jahr, das einzige überall vorhandene Element Schnee ist, wenn ein Orkan ein Schneesturm ist, der Nebel ein Schneenebel, wenn die Sonne nur scheint, um den liegenden Schnee zum Glitzern zu bringen, wenn dieser nicht fällt, wenn die Atemluft, die den Mund verlässt, Schnee ist, wenn Schnee sich auf dem Haar niederlässt, der Kleidung, den Wimpern, wo Schnee um uns herum fällt und unsere Gemächer füllt, unsere Betten, unser Geschirr. Sobald wir nur eine Tür öffnen, erlangt die Außenluft Eintritt; wo der „Kristallbach", in dem wir unseren Durst stillen, ein Kessel voller Schnee über einer Öllampe ist, wo unsere Sofas aus Schnee sind, und unsere Häuser aus Schnee; da Schnee unser Deck, Schnee unser Vorzelt, Schnee unsere Observatorien, Schnee unser Vorratsraum, Schnee unser Salz ist, wenn alle anderen Einsatzmöglichkeiten für Schnee uns nicht weiter nützen, wären unsere Särge und Gräber Gräber und Särge aus Schnee.

Ist das nicht mehr als reichlich Schnee, um Bewunderung hervorzurufen?

Narrative of a Second Voyage in Search of a North West Passage, 1835.

Ross' Bild einer Iglusiedlung auf Boothia ähnelt einem Ameisenhaufen. Als Mann, der naturwissenschaftlichen Gesetzen niemals buchstabengetreu folgte, zog er viele Beleidigungen auf sich, als er nach seiner ersten Reise die Eskimos von Etah als „Highlander der Arktis" beschrieben hatte. Das war ihm egal. 1830 gab er diesem speziellen Dorf den Namen „North Hendon", nach einem Vorort in London.

JOHN STEPHENS 1805–1852

Die untergegangenen Städte Zentralamerikas

Ein Steinkoloss begrüßte Stephens und Catherwood, als sie die untergegangene Stadt Copán entdeckten. „Er war etwa fünf Meter hoch und an jeder Seite 90 Zentimeter breit, mit einem geschwungenen Relief behauen", schrieb Stephens. „Die Vorderseite war die Gestalt eines Mannes, der merkwürdig und schmuckreich gekleidet war, und das Gesicht, ganz offensichtlich ein Porträt, düster, streng und gut geeignet, um Schrecken hervorzurufen... Dies nannte unser Führer ein „Götzenbild".

STEPHENS, RECHTSANWALT UND ARCHÄOLOGE, reiste kreuz und quer durch den Nahen Osten, Polen und Russland, bevor er 1839 zum Spezialbotschafter für Zentralamerika ernannt wurde. Dort faszinierten ihn die Ruinen der Maya-Zivilisation, und er unternahm mehrere Reisen in die relativ unerforschte Region Yucatán. Die grün überwucherten Bauwerke waren fast so undurchdringlich, wie die Wälder, die sie umgaben. Über Copán schrieb er zum Beispiel: „Die Stadt war trostlos... Sie lag vor uns wie eine zerschellte Barke inmitten eines Ozeans, die Masten fort, ihr Name verwittert, die Mannschaft umgekommen und niemand, der hätte erzählen können, woher sie kam, wem sie gehört hatte, wie lang ihre Reise gewesen war oder was ihre Zerstörung bewirkt hatte; man konnte ihren verschollenen Bewohnern nur durch einige vermeintliche Ähnlichkeiten im Bau des Schiffes auf die Spur kommen und sie vielleicht überhaupt niemals kennen lernen... Alles war ein Geheimnis, ein dunkles, undurchdringliches Geheimnis und jeder Umstand machte es noch größer." Solche Beschreibungen verwandelten die Tagebücher des Amerikaners in Bestseller – ebenso wie die Illustrationen seines Begleiters Frederick Catherwood. Später kaufte Stephens Copán für 50 Dollar von einem örtlichen Landbesitzer, starb aber bevor er seine ehrgeizigen Pläne verwirklichen konnte, diese Stadt nach New York in den Central Park umzusiedeln.

STEPHENS WAR VON EINER HÖHLE BEI MAXCANU FASZINIERT, DIE BEI DEN EINHEIMISCHEN „EL LAVERINTO" (DAS LABYRINTH) HIESS.

Ich hatte zuvor so viel über Höhlen gehört und war so oft enttäuscht worden, dass ich von dieser nicht viel erwartete, aber der erste Anblick stellte mich bezüglich des wichtigsten Punktes zufrieden, nämlich, dass es sich nicht um eine natürliche Höhle handelte, sondern dass sie *hecho a mano* war, wie man mir gesagt hatte, also von Hand gemacht...

Ungeachtet ihres wunderbaren Rufs und eines Namens, der in jedem anderen Land die sorgfältige Erforschung nach sich ziehen würde, ist es einzigartig – und zeigt deutlicher als alles andere, was ich erwähnen könnte, die Gleichgültigkeit des Volkes aller Klassen gegenüber den Altertümern seines Landes –, dass dieses Labyrinth niemals erforscht worden war... Mehrere Leute waren mit einem außen befestigten Faden bis zu einer gewissen Entfernung eingedrungen, kamen aber wieder zurück; und der allgemeine Glaube war, dass es Gänge ohne Zahl und Ende enthielt.

Unter diesen Umständen fühlte ich sicher einige Aufregung, als ich am Eingang stand. Allein schon der Name beschwor solche großartigen Werke von Kreta herauf...

Mein Gefolge bestand aus acht Männern, die sich selbst als meine Angestellten betrachteten, neben drei oder vier Aushilfskräften, und alle standen um die Tür herum. Außer dem Bürgermeister von Uxmal hatte ich keinen von ihnen je zuvor gesehen, und da ich es für wichtig erachtete, außen einen zuverlässigen Mann zu haben, postierte ich ihn mit einem Bindfadenknäuel an der Tür. Ein Ende knotete ich um mein linkes Handgelenk und sagte einem der Männer, er solle eine Fackel anzünden und mir folgen, aber er weigerte sich hartnäckig, und alle anderen, einer nach dem anderen, ebenso. Alle waren nur zu gern bereit, den Faden zu halten; und ich wollte wissen warum, und fragte, ob sie für ihren Dienst des Türstehers einen Lohn erwarteten. Einer erwartete Lohn, weil er mir

NÄCHSTE DOPPELSEITE
Ein umgefallenes Götzenbild – wunderschön gezeichnet von Catherwood, der die Ruinen und Denkmäler in Copán mit Liebe zum Detail festhielt. Vom Wald befreit, zeigten die steinernen Überreste „ein großes Maß an Baukunst und zeigten mit ihren Ornamenten und Proportionen, dass die Einheimischen über ein gut etabliertes System der Baukunst verfügten, das sich von jedem anderen in der alten Welt bekannten unterschied", schrieb er.

F. Catherwood

S.H. Gimber

den Ort gezeigt hatte, der andere fürs Wassertragen, einer für das Füttern der Pferde und so weiter. Ich beendete die Sache abrupt, indem ich sagte, dass ich keinem von ihnen einen Medio zahlen würde und befahl ihnen, die Tür zu verlassen, an der sie herumlungerten... Mit einer Kerze in der einen und einer Pistole in der anderen Hand trat ich ein...

Ich war nicht ganz frei von der Vorstellung, wilde Tiere aufzuscheuchen und bewegte mich sehr langsam und vorsichtig. In der Zwischenzeit verhedderte sich meine Schnur und die Indianer traten aus Angst, keinen Lohn zu erhalten, ein, um die Schnur zu entwirren und kamen nach und nach als Gruppe zu mir... Ich sah einen flüchtigen Augenblick lang ihre Fackeln, als ich gerade in einen neuen Gang einbog und war in diesem Moment durch einen Lärm aufgeschreckt, der mich zurückeilen ließ und sie völlig in die Flucht schlug. Er rührte von einem Fledermausschwarm her, und da ich vor diesen garstigen Vögeln eine Art Furcht verspürte, war dies ein hässlicher Ort, um sie zu treffen, denn der Gang war so niedrig, ...dass beim Aufrechtgehen große Gefahr bestand, dass sie mein Gesicht getroffen hätten. Ich mußte mit gesenktem Kopf gehen und das Licht vor ihren Flügelschlägen schützen. Dessen ungeachtet war jeder Schritt aufregend und beschwor Erinnerungen an die Pyramiden und Grabmäler Ägyptens herauf, und ich konnte nicht anders als zu glauben, dass diese dunklen und gewundenen Gänge mich zu irgendeinem großen Saal führen würden, oder vielleicht irgendeiner königlichen Grabstätte... ganz plötzlich fand ich den Durchgang verschüttet... Die Decke war eingestürzt, durch die große Last der darüber befindlichen Erde, das Weitergehen war völlig unmöglich...

Mit äußerster Enttäuschung zeigte ich den Indianern die Erdmassen, die all meine Hoffnungen zunichte gemacht hatten und sagte ihnen, sie sollten aufhören mit ihren Lügengeschichten über das Laberinto und seine Endlosigkeit; und in meiner Enttäuschung wurde ich sehr empfindlich gegen die Hitze und Enge des Ortes, die ich zuvor kaum wahrgenommen hatte, und die nun durch den Rauch der Fackeln und die Indianer, die den Gang verstopften, fast unerträglich wurde.

Alles, was ich tun konnte, und das war sehr unbefriedigend, war, den Plan dieses unterirdischen Bauwerks herauszufinden. Ich hatte einen Taschenkompass bei mir und ungeachtet der Hitze und des Rauchs und der geringen Hilfe der Indianer, mit all diesem Ärger, und dem Schweiß, der auf mein Notizbuch tropfte, kam ich zurück zur Tür...

Als ich das Äußere näher untersuchte, wurde mir klar, dass das, was ich für eine natürliche Formation wie einen Hang gehalten hatte, ein pyramidenförmiger Hügel war... Zuvor hatten wir den Eindruck, dass diese Hügel massive und kompakte Stein- und Erdmassen waren, ohne so etwas wie Kammern oder Konstruktionen, aber diese Entdeckung warf die aufregende Idee auf, dass all die über das Land verstreuten Hügel geheimnisvolle, unbekannte und versteckte Kammern enthielten und damit ein riesiges Feld für Forschung und Entdeckungen boten; und zerstört, wie die Gebäude auf deren Gipfeln waren, boten sie vielleicht die einzige Chance, um mehr über das Volk zu erfahren, das diese Städte erbaut hat.

Ich wusste wirklich nicht, was ich tun sollte. Ich war fast versucht, alles andere zurückzulassen, meinen Kameraden Nachricht zu schicken und den Ort keinesfalls zu verlassen, ehe ich nicht den gesamten Hügel eingerissen und jedes Geheimnis dort entdeckt hatte; aber bei so einer Aufgabe sollte man nichts überstürzen... Ich hatte nie wieder die Möglichkeit, zu diesem Hügel zurückzukehren. Er bleibt dort, mit all seinen Geheimnissen, bis zukünftige Entdecker sich der Herausforderung stellen, und ich kann mich nur der Hoffnung hingeben, dass die Zeit nicht fern ist, da sein Geheimnis gelüftet und alles, das dort versteckt ist, ans Licht gebracht wird.

J. STEPHENS, *Incidents of Travel in Yucatan, Bd. I, 1843.*

Eine gefährliche hölzerne Treppe erlaubt den Zugang zu einer Höhle in der Nähe von Bolonchén. Diese war der Anfang eines unterirdischen Systems, das über Tunnel und weitere Höhlen zu einem unterirdischen Brunnen führte. „Unsere Indianer begannen mit dem Abstieg", schrieb Stephens, „aber der erste hatte kaum seinen Kopf unter der Oberfläche, als eine der Sprossen brach und er sich nur retten konnte, indem er sich an einen anderen klammerte. Wir begannen den Abstieg mit einigen Befürchtungen, aber indem jeder Hand und Fuß auf eine andere Sprosse setzte, erreichten wir – mit gelegentlichem Knacken und Abgleiten – alle das Ende der Leiter".

CHARLES DARWIN 1808–1882
Die Seereise auf der Beagle

Diese drei Palmenarten dokumentieren zu können, war eine wahre Freude für Darwin. Obwohl er vom wissenschaftlichen Potenzial seiner Reise schwärmte, litt er furchtbar unter Seekrankheit und war immer froh, wenn die Beagle *sich dem Land näherte. „Was sind die prahlerischen Herrlichkeiten des unendlichen Ozeans", klagte er. „Eine fade Ödnis, eine Wüste aus Wasser, wie die Araber ihn nennen."*

DARWIN DACHTE ÜBER *eine Laufbahn als Geistlicher nach, als ihn ein Freund für den Posten eines Naturforschers auf einem Schiff empfahl, das nach Südamerika fuhr. Da er nicht viel anderes vor hatte, nahm Darwin an. Dieser fast zufälligen Verkettung von Ereignissen entsprang eine der bedeutsamsten Reisen der Forschungsgeschichte. Die Seereise der* Beagle *(1831-36) führte nicht nur nach Südamerika, sondern während der vollständigen Weltumsegelung auch in den Südpazifik und nach Südafrika. Zwar entdeckte Darwin dabei keine neuen Gebiete, erhielt aber bemerkenswerte Einblicke in die Natur des Planeten. Sechs Jahre später veröffentlichte er seine erste Sammlung von Erkenntnissen in einem Buch über die Formation von Korallenriffen. Erst 1859 verfasste er jedoch* The Origin of Species – *Die Entstehung der Arten –, wobei er seine Beobachtungen auf Galapagos verarbeitete, um die Evolutionstheorie zu entwickeln. Über seine Erfahrungen nachsinnend, schrieb er: „Es scheint mir, dass nichts einem jungen Naturforscher zuträglicher sei, als eine Reise in ferne Länder."*

AUF DEN GALAPAGOSINSELN, SEPTEMBER 1835.

17. 9. ...Die Küste wimmelte vor Tieren; Fische, Haie & Schildkröten streckten überall ihre Köpfe hervor. Die Angelleinen wurden bald über Bord geworfen & eine große Anzahl Fische, 2 & sogar 3 Fuß lang [60-90 cm], wurden gefangen. Dieses Vergnügen macht alle Matrosen sehr fröhlich; man kann von allen Seiten lautes Gelächter und das Klatschen der Fische hören. – Nach dem Abendessen ging eine Gruppe an Land, um den Fang von Schildkröten zu versuchen, war aber erfolglos. – Diese Inseln scheinen Paradiese für die gesamte Familie der Reptilien. Neben drei Arten von Meeresschildkröten, gibt es Landschildkröten in so großem Überfluss, dass eine einzige Schiffsgesellschaft in kurzer Zeit 500-800 fangen konnte. – Die schwarzen Lavafelsen auf dem Strand werden von großen (2-3 Fuß), äußerst ekligen, plumpen Echsen frequentiert. Sie sind schwarz wie die porösen Felsen, über die sie kriechen & suchen im Meer nach Beute. – Jemand nennt sie „Kobold der Dunkelheit". – Dem Land, das sie bewohnen, stehen sie sicher gut. – Als ich an der Küste war, botanisierte ich weiter und sammelte 10 verschiedene Blumen, doch so unscheinbare, hässliche kleine Blumen, dass sie besser zu einem arktischen als zu einem tropischen Land passen würden. – Die kleinen Vögel kennen den Menschen nicht & halten ihn für so harmlos wie ihre Landsleute, die großen Schildkröten. Kleine Vögel, 3 & 4 Fuß nah, hüpften ruhig über die Büsche & fürchteten sich nicht mal vor Steinen, die man nach ihnen warf. Mr. King tötete einen mit seinem Hut & ich schubste einen großen Falken mit meinem Gewehrende von einem Ast.

21. 9. Mein Diener & ich wurden einige Meilen im NO an Land gebracht, damit ich das erwähnte Gebiet untersuchen konnte... das einem Schornstein ähnelt. Der Vergleich wäre genauer gewesen, hätte ich gesagt, den Eisenschmelzöfen nahe Wolverhampton. – Von einem Punkt aus zählte ich 60 dieser gestutzten kleinen Hügel, die sich nur etwa 50 bis 100 Fuß über die Lavaebene erheben. – Das Alter der unterschiedlichen Ströme ist deutlich durch die An- & Abwesenheit von Vegetation gekennzeichnet; bei den letzteren & neuzeitlicheren kann man sich nichts Raueres & Abscheulicheres vorstellen. Solch eine Oberfläche wird ganz passend mit einem Meer in seinen wildesten Momenten verglichen.

Dieser südamerikanische Nandu wurde von John Gould gemalt, einem führenden Ornithologen, den Darwin engagiert hatte, um die von ihm gesammelten Exemplare zu untersuchen. Goulds Studie der auf den Galapagosinseln gefundenen Finken halfen Darwin dabei, die Evolutionstheorie zu entwickeln. Von den dreizehn Arten, die Gould 1837 bestimmte, existieren heute nur noch neun.

Birds Pl. 4

Rhea Darwinii.

Kein Meer weist jedoch solch unregelmäßige Einbuchtungen auf – noch solch tiefe und lange Spalten. Die Krater sind alle völlig inaktiv; tatsächlich bestehen sie aus nicht mehr als einem Aschering. – Es gibt große, runde Gruben, 30 bis 80 Fuß tief, die man irrtümlich für Krater halten könnte, die aber durch Absacken der Decken von großen Höhlen entstanden... – Die Landschaft war für mich neu & sehr interessant; es ist immer ein Vergnügen, etwas zu sehen, was einem vertraut ist, doch nur aus Beschreibungen. – Bei meinem Gang traf ich zwei sehr große Landschildkröten (Durchmesser des Panzers etwa 7 Fuß). Eine fraß einen Kaktus & ging dann ruhig fort. Die andere gab ein tiefes & lautes

Zischen von sich & zog dann ihren Kopf ein. – Sie waren so schwer, dass ich sie kaum vom Boden heben konnte. – Umgeben von der schwarzen Lava, den blattlosen Sträuchern & großen Kakteen erschienen sie wie äußerst altertümliche, vorsintflutliche Tiere oder sogar Bewohner eines anderen Planeten.

22. 9. Wir schliefen auf dem Sandstrand & nachdem ich viele neue Pflanzen, Vögel, Muscheln & Insekten gesammelt hatte, kehrten wir am Abend an Bord zurück. – Dieser Tag war glühend heiß, & zum ersten Mal fühlte man die Nähe zum Äquator...

25.9. ...Die Einwohner hier führen eine Art Robinson-Crusoe-Leben; die Häuser sind sehr schlicht, auf Pfählen gebaut und mit Gras bedeckt. – Einen Teil ihrer Zeit verbringen sie damit, die wilden Schweine & Ziegen zu jagen, vor denen es in den Wäldern wimmelt; wegen des Klimas wird nur wenig Landwirtschaft betrieben. – Hauptspeise der tierischen Nahrung ist die Schildkröte. Es gibt sie in so große Mengen, dass man rechnet, mit zwei Jagdtagen die Nahrung für fünf weitere Tage zu erzielen. – Natürlich sind die Zahlen stark zurückgegangen; es ist noch nicht lange her, dass die Schiffsgesellschaft einer Fregatte mehr als 200 zum Strand hinunterbrachte – wo jetzt die Siedlung ist, um die Quellen herum, wimmelte es früher nur so von ihnen. – Mr. Lawson glaubt, dass es für die nächsten 20 Jahre noch genügend gibt, er hat dennoch eine Gruppe zur Jame-Insel geschickt, um das Fleisch zu salzen (dort gibt es eine Salzmine). Einige der Tiere sind so groß, dass man von einem einzigen bis zu 200 Pfund Fleisch erhalten kann. Mr. Lawson erinnert sich, eine Schildkröte gesehen zu haben, die sechs Männer kaum hochheben & zwei nicht auf ihren Rücken drehen konnten. Diese riesigen Kreaturen müssen sehr alt sein, eine wurde im Jahre 1830 gefangen (es waren sechs Männer erforderlich, um sie ins Boot zu heben), bei der mehre Daten im Panzer eingeritzt waren; eines war 1786. – Der einzige Grund, warum sie damals nicht gefangen wurde, muss wohl gewesen sein, dass sie zu groß war, als dass zwei Männer sie hätten tragen können. – Die Walfänger schicken ihre Männer in Zweiergruppen zum Jagen.

9. [Oktober] ...Die Landschildkröte trinkt große Mengen an Wasser, sofern vorhanden: Daher wimmelt es in der Nähe von Quellen von diesem Tieren. ... – Es ist sehr komisch, zu beobachten, wie diese riesigen Kreaturen mit ausgestrecktem Hals voranschreiten. – Ich glaube, sie marschieren wohl mit einer Geschwindigkeit von etwa 360 Metern pro Stunde... – Wenn sie an der Quelle ankommen, vergraben sie ihre Köpfe bis über die Augen im schlammigen Wasser & saugen es mit gierigen Schlucken. –

Wo immer es Wasser gibt...führen von allen Seiten Straßen dorthin, die sich über viele Kilometer erstrecken. – Dadurch wurden die Wasserstellen von den Fischern entdeckt. – In dem niedrigen, trockenen Gebiet gibt es nur wenige Schildkröten: Sie werden ersetzt durch unendlich viele große, gelbe Echsen... – Die Bauten dieser Tiere sind so zahlreich, dass wir Schwierigkeiten hatten, einen Platz für unser Zelt zu finden. – Diese Echsen leben ausschließlich von pflanzlichem Futter: Beeren, Blättern, für letztere krabbeln sie häufig die Bäume hinauf, besonders eine Mimose; niemals trinken sie Wasser, sie mögen den sukkulenten Kaktus, & für ein Stück davon streiten sie sich, wie Hunde... Ihre Verwandten, die „Kobolde der Dunkelheit", leben ausschließlich von Seetang. – Ich vermute, solche Gewohnheiten sind unter den Echsen fast einzigartig...

Während unseres zweitägigen Aufenthalts bei den Hovels lebten wir von Schildkrötenfleisch, gebraten in durchsichtigem Öl, das aus ihrem Fett hergestellt wurde. – Der Brustpanzer mit dem daran hängenden Fleisch wird, wie es die Gauchos tun,... geröstet. Es ist dann sehr gut. – Aus jungen Schildkröten lässt sich eine großartige Suppe kochen – andernfalls gibt das Fleisch für meinen Geschmack langweilige Mahlzeiten ab.

Charles Darwin's Beagle Diary.

JULES-SÉBASTIEN-CÉSAR DUMONT D'URVILLE 1790–1842

Der erste Landgang in der Antarktis

Die Zelée und die Astrolabe geraten in der Antarktis in stürmisches Wetter. Um Jahre gealtert und durch Gicht verkrüppelt, war d'Urville für eine solch beschwerliche Seereise körperlich ziemlich ungeeignet. Als er an Bord humpelte, sagte ein Seemann, er sähe aus, als ob er vor Ende der Reise sterben würde. (Zum Glück überhörte d'Urville diese Bemerkung.)

DUMONT D' URVILLE GING *im Alter von 17 zur Marine und bis er um die 40 war, hatte er sieben Sprachen erlernt (darunter Hebräisch). Er hatte die „Venus von Milo" für Frankreich erworben, zweimal die Welt umsegelt und die Südsee mit solcher Präzision kartografiert, dass er als erster die drei großen Inselgruppen identifizierte: Melanesien, Polynesien und Mikronesien. Da er beschuldigt wurde, seine Aufzeichnungen gefälscht und seine Mannschaft misshandelt zu haben, verbrachte d'Urville fast zehn Jahre am Schreibtisch, bevor er 1837 auf eine dritte Weltumseglung beordert wurde. Dieses Mal sollte er, wie Cook vor ihm, nach Süden vorstoßen und bei der Suche nach der Antarktis „so weit wie es das Eis erlaubt" fahren. Er nahm zwei Schiffe, L'Astrolabe und Zelée, mit 183 Offizieren und der Mannschaft. Für das Erreichen des 75. Breitengrades waren 100 Goldmünzen ausgesetzt, plus 20 für jeden weiteren Grad danach; und für das Erreichen des Südpols „was immer sie wünschen". Der Pol war für sie unerreichbar, aber sie wurden die ersten, die das Festland des Antarktischen Kontinents betraten, und zwar an einer Stelle, die d'Urville nach seiner Frau Adelieland nannte. Die Rückreise war von Desertionen und Skorbut überschattet, und als sie im November 1840 nach Frankreich zurückkehrten, war die Truppe auf 130 Mann geschrumpft. Dennoch hatte die Seereise alle Rekorde für antarktische Expeditionen gebrochen.*

DIE EXPEDITION ERREICHT DIE ANTARKTIS.

In der Stille der Nacht sahen die riesigen Eismassen vor uns majestätisch aus, aber auch abschreckend. Die ganze Mannschaft sah zu, als die Sonne am Horizont unterging und einen langen Lichtvorhang hinter sich herzog. Mitternacht war immer noch Dämmerlicht, und wir konnten auf der Brücke mühelos lesen. Nach unserer Schätzung war es nicht mehr als eine halbe Stunde richtig Nacht. Ich nutzte sie, um für eine Rast unter Deck zu gehen, wobei ich am folgenden Tage aufstand, um die Existenz jedweden Landes zu bestätigen, welches möglicherweise vor uns lag.

Um vier Uhr morgens zählte ich in der Umgebung sechzig Eisberge. Ich wusste, dass wir während der Nacht die Position nicht verändert hatten, aber von den riesigen Blöcken, die uns am Tage zuvor umgeben hatten, die alle ähnlich aussahen, aber verschiedene Formen aufwiesen, erkannte ich nicht einen einzigen. Die Sonne war nun schon eine Weile aufgegangen... Wir konnten ihre Hitze spüren... Meine Aufmerksamkeit wurde auf einen [Eisberg] ganz besonders gelenkt, nicht weit von uns. Zahllose Wasserströme ergossen sich von seinem Gipfel aus, flossen in tiefen Furchen an seinen Hängen hinab, bevor sie als Wasserfälle ins Meer stürzten. Das Wetter war wunderbar, es war jedoch kein Wind. Vor uns konnten wir jetzt ständig Land sehen: Es hatte keine erkennbaren Merkmale, war mit Schnee völlig bedeckt, erstreckte sich von Westen nach Osten und schien sich gen Meer zu neigen. Aber wir konnten nicht einen einzigen Gipfel ausmachen oder einen dunklen Punkt finden, der uns von seiner grauen Fadheit erlöst hätte. Daher hatten wir genügend Gründe, seine Existenz zu bezweifeln. Zur Mittagszeit schwand jedoch alle Unsicherheit. Ein Boot der Zelée kam längsseits, die Insassen verkündeten, dass sie gestern Land gesichtet hätten. Weniger misstrauisch als ich, war jeder Offizier der Zelée bereits überzeugt von dieser Entdeckung. Das ruhige Wetter verhinderte leider eine positive Bestätigung.

Dennoch gab es allgemeinen Jubel. Fortan war der Erfolg unseres Unternehmens sichergestellt, denn die Expedition konnte mindestens die Entdeckung eines neuen Landes melden... Die beiden Boote, die an Land entsandt wurden, kehrten erst um halb elf zurück, mit Felsenproben, die sie an der Küste gesammelt hatten.

Hier ist ein Auszug aus dem Tagebuch von M. Dubouzet [Naturforscher an Bord der Zelée], der an diesen interessanten Ausflug erinnert. „Während des ganzen Tages waren unsere Augen auf die Küste gerichtet, um eine Stelle zu finden, an der wir etwas anderes als Eis und Schnee sehen konnten. Wir waren der Verzweiflung nahe, als wir endlich, nachdem wir eine Menge großer Eisberge passiert hatten, die die Küste vollständig verbargen, eine Anzahl kleiner Inseln sichteten, deren Flanken die dunkleren Schattierungen von Erde aufwiesen, nach denen wir so intensiv suchten. Einige Augenblicke später sahen wir, wie das Boot der Astrolabe, auf dem sich ein Offizier und zwei Naturforscher befanden, der Küste zustrebte. Sogleich bat ich Kapitän Jaquinot darum, mich mit ins Skiff zu setzen, das er gerade zu Wasser ließ. Das Boot der Astrolabe hatte bereits einen Vorsprung, aber wir strengten uns mit dem Rudern an und erreichten nach zweieinhalb Stunden die nächste Insel. Unsere Männer waren so begeistert, dass sie kaum merkten, dass sie in nur so kurzer Zeit mehr als sieben Meilen vorangekommen waren. Auf dem Weg fuhren wir unter gigantischen Eisbergen durch, deren senkrechte Hänge, von unten her von der See zerfressen, darüber mit langen Nadeln grünlichen Eises umkränzt waren, ein Ergebnis des Tauens. Kein Anblick hätte dramatischer sein können. Sie schienen zum Osten der Insel, auf die wir zusteuerten, eine gewaltige Mauer zu bilden, die mich vermuten ließ, dass sie wohl 80 bis 100 Faden (etwa 144 - 180 Meter) auf den Grund gingen. Ihre Höhe schien diesen Tiefgang ungefähr anzuzeigen. Die See war mit Eisstücken bedeckt, die uns zu häufigen Umwegen zwangen. Auf den Schollen sahen wir eine Schar von Pinguinen, die verdutzt starrten, als wir an ihnen vorüberglitten.

Es war fast neun Uhr, als wir, zu unserer unbeschreiblichen Freude, auf dem westlichen Vorgebirge der höchsten und westlichsten der Inseln landeten. Das Boot der Astrolabe war kurz vor uns angekommen, und seine Crewmitglieder erklommen bereits die felsigen Klippen, wobei sie die Pinguine herunterschleuderten, die erstaunt waren, dass man ihnen so brutal das Reich entzog, für dessen einzige Bewohner sie sich gehalten hatten. Wir sprangen an Land, mit Äxten und Hämmern bewaffnet. Die Brandung erschwerte das, und ich war gezwungen, mehrere Männer abzustellen, um das Boot in Position zu halten. Sofort danach schickte ich einen der Matrosen, um die Trikolore auf diesem Land zu hissen, das vor uns kein Mensch gesehen oder betreten hatte. Der alten Tradition folgend, die die Engländer so eifersüchtig aufrecht halten, nahmen wir es im Namen Frankreichs in Besitz und beanspruchten dabei auch die nahe liegende Küste, die wir aufgrund des Eises nicht hatten erreichen können. Unser Enthusiasmus und unsere Freude wurden dadurch gesteigert, dass diese Vergrößerung von Frankreichs Territorien durch friedliche Eroberung geschehen war...

Fortan gingen wir davon aus, dass wir uns auf französischem Boden befanden und taten dies mit dem Wohlgefühl, dass wir unsere Nation nicht in einen Krieg hineingezogen hatten.

Die Zeremonie endete, wie es sich gehört, mit einem Trinkspruch. Wir tranken, auf den Ruhm Frankreichs, eine Flasche seines edelsten Weines, die einer unserer Kameraden geistesgegenwärtig eingepackt hatte. Niemals hatte der Bordeauxwein eine wertvollere Rolle gespielt; niemals wurde eine Flasche zu einem so passenden Anlaß geleert. Von ewigem Schnee und Eis umgeben, war die Kälte schneidend, und dieses edle geistige Getränk war gegen die Temperatur ein ausgezeichneter Trost. All dies nahm weniger Zeit in Anspruch, als dies niederzuschreiben. Dann machten wir uns an die Arbeit, um nachzusehen, was dieses trostlose Land für die Naturgeschichte an Interessantem zu bieten hatte...

Wir verließen die Inseln erst um halb zehn wieder, von den Reichtümern, die wir trugen, völlig hingerissen. Bevor wir unsere Segel setzten und um ein letztes Mal Lebewohl zu sagen, bejubelten wir unsere Entdeckung mit großem Hurra. Die Echos aus dieser stillen Gegend, die das erste Mal von menschlichen Stimmen gestört wurden, warfen unsere Rufe zurück und verstummten dann wieder, so düster und eindrucksvoll. Angetrieben durch eine leichte Brise aus dem Osten, strebten wir unseren Schiffen zu, welche nun alle weit auf See waren und beim Wenden oft durch riesige Eisberge verborgen wurden. Wir erreichten sie erst um elf Uhr abends. Es war bitterkalt. Das Thermometer zeigte fünf Grad unter Null an. Die Außenseiten unserer Boote waren mit Eisschichten bedeckt. Wir waren froh, wieder an Bord unserer Korvetten zu sein, dankbar, dass es uns gelungen war, unsere Entdeckungen ohne Unglück abzuschließen, weil es in diesem eisigen und unberechenbaren Klima das Beste ist, ein Schiff nicht sehr lange zu verlassen.

J. Dumont d'Urville, *Voyage au Pole Sud et dans L'Oceanie, Bd. VIII, 1844.*

D'Urvilles Männer ringen darum, die Astrolabe aus dem Packeis zu befreien. „Als wir unsere beiden Schiffe sahen", schrieb er, „dachte man an zwei Krebse, die durch die Wogen an einen Strand voller Steine gespült worden waren... und sich abstrampelten, um ins offene Meer zurückzukehren." Die meisten Mitglieder seiner Mannschaft und alle drei Schiffsärzte erlitten während dieser Rettungsaktion Erfrierungen.

ELISHA KENT KANE 1820–1857

Gestrandet auf der Suche nach dem Pol

IM JAHRE 1853 FUHR *Kane mit der winzigen* Advance *die Westküste Grönlands hinauf. Angeblich, um Sir John Franklin zu finden; sein wirkliches Ziel war allerdings, den Nordpol zu erreichen. Er konnte keines der beiden Ziele realisieren. Stattdessen überdauerte er zwei Winter im Eis, überstand eine Meuterei, den Verlust seines Schiffes, Skorbut, erlebte den Tod mehrerer Männer und eine gefahrvolle Bootsreise, bis er in Sicherheit war. Sein Bericht war zu jener Zeit der interessanteste seiner Art und verkaufte sich in ungeheuren Stückzahlen. Als er im Alter von 37 Jahren starb, dauerte es drei Tage, bis die Trauernden an seinem Grab vorbeidefiliert waren.*

DIE RETTUNG EINER GEPLAGTEN SCHLITTENGRUPPE

Ich war überzeugt, dass ich unsere auf halbem Wege gelegene Station, bei der wir unser Zelt gelassen hatten, erreichen würde. Aber wir waren immer noch neun Meilen entfernt, als uns allen, fast ohne Vorwarnung, ein beängstigender Kräfteverlust bewusst wurde.

Natürlich war ich mit dem betäubenden Gefühl extremer Kälte vertraut; und einmal, als ich ihr in der Mitte des Winters in der Baffin Bay für einige Stunden ausgesetzt war, hatte ich Symptome festgestellt, die ich mit den diffusen Lähmungserscheinungen des elektrogalvanischen Schocks verglich. Aber ich hatte das schläfrige Behagen des Erfrierens für eine Ausschmückung der Romantik gehalten. Jetzt hatte ich Beweise für das Gegenteil.

Bonsall und Morton, zwei unserer kräftigsten Männer, kamen zu mir und baten um Erlaubnis, schlafen zu dürfen. Ihnen wäre nicht kalt, der Wind könnte ihnen jetzt nichts mehr anhaben, sie wollten nur noch ein wenig schlafen. Bald darauf wurde Hans fast steif unter einer Schneewehe gefunden; und Thomas, aufrecht, hatte seine Augen geschlossen und konnte kaum einen Laut von sich geben. Schließlich warf sich John Blake auf den Schnee und weigerte sich, aufzustehen. Sie beklagten sich nicht darüber, zu frieren, aber es war vergeblich, dass ich mit ihnen rang, sie boxte, weiterlief, stritt, sie verhöhnte oder sie schalt: ein sofortiger Halt konnte nicht vermieden werden...

[Mit einem anderen Kameraden vorwärts eilend] Ich kann nicht sagen, wie lange es dauerte, bis wir diese neun Meilen [gut 14 Kilometer] geschafft hatten, denn wir waren in einem eigenartig benommenen Zustand und hatten wenig Zeitgefühl. Es waren wahrscheinlich etwa vier Stunden... Ich erinnere mich dieser Stunden als der schlimmsten, die ich je durchlitten habe: Keiner von uns beiden war bei klarem Verstand, uns blieb nur eine sehr unklare Erinnerung an das, was bei unserer Ankunft im Zelt passierte. Wir erinnern uns jedoch beide an einen Bären, der gemütlich vor uns her lief und dabei einen von Mr. MacGary am Vortage weggeworfenen Pullover zerfetzte. Er riss ihn in kleine Fetzen und rollte ihn zu einem Ball, unternahm aber nichts, um uns am Weiterkommen hindern... Wir waren so trunken von der Kälte, dass wir stetig voranschritten...

[Als die anderen uns eingeholt hatten] Wir mussten immer häufiger anhalten und fielen auf dem Schnee in Halbschlaf. Ich konnte es nicht verhindern. So merkwürdig es klingt, erfrischte uns das. Ich selbst wagte dieses Experiment, wobei ich Riley bat, mich nach drei Minuten zu wecken, und mir tat es so gut, dass ich den Männern die gleichen Zeitvorgaben machte. Sie saßen auf den Kufen der Schlitten, schliefen sofort ein und wurden mit Zwang aufgeweckt, wenn ihre drei Minuten um waren... Nun machten wir eine längere

Eine bemerkenswerte
Felsformation in
Grönland nannte
Kane „Tennyson's
Monument"– nach
dem britischen Dichter
Alfred Tennyson.
Wie viele Entdecker
empfand Kane das
Schreiben seines
Tagebuchs als lästige
Aufgabe. „Dieses Buch,
so armselig wie es ist,
bringt mich noch ins
Grab", schrieb er an
seinen Vater. Er starb
1857, in jenem Jahr, in
dem sein zweiter und
letzter Band veröffent-
licht wurde.

Pause ...und erreichten die Brigg um ein Uhr mittags, wie wir glauben, ohne Pause.

Ich sage, wir glauben; und das ist der vielleicht wichtigste Beweis für unser Leid: Wir ...bewegten uns wie in einem Traum vorwärts. Rückblickend zeigte sich, dass wir schnurstracks die Brigg angesteuert hatten. Das muss eine Art Instinkt gewesen sein, denn es hinterließ im Gedächtnis keine Spur...

Dr. Hayes... sagte, dass keines unserer geistigen Symptome ernst sei und schrieb sie der Erschöpfung zu; bei guter Ernährung und Ruhe würden sie wieder verschwinden. Mr. Ohlsen litt einige Zeit unter Strabismus und Blindheit; zwei anderen mussten Teile des Fußes amputiert werden,... zwei starben trotz all unserer Bemühungen. Der Rettungstrupp war 72 Stunden unterwegs gewesen. Wir hatten alle acht Stunden gerastet, wobei je die Hälfte von uns schlief. Wir hatten 80 bis 90 Meilen zurückgelegt, meist einen schweren Schlitten ziehend...

E. KANE, *Arctic Explorations, Bd. 1, 1856.*

IM JAHRE 1854 MEUTERTE DIE MANNSCHAFT DER ADVANCE.

Freitag, den 18. August. – Reduzierten unsere Holzrationen auf sechs Pfund pro Mahlzeit. Dies entspricht über 18 Monate einem Drittel Pfund Brennstoff für jeden. Das reichte für zweimal am Tag Kaffee und einmal Suppe. Darüber hinaus essen wir kaltes Schweinefleisch, in großen Mengen vorgekocht und bei Bedarf gegessen. Dies funktioniert schlecht, doch muss ich Kohle für Notfälle sparen...

Ich inspizierte heute wieder das Eis. Schlimm! Schlimm! – Mir stand ein weiterer Winter bevor... Es ist furchtbar...sich noch einem Jahr Krankheit und Dunkelheit stellen zu müssen, und zwar ohne frische Nahrungsmittel und ohne Brennstoff. Ich würde dem weniger traurig entgegenblicken, hätte ich keine Kameraden, um die ich mich kümmern und die ich beschützen muss...

Montag, 21. August – Vor einiger Zeit machte ich mir Gedanken, ob ich eine Gruppe abkommandieren sollte, aber je mehr ich darüber nachdachte, umso mehr war ich überzeugt, dass dies weder an sich recht wäre, noch sicher. Für mich ist es eine Ehrensache, in der Nähe der Brigg zu bleiben... – Komme was wolle, ich teile ihr Schicksal.

Für meine Gefährten ist es jedoch eine ganz andere Frage. Ich kann nicht von ihnen erwarten, dass sie sich meinen Drang zu eigen machen, und ich bin mir keinesfalls sicher, ob ich sie an meine Schlussfolgerungen binden sollte. Habe ich das moralische Recht? Die nautischen Regeln sind unter diesen Umständen nicht angemessen. Wenn bei Walfängern ein Schiff in hoffnungsloser Bedrängnis ist, gilt nicht mehr die Autorität des Kapitäns, sondern die Mannschaft berät sich, ob sie geht oder beim Schiff bleibt...

Doch was mich bedrückt, ist von anderer Wesensart. Ich kann vor mir selbst nicht verhehlen, dass wir für einen weiteren Winter an Bord miserabel gerüstet sind. Wir sind eine Gruppe skorbut-zerfressener, gebrochener Männer; unsere Vorräte sind empfindlich geschrumpft und für unseren Zustand völlig unzureichend. Meine einzige Hoffnung, die Gesundheit soweit zu erhalten oder wiederherzustellen, dass wir für unser Entkommen im Frühjahr gerüstet sind, besteht in einer wohltuenden, robusten Stimmung der Gefühle unter den Männern. Ein zögerlicher, drückender, entmutigter Geist wäre wie die Pest...

Mittwoch, 23. August. – Die Brigg sitzt fest. Ich fand mit meinem Schlitten eine geeignete Position, um die Eisschollen zu begutachten und kehrte an diesem Morgen um zwei Uhr zurück. Es gibt keine Möglichkeit für unsere Befreiung, es sei denn, durch eine extrem starke einlaufende Flut... In der Tat habe ich große Zweifel, ob unsere Brigg überhaupt loskommen kann. Es wäre auch nicht ratsam, sie jetzt in Booten zu verlassen; die Wasserwege schließen sich, ...und das junge Eis ist nahezu undurchdringlich.

Ich werde die Offiziere und die Mannschaft zusammenrufen und ihnen ausführlich Bescheid geben, wie die Dinge stehen und welche Gefahren mit dem einhergehen, was sie untereinander vorgeschlagen haben. Sie sollen meine Ansichten unmissverständlich zu hören bekommen...

Donnerstag, 24. August. – Mittags ließ ich alle Matrosen zusammenrufen und erklärte ihnen freimütig die Umstände, die mich bewogen haben, zu bleiben, wo wir sind. Ich bemühte mich, ihnen zu klar zu machen, dass eine Flucht zur offenen See nicht erfolgreich sein könnte, und dass dieser Versuch äußerst gefährlich wäre. Ich spielte auf unsere Pflichten dem Schiff gegenüber an – mit einem Wort, ich riet ihnen entschieden von der Ausführung ihres Vorhabens ab. Dann teilte ich ihnen mit,... dass sie sich selbst unter das Kommando der von ihnen gewählten Offiziere begeben sollten, bevor sie aufbrächen und schriftlich alle Ansprüche mir gegenüber und gegenüber denen aufzugeben, die entschlossen waren, auf dem Schiff zu bleiben. Nachdem ich dies getan hatte, ordnete ich an, die Anwesenheitsliste durchzugehen und jeden Mann für sich selbst antworten zu lassen.

Das Ergebnis war, dass acht der siebzehn Überlebenden meiner Truppe sich entschlossen, auf der Brigg zu bleiben.

E. KANE, *Arctic Explorations*, Bd. 1, 1856.

Eine Zeichnung aus Kanes Tagebüchern zeigt, welche Herausforderungen seine Männer mit dem Schlitten meistern mussten. Das Eis war so zerklüftet, dass ein Besatzungsmitglied sagte, es wäre leichter, Manhattan zu durchqueren, indem man über die Dächer der Wolkenkratzer ginge.

RICHARD BURTON 1821–1890
In Afrika und im Orient

BURTON WAR DAS ENFANT TERRIBLE unter den Entdeckungsreisenden des 19. Jahrhunderts. Hochintelligent, 27 Sprachen beherrschend (mit denen er auch seine Aufzeichnungen spickte), entschlossener Reisender und unermüdlicher Anthropologe. Er war mit einem so wilden Schnurrbart ausgestattet, dass er selbst stolz verkündete, wie der Teufel auszusehen. Der einzige Ort, an dem er sich nicht wohl fühlte, sagte er, wäre zu Hause. Sein Wanderleben führte ihn nach Indien, Afrika und in den Nahen Osten. Bevor er eine Reise nach Mekka unternahm, ließ er sich sogar beschneiden. Er schrieb mehrere kontrovers diskutierte Bücher. Für seine Auseinandersetzung mit John Hanning Speke darüber, wer denn nun die Quelle des Nils entdeckt hatte, wurde er berühmt. Und berühmtberüchtigt wurde er durch Beschreibungen sexueller Praktiken im Orient. Seine Ehefrau Isabel verbrannte seine letzten Manuskripte, um die westliche Zivilisation vor ihren Inhalten zu bewahren.

ÜBER DIE GEFAHREN EINER PILGERREISE NACH MEKKA.

Da die „Ramy"- oder Steinigungszeremonie von allen Pilgern am ersten Tag zwischen Sonnenaufgang und Sonnenuntergang vollzogen werden musste und da der Dämon bösartig genug war, um in einem zerklüfteten Pass zu erscheinen, machte die Menschenmenge den Ort gefährlich. Auf einer Seite der Straße, die nicht einmal vierzig Fuß breit ist, stand eine Reihe von Läden, die hauptsächlich Barbieren gehörte. Auf der anderen Seite ist die zerklüftete Mauer, gegen die der Pfeiler steht, mit einem chevaux de frise von Badawin [Beduinen] und nackten Jungen. Der enge Raum war mit Pilgern überfüllt, alle kämpften wie Ertrinkende darum, dem Teufel möglichst nahe zu kommen; es wäre ein Leichtes gewesen, über die Köpfe der Massen hinwegzulaufen. Unter ihnen waren Reiter mit sich aufbäumenden Rössern. Beduinen auf wilden Kamelen und Würdenträger auf Maultieren und Eseln bahnten sich ihren Weg, indem ihre Gehilfen die Menge beiseite scheuchte. Ich hatte in Ali Beys Selbstbeglückwünschungen gelesen, dass er diesem Ort mit „nur zwei Wunden am linken Bein" entkommen war, und hatte mich extra mit einem versteckten Dolch ausgerüstet. Diese Vorsichtsmaßnahme war durchaus von Nutzen. Kaum hatte mein Esel sich zwischen die Massen begeben, da wurde er auch schon von einem Dromedar überrannt, und ich befand mich unter dem Bauch des stampfenden und tobenden Tieres. Nachdem ich durch den wohl bedachten Einsatz meines Messers verhindert hatte, zertrampelt zu werden, verlor ich keine Zeit, von diesem so schändlich gefährlichen Ort zu fliehen. Einige moslemische Reisende versichern, dass als Zeichen für die Heiligkeit dieses Flecken kein Moslem hier jemals zu Tode käme; die Bewohner Mekkas versicherten mir allerdings, dass Unfälle beileibe nicht selten waren.

Bald kämpfte sich der Junge Mohammed mit einer blutigen Nase seinen Weg aus der Menge frei. Wir setzten uns beide auf eine Bank vor einem Barbiersstand und warteten, durch diese Widrigkeiten belehrt, geduldig... Als sich dann eine günstige Gelegenheit ergab, näherten wir uns dem Ort auf etwa fünf Ellen und warfen – jeder einen Stein zwischen Daumen und Zeigefinger der rechten Hand haltend – den Stein auf den Pfeiler...

Einige halten den Kiesel wie ein Schuljunge eine Murmel, andere zwischen ausgestrecktem Daumen und Zeigefinger, andere schießen sie vom Daumenknöchel, und die

meisten Männer machen es so, wie es am bequemsten ist...

Das Ausmaß des Risikos, das ein Fremder bei den Pilgerritualen eingehen muss, ist immer noch beträchtlich. Ein gebildeter Orientalist und Theologe deutete in einer erst vor einigen Jahren veröffentlichten Arbeit den Wunsch an, Mekka ohne Verkleidung besuchen zu wollen. Ihm wurde versichert, der türkische Gouverneur würde heutzutage keinem europäischen Reisenden Hindernisse auferlegen. Ich würde diesem Freund von diesem Versuch heftig abraten wollen. Es ist wohl wahr, dass der Franke nicht mehr ... beleidigt wird, wenn er vom Tor nach Mekka in Jidda aufbricht; und dass es unseren Vizekonsuln und Reisenden, unter der Bedingung, dass ihr flüchtiger Blick den Schrein nicht verunreinigen solle, erlaubt ist, Taif und die gen Osten der Heiligen Stadt liegenden Gebiete zu besuchen... Doch würde der erste Badawi, der eines Franken Huts ansichtig würde, sich für keinen richtigen Mann halten, wenn er nicht in den Kopf dessen Trägers eine Kugel jagen würde. Bei einer Pilgerreise ist die Verkleidung wegen der vielen und bunt gemischten Scharen, die Mekka besuchen, einfach und setzt den Reisenden lediglich [der Gefahr] aus, „das Herumgestoße mit nach Schweiß riechenden Gaunern zu ertragen." Doch wehe dem Unglücklichen, der in der Öffentlichkeit als Ungläubiger erkannt wird – jedenfalls, wenn es ihm nicht gelingt, sich unter den Schutz der Regierung zu begeben. Inmitten einer Ansammlung von Pilgern, die sich in ihren Fanatismus in größtem Ausmaße hineingesteigert haben, würde seine Entdeckung wahrscheinlich seine sofortige Beseitigung al numero de' piu nach sich ziehen. Jene, die Gefahr für das Salz in der Suppe halten, mögen

Mekka besuchen, doch wenn man fragt, ob die Ergebnisse das Risiko rechtfertigen, würde ich dies verneinen. Und der Vizekonsul in Jidda würde nur seine Pflicht ausüben, wenn er es europäischen Reisenden vorsorglich verbieten würde, ohne Verkleidung nach Mekka gelangen zu wollen, bis der Tag kommt, an dem solche Schritte mit der Gewissheit unternommen werden können, dass kein Unglück heraufbeschworen wird und der Unfall nicht unseren Ruf beschädigt...

R. BURTON, *Personal Narrative of a Pilgrimage to Al-Madinah & Meccah*, (Bd. II), 1873.

Isabel Burton begleitete ihren Mann auf einigen Reisen und veröffentlichte über die Zeit, die sie gemeinsam in Syrien verbrachten, ein Tagebuch; außerdem Memoiren ihrer ausgedehnteren Reisen. Trotz ihrer pragmatischen Art konnte sie auch sehr selbstgefällig sein. Als ihr Gatte starb, verbrannte sie seine Manuskripte als zu unflätig für die Veröffentlichung. Die folgenden Auszüge zeigen beide Seiten ihres Charakters.

ISABEL BURTONS BERICHT ÜBER EINEN AUFSTAND IN SYRIEN.

Als ich mich auf der Ebene von Richard verabschiedet hatte, kletterte ich in meinen Adlerhorst bei Bludan, von dem aus sich ein Ausblick über das Land bot und war der Meinung, dass wir uns verteidigen konnten, so lange wir genügend Munition hätten und nicht durch zahlenmäßige Übermacht überwältigt wurden. Die Nacht brach an, und natürlich hatte ich nicht die geringste Vorstellung davon, was passieren würde, fürchtete aber das Schlimmste. Ich wusste, was beim vorigen Massaker an Christen in Damaskus geschehen war. Flüchtende, aufgeregte Nachzügler kamen herein; und von dem, was sie sagten, hätte man annehmen können, dass Damaskus bereits über und über mit Blut bedeckt war und sich die muslimischen Massen hoch nach Bludan drängen würden, um auch uns zu vernichten. Ich erwartete einen Angriff, also sammelte ich jede verfügbare Waffe und die gesamte Munition. Ich hatte fünf Männer im Haus; jedem gab ich ein Gewehr, einen Revolver und ein Bowiemesser. Einen postierte ich mit einem Paar Elefantenflinten, die mit Gewehrkugeln von vier Unzen Gewicht bestückt waren, auf dem Dach und je einen Mann an allen vier Seiten des Hauses; das Kommando über die Terrasse übernahm ich selbst. Ich hisste am Fahnenmast auf dem Dach unseres Hauses den Union Jack und schickte meine Bullterrier in den Garten, damit sie uns mit ihrem Gebell warnen würden, falls sich jemand unserem Haus näherte. Ich schloss ein kleines syrisches Mädchen, das ich als Dienerin beschäftigte und das furchtbar verängstigt war, im sichersten Zimmer des Hauses ein; aber mein englisches Dienstmädchen, das genauso tapfer wie jeder Mann war, entsandte ich, um uns mit Vorräten zu versorgen und sich allgemein nützlich zu machen. Dann ritt ich den Berg hinunter zur Amerikanischen Mission und bat alle, hochzukommen und bei mir Zuflucht zu suchen; dann [ritt ich] in das Dorf Bludan, um den Christen zu sagen, sie sollten beim kleinsten Anzeichen von Gefahr zu mir hochkommen...

Während der drei Tage, die wir angespannt ausharrten, schwebte ein Monstergeier über unserem Haus. Die Leute sagten, das sei ein schlechtes Omen, und so nahm ich mein kleines Gewehr, obgleich es mich gerade zu dieser Zeit um die Patrone reute; und als er in

Lady Isabel Burton im orientalischen Stil ausgestreckt. Die tapfere und unerschütterliche Begleiterin auf den Reisen ihres Mannes schrieb kurz vor ihrer Hochzeit an ihre Mutter: „Ich wünschte, ich wäre ein Mann. Wäre ich einer, wäre ich Richard Burton, aber weil ich nur eine Frau bin, werde ich Richard Burtons Ehefrau. Ich sehne mich danach, in einem Schnellzug um die Welt zu reisen: Ich glaube, ich werde verrückt, wenn ich zu Hause bleibe."

Burton begegnete dieser
Sänfte während seiner
Reisen durch Arabien.
Ihre Insassen befanden
sich auf dem Weg nach
Mekka, wie er auch,
allerdings in viel
größerem Stil. Falls
nötig, verließen sie ihren
komfortablen Kokon
über eine Leiter, die
vom hinteren Kamel
getragen wurde.

Reichweite kam, hatte ich das große Glück, ihn abzuschießen. Dies beruhigte sie sehr, und wir hängten den Geier auf den Wipfel des höchsten Baums.

Schließlich kam am dritten Tag um Mitternacht ein berittener Bote mit einem Brief von Richard den Berg hinauf, in dem er mitteilte, dass in Damaskus alles in Ordnung war, dass er aber nicht vor Ablauf einer Woche zurück sein würde.

I. Burton & W. Wilkins, *The Romance of Isabel Lady Burton, Ed. II, 1897*

Mit Burton nach Goa.

Gegen fünf Uhr stand ich, da der Kapitän mir über Nacht gesagt hatte, ich solle mich nicht beeilen, gemütlich auf. Bald kam ein schwarzer Schiffsbegleiter hinab und sagte:

„Bitte, gnädige Frau, der Vertreter ist hier mit Ihrem Boot, um sie an Land zu bringen. Der Kapitän bat mich, Ihnen mitzuteilen, dass er sofort weiterfahren werde."

Ich war gerade in einem Stadium meiner Toilette, das es mir völlig unmöglich machte, die Tür zu öffnen oder herauszukommen, und so rief ich durch das Schlüsselloch:

„Bitte gehen Sie mit meinen Empfehlungen zum Kapitän und bitten Sie ihn, mir zehn oder 15 Minuten zu gewähren und meinem Gatten mitzuteilen, was los ist."

„Ich werde gehen, gnädige Dame", antwortete er; „aber der Kapitän wird leider nicht warten können. Es ist seine Pflicht, weiterzufahren."

„Gehen Sie!", rief ich; und er ging.

Nach zwei Minuten kam der Neger wieder.

„Der Kapitän sagt, es ist unmöglich, das Schiff fährt jetzt weiter."

Da wir nun an Zeit und viele andere Dinge gebunden waren und uns nicht leisten konnten, unseren Landgang zu verpassen, warf ich einen Schal und einen Unterrock über, wie man es vielleicht bei einem Schiffbruch tun würde und eilte mit offenem Haar hinaus, wobei ich dem Steward zurief:

„Verstauen Sie alle Dinge so gut es geht im Boot; und falls etwas zurückbleibt, nehmen Sie es mit zurück zum Hotel in Bombay."

Ich eilte aufs Deck, und zu meiner Überraschung fand ich heraus, dass der Dampfer sich überhaupt nicht bewegte. Richard und der Kapitän unterhielten sich leise miteinander, und als sie mich in heller Aufregung und in völliger Unordnung sahen, fragten sie mich nach dem Grund für meine spärliche Bekleidung und meine Erregung. Als ich es ihnen mitteilte, sagte der Kapitän:

„Ich habe niemals eine derartige Nachricht geschickt. Ich sagte Ihnen gestern Abend, ich würde um sieben weiterfahren, und jetzt ist es erst fünf."

Ich war überaus verärgert über die Vorstellung, dass ein schwarzer Diener mir so einen Streich gespielt hatte... Ich empfand ihn als unverschämt und sagte dies dem Kapitän auch. Trotzdem machte er sich nicht die Mühe, der Sache weiter nachzugehen. Der Bischof von Ascalon, der apostolische Vikar zu Bombay, war an Bord, und ich erzählte ihm davon, und er sagte, dass er vor einem Jahr an der gleichen Stelle genauso behandelt worden war. Die Vorstellung, dass solche Dinge erlaubt sein sollen, ist ein wenig zu empörend. Man stelle sich nur vor, ich wäre eine zarte und nervöse Passagierin mit einem Herzleiden, so hätte mir das großen Schaden zufügen können.

The Romance of Isabel Lady Burton, Bd. II.

CHARLES STURT 1795–1869

Die Kartierung Australiens

Sturts Männer nehmen in der eintönigen Wüste, die später nach ihrem Expeditionsleiter benannt werden sollte, Vermessungen vor. „Über der Gegend lag ein seltsamer Schimmer von der Farbe des Sands; und es schien fast so, als ob wir die letzten Menschen wären, die Zeugen der Zerstörung unseres Planeten wurden. Niemand kann sich die frostige und abweisende Atmosphäre der Landschaft vorstellen“, schrieb Sturt. Ein paar hundert Kilometer weiter nördlich wurde die Expedition durch eine sechs Monate dauernde Dürreperiode aufgehalten. Als ihre Thermometer in der extremen Hitze platzten, beschlossen die Männer, dass es an der Zeit sei, umzukehren.

1843 BEFAND SICH EIN UNTERER KOLONIALBEAMTER namens Charles Sturt in finanzieller „Verlegenheit“ (wie er es nannte). Er versuchte daher, mit Forschungsreisen etwas Geld zu machen. Er hatte bereits geholfen, das südöstliche Flusssystem Australiens zu kartieren, aber nun schlug er vor, das unbekannte Herz des Kontinents zu öffnen. „Wer sich die Karte Australiens ansieht und die weiße Fläche auf ihr betrachtet“, verkündete er, „den möchte ich fragen, ob es nicht eine ehrenvolle Leistung ist, wenn man dieses Zentrum als erster Mensch betritt.“ Seine Expedition verließ Adelaide 1844 und kehrte im nächsten Jahr zurück, nachdem sie weder das Zentrum noch den Binnensee, den viele Geografen dort vermuteten, erreichte, stattdessen aber eine unwirtliche Wüste vorfand. Sturts Expedition startete in einem Dürrejahr. Die Männer litten unter Skorbut, Hunger, Durst und so hohen Temperaturen, dass ihre Thermometer barsten; ein Mann starb an Aneurysma (Arterienerweiterung), und Sturt wurde fast blind. Aber sie waren weiter als je ein Europäer zuvor gekommen und bereiteten den Boden für folgende, erfolgreichere Expeditionen. Sturt schrieb allwöchentlich Briefe an seine Frau Charlotte. Sie sollten über seine Abwesenheit hinwegtrösten, können aber mit der endlosen Aufzählung von Krisen, Krankheiten und Katastrophen nur das Gegenteil bewirkt haben. Sturt starb 1869, nachdem er sich beim Überqueren einer Straße ein Bein gebrochen hatte.

VIER MONATE LANG VERSUCHTEN STURT UND SEINE MÄNNER, SICH EINEN WEG DURCH DIE WÜSTE ZU BAHNEN. ALLERDINGS VERGEBLICH.

Sonntag, 31. August 1845 … Der Anblick war schrecklich beängstigend, liebe Charlotte. Ein Gefühl der Furcht (solche Gefühle kenne ich eigentlich nicht) überkam mich, als ich über die Landschaft blickte. Sie sah aus wie der Eingang zur Hölle. Mr. Browne blieb entsetzt stehen. „Hat je ein Mensch“, rief er, „einen solchen Ort gesehen?“ … In Wirklichkeit, Liebste, sah ich, dass Mr. Browne körperlich nicht in der Verfassung war, sich weiteren Strapazen auszusetzen. Ich rechnete jeden Morgen damit, dass die fatale Schwärze auf seinen Beinen erscheinen würde … Ich beschloss daher, zum Fluss zurückzukehren und ein anderes Quartier zu suchen …

Sonntag, 14. September 1845 … Das Tal unter uns war dunkel vor Quellerpflanzen, und der heftige Wind blies uns Salz wie Schnee ins Gesicht und in die Augen. Nach Westen zogen sich langsam ansteigende Dünenkämme hin, so weit das Auge reichte. Angesichts der hoffnungslosen Lage sank mir der Mut. Das war die Reise, auf der wir die Wüste durchqueren und bis ins Zentrum vordringen wollten, aber über allem lag offensichtlich ein Fluch. Dennoch legte ich noch etwa zwölf Kilometer zurück, bis ich den höchsten Hügel, den wir schon seit einiger Zeit im Blick hatten, erklomm, von wo aus sich mir aber der gleiche unwirtliche Anblick bot… Gigantische, kilometerweit parallel zueinander verlaufende rote Sandberge, dunkle, dämmrige Täler… Dennoch trieb ich zum Weitergehen an, bis ich schließlich bemerkte, dass Mr. Browne sehr litt. Ein plötzlicher Gedanke durchzuckte mich, und ich entschied, sofort zu handeln. Ich gab den Versuch weiterzuziehen auf und sagte Mr. Browne, dass ich beschlossen hätte, zum Depot zurückzukehren. In dieser Nacht hatten die Pferde nichts zu fressen oder zu trinken. Wir banden sie an Akazienbüsche, und dort standen sie die ganze Nacht.

Sonntag, 28. September 1845 ...Am Freitag, Liebste, erreichten wir den ersten Fluss und gestern, anstatt zum Fluss zu gehen, an dem wir vorher schon gehalten hatten, ritten wir weiter, weil wir wussten, dass wir dort kein Wasser finden würden, und hielten auf eine Baumgruppe, zu der ich Mr. Browne geschickt hatte, als wir herauskamen, und wo wir reichlich Futter und Wasser fanden. Als wir dorthin ritten, hörten wir ein paar Eingeborene rufen und gingen zu ihnen. Sie erzählten uns, dass sie aus dem Norden kämen und Wasser suchten, dass alles Wasser im Norden weg war, und dass sie schon lange keines mehr hatten. Ihre Lippen waren ausgetrocknet, eingerissen und geschwollen, sie schienen aufs Äußerste erschöpft, schließlich zogen sie schnellen Schrittes weiter. Als ich ihnen erzählte, ich sei im Nordwesten gewesen, schüttelten sie den Kopf und sagten, dort gebe es auch kein Wasser. Ich weiß wirklich nicht, was aus diesen armen Menschen werden soll, wenn die Dürre noch länger anhält, weil jede Wasserstelle, die wir gesehen haben, binnen kurzem austrocknen wird. Es ist eine höchst feindselige Region.

Heute, Liebste, erreichten wir den ersten Fluss und befinden uns nun 122 Kilometer vom Depot entfernt. Alle meine Männer sind erschöpft, meine Pferde sind sehr schwach, und Mr. Browne geht es äußerst schlecht. Wie ich hoffe, werden wir das Lager jedoch in drei Tagen erreichen, wo sich alle etwas ausruhen können ...

Sonntag, 5. Oktober 1845. Ich schreibe dir, meine liebste Charlotte, aus dem Depotlager ... Wir ... stiegen vom Pferd nach siebenwöchiger Abwesenheit voller Mühen und Entbehrungen, wie sie kaum je ein Mensch ertragen hat. Wir sind insgesamt rund 1550 Kilometer geritten und haben oft von der frühesten Morgendämmerung bis 3 oder 4, oft

bis 6 Uhr im Sattel gesessen, ohne irgendeinen Schutz vor der mörderischen Hitze in der glühend heißen Wüste, durch die wir gezogen sind, ohne ausreichende Nahrung und mit Wasser, das deine Schweine nicht trinken würden. Wie ich all dies so gut überstanden habe, weiß ich auch nicht ...

So, meine liebste Charlotte, endete eine Exkursion, die für den Erfolg oder Misserfolg der Expedition entscheidend sein sollte. Ein zweites Mal waren wir gezwungen, auf dem Weg zum Landesinnern umzukehren..., und ich hatte den schmerzlichen Gedanken, dass ich, so sehr ich mich auch angestrengt, keine Entdeckung gemacht hatte, die mir zum Ruhme gereichen könnte, und dass ich daher wohl das einzige Ziel, für das ich diese gewaltige und anstrengende Expedition unternommen habe, nicht erreichen würde. Die Vorsehung hat mir diesen Erfolg, mit dem sie meine früheren Erfolge hätte krönen können, vorenthalten, und ich erkannte, dass ich denjenigen, für deren Glück und Wohlergehen ich solche Opfer auf mich genommen habe, nichts Gutes, sondern nur Unheil gebracht habe. Vergebens habe ich zum Allmächtigen um Erfolg...gebetet. Vergebens habe ich um seinen Segen für dich und meine Kinder und auch für mich gebetet. Aber mein Gebet ist nicht erhört, meine Bitte abgelehnt worden, und weit entfernt von jedem Hoffnungsschimmer fühlte ich, dass ich mit der Macht des Himmels gerungen hatte, in dem verzweifelten Kampf gegen die Natur, und dass ich nun ein gescheiterter Mann war, dessen Schicksal besiegelt war. Gott weiß, Charlotte... Schwierigkeiten und Enttäuschungen haben mir von Anfang bis Ende zu schaffen gemacht.

Sonntag, 26. Oktober 1845 – Am letzten Sonntag, meine liebe und geliebte Charlotte, war unsere Lage nicht beneidenswert... Diese unnachgiebige, eisenharte Ebene erstreckte sich vor mir in all ihrer Düsterheit und Eintönigkeit. Nach 18 Kilometern erreichte ich die Hügel, und hier erwartete mich eine neue Enttäuschung. Anstatt auf normale Berge und Anzeichen für einen Wandel der Landschaft zu stoßen, stellte ich fest, dass sie nicht mehr waren als Sandberge, die höher waren als alle, die wir bisher gesehen hatten... Ich erstieg den Kamm eines dieser Sandhügel, blickte um mich und hatte so etwas in meinem Leben noch nicht gesehen. Alles war – dunkel, dunkel, dunkel. Vor mir erstreckten sich die gleichen Sandhügel wie der, auf dem ich stand, einer nach dem anderen, so weit das Auge reichte, und in keiner Richtung konnte ich einen Hoffnungsschimmer ausmachen.

Ich stieg vom Pferd und setzte mich nieder, um zu überlegen, ob ich weiterreiten oder umkehren sollte. Ich war ziemlich überzeugt, dass die ganze Gruppe umkommen würde, wenn ich weitermachen und sich heute Nacht kein Wasser finden würde. Meine Pferde waren schon 34 Stunden ohne Wasser, und sie konnten in ihrem erschöpften Zustand keine weiteren Strapazen mehr aushalten. Ihre Hufe nutzten sich schnell ab und waren so trocken, dass bei jedem Schritt Splitter abplatzten. Menschen und Tiere konnten in keiner schrecklicheren Lage sein, denn wir waren noch fast 80 Kilometer von irgendeiner bekannten Wasserstelle entfernt ... Trotzdem ergriff mich der fast unwiderstehliche Wunsch weiterzumachen, aber ein unbekannter und geheimer Einfluss siegte und bewog mich schließlich umzukehren...Die von den Steinen aufsteigende Hitze war erdrückend, und die ständige Sonne dörrte unsere Lippen und Haut aus...

Sonntag 23. November 1845 – Sicherlich wartest du schon darauf, Liebste, von den Ereignissen der vergangenen Woche zu lesen. Leider gibt es nichts Erfreuliches zu berichten... Am Montag vor zwei Wochen ... setzte um 9 aus Nordosten ein heißer Wind ein, von dem ich dachte, er würde uns endgültig verbrennen. Ich saß mittags im Schatten eines Gummibaumes und nahm das Thermometer aus einem Zinkkasten in meiner Tasche. Das Quecksilber stand auf 125° [Fahrenheit, rund 52° C] auf der Skala, die nur bis 127° reichte. Da ich annahm, es sei nicht richtig gelagert gewesen, legte ich das Thermometer in die Astgabel eines Baumes, die mit 1,50 Meter über dem Boden recht hoch war, und als ich um 2 Uhr wieder nachsah, war es so hoch gestiegen, wie es nur konnte, und dann hatte das sich ausdehnende Quecksilber den Glaskolben bersten lassen, was bisher wohl noch nie ein Reisender berichten konnte und was dir eine Vorstellung von der mörderischen Hitze gibt, die wir fast täglich ertragen mussten...

Ich glaubte, Liebste, dass wir diese Reise nie beenden würden, aber wir erreichten das Depot um 11 am Mittwoch und fanden es verlassen vor [Die Männer waren wegen Ruhr aufgebrochen]. Mr. Stuart... beobachtete eine Krähe, die in einem der Gartenbeete kratzte, ein großes Stück Speck hervorzog und damit fort flog. Mr. Stuart untersuchte die Stelle nun etwas genauer und fand noch zwei Stücke Speck und zwei Stücke Talg, welche die Hunde dort vergraben hatten... Morgan reinigte sie und brachte mir ein kleines Stück Speck, kaum größer als eine 5-Shilling-Münze, sagte mir, es sei absolut sauber und in Ordnung, dass er es aus der Mitte herausgeschnitten habe und dass er es mir gebracht habe, da ich solange nichts gehabt hätte. Ich nahm es widerwillig, ich wollte es nicht, mochte es nicht, mein Appetit war gleich null, aber ich nahm es, weil ich wusste, dass ich Nahrung brauchte, und ich konnte mir nicht vorstellen, dass ein so kleines Stückchen Fleisch mir schaden könnte. Aber schon am nächsten Tag verspürte ich heftige Schmerzen in meinen Beinen, die gegen Abend schlimmer wurden und noch mehr am nächsten Morgen...

Ich ließ anhalten, Liebste, nachdem ich in fünf Wochen und drei Tagen fast 1500 Kilometer geritten war. Als ich vom Pferd gestiegen war, hatte ich das Gefühl, als ob der alte Hund seinen Kopf zwischen meine Beine steckte, als wolle er mich begrüßen und vorwärts stoßen. Ich drehte mich um, aber kein Hund war da. Es war das Zucken der Muskeln in meinem Schenkel und der Vorbote von etwas anderem. Auf beiden Reisen zusammen hatte ich seit dem 14. August rund 3000 Kilometer zurückgelegt ... Ich hatte jeden Mann meiner Gruppe ausgelaugt und erschöpft und war auf meiner letzten Reise mit völlig neuen Leuten gestartet. Ich war von Sonnenaufgang bis Sonnenuntergang einer sengenden Sonne ausgesetzt gewesen und hatte nachts nur unter dem Himmelszelt geschlafen. Kein Wunder also, dass ich allmählich schwächer wurde, aber das Ziel, das ich vor Augen hatte, machte mich leichtsinnig, was Risiken und Entbehrungen anging. Am Tag, nachdem ich im Lager angekommen war, konnte ich mein linkes Bein nicht mehr benutzen, die Hauptmuskeln verkürzten sich, und ich konnte das Bein nicht mehr ausstrecken. Nach und nach wurde auch mein rechtes Bein betroffen, bis ich schließlich hilflos auf meiner Matratze ausgestreckt lag. Aber, Liebste, ich beklage mich nicht ...

Sonntag 21. Dezember – Am letzten Sonntag, Liebste, waren wir an der Nordseite der Hügelkette; heute haben wir die Südseite erreicht und lagern am Ufer des Darling River ... Mein kleines Tagebuch nähert sich darum seinem Ende ... Heute Morgen drängte ich zum Aufbruch, um Mr. Piesse und seine Leute zu treffen. Er hatte alles getan, um etwas über unser Schicksal zu erfahren, und Briefe an alle Bäume geheftet, um mich zu informieren, dass er dich gesehen habe und dass du wohlauf seist.

Natürlich war ich für diese Nachrichten dankbar, Liebste, und nachdem ich ein, zwei deiner Briefe gelesen hatte, beschloss ich, über Eingeborene von Adelaide aus ein Telegramm zu schicken, damit du dir keine Sorgen machst. Deshalb will ich nun schließen, andere Dinge warten auf Erledigung, und ich bedaure nur, dass durch die Eile, mit der ich gelegentlich schreiben musste, manches für dich kaum verständlich sein wird. Aber wenn es dir Freude bereitet, habe ich mein Ziel erreicht.

Gott segne dich – Amen

C. STURT, *Journal of the Central Australian Expedition 1844-45.*

JOHN HANNING SPEKE 1827–1864

Die Quelle des Nils

Spekes Skizze von Mtesa, dem König von Uganda. Während seiner Reisen rund um den Victoria-Nyanza war Speke von der Fruchtbarkeit der Region beeindruckt, aber entsetzt über die Willkür ihrer Herrscher. Mtesa beispielsweise begeisterte sich unkritisch für alles, was europäisch war – insbesondere für Spekes Gewehre –, ließ aber täglich Menschen wegen der geringsten Vergehen hinrichten.

DER ARMEEOFFIZIER UND UNERMÜDLICHE JÄGER *Speke begleitete Richard Burton auf einer Expedition, die den Auftrag hatte, die Quelle des Nils zu finden. Von 1856 bis 1858 zogen sie durch Ostafrika in der Erwartung, einen Fluss zu finden, von dem Burton hoffte, dass er den Tanganjika-See mit dem Nil verbinden würde. Einen solchen Fluss gab es nicht, aber während Burton sich von einem Fieberanfall erholte, unternahm Speke eine Exkursion in den Norden, bei der er einen See entdeckte, der „so breit war, dass man nicht das andere Ufer sah, und so lang, dass niemand seine Länge kannte". Er nannte ihn Victoria-Nyanza. Auf einer zweiten Expedition 1862, auf der er von James Grant begleitet wurde, fand er den Hauptzufluss des Sees. „Die Expedition hat nun ihre Aufgabe erfüllt", schrieb er. „Vater Nil beginnt ohne jeden Zweifel im Victoria-Nyanza." Burton bezweifelte seine Behauptung – aus gutem Grund, denn Spekes Berechnungen waren so mangelhaft, dass bei ihm der Nil 144 Kilometer bergauf floss – und arrangierte eine öffentliche Debatte bei der Royal Geographical Society. Speke erschien nicht. Er hatte sich an jenem Nachmittag in die Brust geschossen. Alles ließ darauf schließen, dass es ein Unfall war, aber es hielt sich hartnäckig das Gerücht, dass er sich umgebracht hatte, um nicht mit Burton auf der Bühne zu stehen.*

AM 8. MÄRZ 1858 WURDE SPEKE AM TANGANJIKA-SEES VON KÄFERN GEPLAGT. Diesen Tag verbrachten wir in Ruhe und Müßiggang und erholten uns von den Strapazen. In der Nacht rüttelte ein heftiger, von Regen begleiteter Sturm mit solcher Gewalt an meinem Zelt, dass es sich von den Pflöcken losriss und nur unter Aufbietung aller Kraft zu halten war. Als der Wind sich legte, wurde eine Kerze angezündet, um Licht zum Aufräumen zu haben, und in diesem Augenblick wimmelte das Zelt wie durch Zauberhand von kleinen schwarzen Käfern, die offensichtlich vom Licht der Kerze angezogen wurden. Sie waren fest entschlossen, den Platz für ihren Streifzug zu behaupten, sodass es sinnlos war, zu versuchen, sie mit der Hand von den Kleidern und dem Bettzeug zu fegen, denn wenn einer beiseite gewischt war, kam der nächste und so weiter; bis ich schließlich erschöpft die Kerze löschte und – nur mit Mühe das Kitzeln ignorierend, das diese Eindringlinge verursachten, wenn sie in meinen Ärmeln hoch- und in mein Haar hinein- oder meinen Rücken und meine Beine hinunterkrabbelten – in den Schlaf fiel.

ALS EIN INSEKT IN SEIN OHR GEKRABBELT WAR. Er [der Käfer] krabbelte unbeirrt weiter, den schmalen Gang hinauf, bis es nicht weiter ging. Das machte ihn wohl wütend, denn er begann, wie ein Kaninchen in seinem Bau, heftig an meinem Trommelfell zu kratzen. Das kitzlige Gefühl, das dies amüsante Verhalten bei mir verursachte, ist unbeschreiblich. Ich war nahe dran, mich wie unsere Esel zu benehmen, als sie einmal von einem Schwarm Bienen angegriffen wurden, die um ihre Ohren schwirrten und in ihre Köpfe und Augen stachen, bis sie...losgaloppierten und versuchten, die Quälgeister abzuschütteln, indem sie gegen ihre Köpfe traten oder unter Büsche, in Häuser oder durch jedes Gestrüpp, das sie finden konnten, rasten. Ich weiß nicht, wer schlimmer dran war. Die Bienen töteten einige von ihnen, und dieser Käfer tat das beinahe auch mit mir. Ich wusste nicht, was ich tun sollte. Weder Tabak noch Öl oder

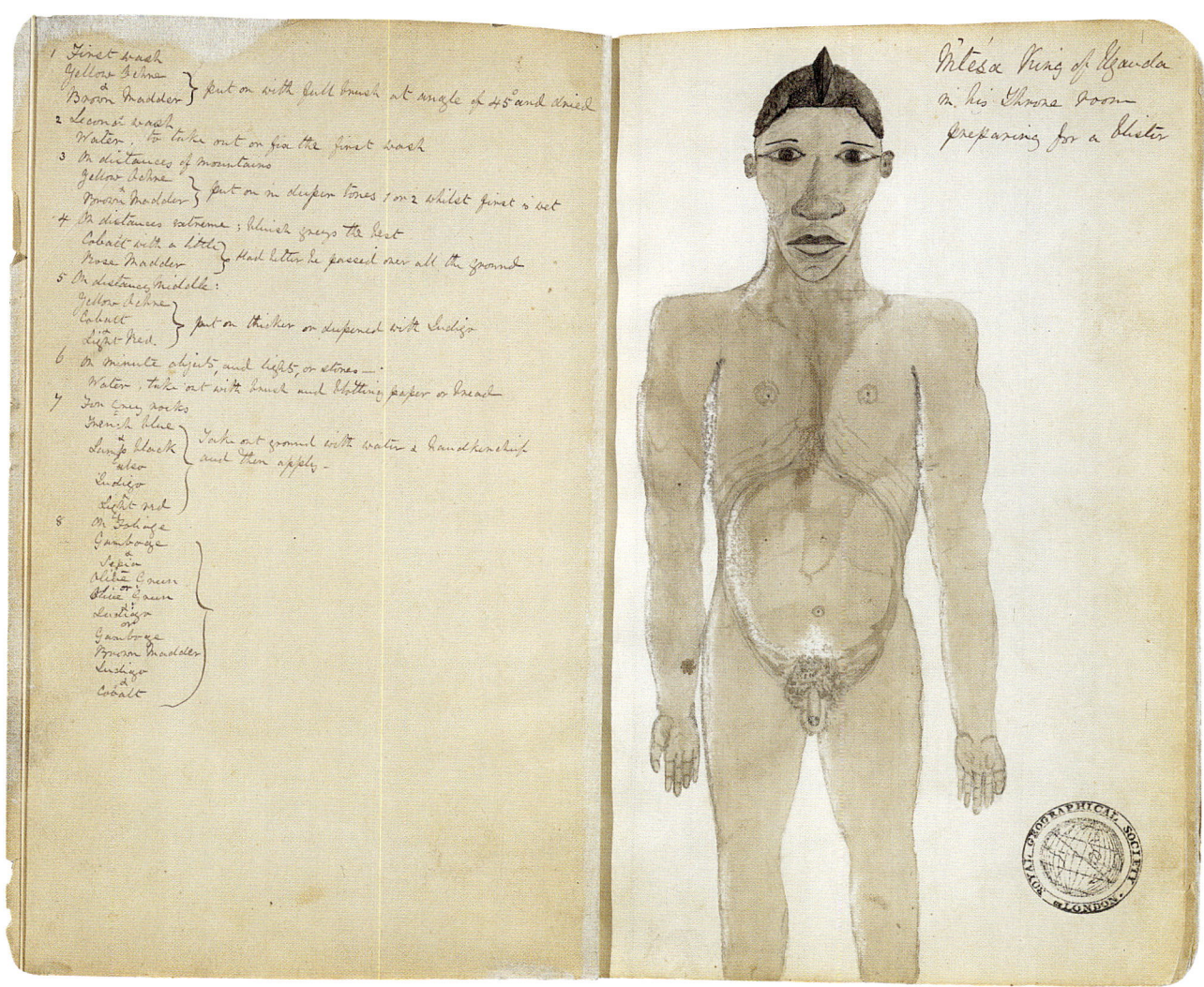

Salz ließen sich auftreiben: Ich versuchte es mit geschmolzener Butter; als das nichts nützte, setzte ich ihm die Spitze eines Taschenmessers auf den Rücken, was aber eher schadete als nützte; denn während ihn ein paar Stöße zur Ruhe brachten, verwundete die Spitze mein Ohr so schlimm, dass es sich entzündete, vereiterte und alle Gesichtsdrüsen von dieser Stelle bis zur Schulter verschoben wurden, und sich eine Kette von Eiterbeulen über diesen Bereich hinzog. Es war der stärkste Schmerz, den ich je empfunden hatte; noch ärgerlicher aber war, dass ich mehrere Tage lang nicht kauen und mich nur von Brühe ernähren konnte. Monatelang machte mich das Geschwür fast taub und fraß ein Loch zwischen Ohr und Nase; wenn ich schnaubte, pfiff mein Ohr so laut, dass alle, die es hörten, lachten. Sechs oder sieben Monate, nachdem dies passiert war, gingen Stückchen des Käfers – ein Bein, ein Flügel oder Teile seines Körpers – mit dem Ohrenschmalz ab.
J. SPEKE, *What Led to the Discovery of the Source of the Nile*, 1864.

AUF DEM WEG ZUM VICTORIA-SEE AM HOFE DES KÖNIGS KAMRASI.
18. September 1862 – Das Geschenk wurde dann geöffnet, und alles nacheinander auf der roten Decke ausgebreitet. Die Brille erregte Heiterkeit, ebenso die Schere, deren Verwendung Bombay demonstrierte, indem er seinen Bart schnitt, und die Streichhölzer galten als ein Wunder. Aber der König zeigte keinerlei Regung und schwieg fast nur, bis alles vorüber

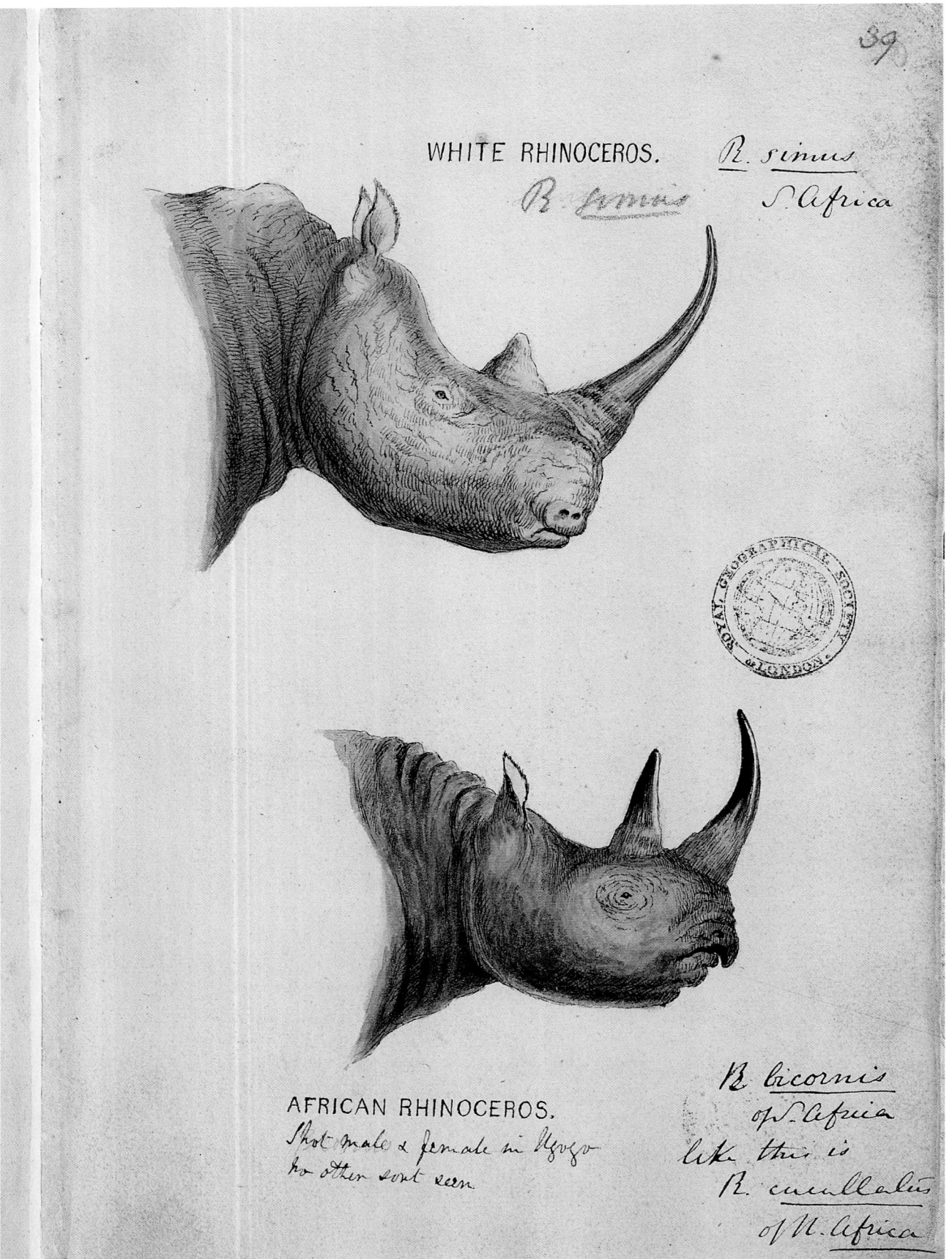

WHITE RHINOCEROS. *R. simus*

R. simus

S. Africa

AFRICAN RHINOCEROS.

Shot male & female in Ugogo
No other sort seen

R. bicornis
of S. Africa
like this is
R. cucullatus
of N. Africa

war und dann, auf Geheiß der Höflinge, nach meinem Chronometer verlangt wurde. Dieses wunderbare Instrument, sagten die Beamten (die es fälschlich für meinen Kompass hielten), sei das Zauberhorn, mit dem die weißen Männer überall ihren Weg finden. Kamrasi sagte, das müsse er haben, es sei, außer dem Gewehr, das einzig Neue für ihn. Der Chronometer, sagte ich, sei mein einziger, ich kann mich nicht von ihm trennen...

Dann wechselte Kamrasi zu meiner Erleichterung das Thema und fragte Bombay: „Wer regiert England?" „Eine Frau." „Hat sie Kinder?" „Ja", sagte Bombay und fügte dreist hinzu, „das sind zwei von ihnen" (und zeigte auf Grant und mich). Anschließend wünschte Kamrasi zu wissen, ob wir gefleckte Kühe oder Kühe von einer besonderen Farbe hätten und ob wir vier große Kühe gegen vier kleine tauschen wollten, denn er wolle einige von unseren haben. Wir waren verblüfft. Es war uns also ganz und gar nicht gelungen, den Eindruck … zu vermitteln, dass wir nicht nur Händler seien, die mit ihm Geschäfte machen wollten …

19. September. …Kamrasi sagte in der metaphorischen Sprache der Schwarzen: „Es wäre ungebührlich von mir, wenn ich vor dir Geheimnisse hätte, und darum will ich es dir gleich sagen. Ich bin von einem Leiden befallen, dass nur du heilen kannst." „Was ist es, Majestät? Ich kann nichts in Eurem Gesicht sehen; vielleicht ist eine Untersuchung erforderlich." „Mein Herz", sagte er, „ist schwer, weil du mir dein Zauberhorn nicht geben willst – das Ding in deiner Tasche, das du eines Tages herausgenommen hast, als Budja und Vittagura nach dem richtigen Weg suchten; und du hast nur kurz darauf geschaut und gesagt: 'Das ist der Weg zum Palast.'"

Aha! Der schlaue Kerl hatte die ganze Zeit nur den Chronometer im Sinn, und ich kann nichts bei ihm erreichen, bis er ihn hat – der Weg zum See, der Weg nach Gani, alles schien davon abzuhängen, ob er meine Uhr bekam – einen Chronometer im Wert von 50£, der eines Tages in seinen Händen kaputt gehen würde. Wenn ich ihn aufklären und sagen würde, dass ich auf den Kompass und nicht auf die Uhr gesehen hatte, würde ich auch dieses Instrument verlieren; darum erzählte ich ihm, es sei kein Führer, sondern ein Zeitmesser, der mich an die Essenszeit erinnerte. Es war der einzige Chronometer, den ich hatte, darum bat ich ihn, zu warten, bis Bombay aus Gani zurückgekehrt sei, dann könne er zwischen diesem und dem neuen wählen. „Nein, ich muss den in deiner Tasche haben; hole ihn heraus und zeige ihn." Das tat ich, legte ihn auf den Boden und sagte: „Das Instrument gehört dir, aber ich muss es behalten, bis das andere hier ist." „Nein, ich will es jetzt haben und werde es dir dreimal täglich schicken, damit du draufblicken kannst."

Die Uhr war weg, mit goldener Uhrkette und allem, ohne Dankeschön; und der grässliche König fragte, ob ich noch ein Zauberhorn bauen könnte, denn er hoffte, dass er uns der Macht zu reisen beraubt hatte, und sonnte sich in dem Gefühl, dass der Ruhm, die Straße eröffnet zu haben, ihm gebühren werde. Als ich ihm sagte, dass der Kauf eines weiteren 500 Kühe kosten würde, war die ganze Gesellschaft mehr denn je von seinen Zauberkräften überzeugt; denn welcher vernünftige Mensch gibt schon fünfhundert Kühe, nur um zu sehen, wann Essenszeit ist? …Am Abend wurden vier Töpfe Pombe (Hirsebier) und ein Paket Mehl gebracht, zusammen mit dem Chronometer, der – kaputt natürlich, mit abgebrochenem Sekundenzeiger – aufgezogen werden sollte.

J. Speke, *Journal of the Discovery of The Source of the Nile*, 1863.

Ein Paar Nashörner ziert eine Seite aus Spekes Tagebuch. Seine Begeisterung für die Forschungsarbeit kam an zweiter Stelle nach seiner Leidenschaft für die Großwildjagd. Seine Entdeckung des Victoria-Sees ergab sich fast zufällig: Eigentlich hatte er nach etwas zum Schießen gesucht.

SAM BAKER 1821–1893
Ein Viktorianer in Afrika

DER FANATISCHE GROSSWILDJÄGER BAKER bereiste die Welt auf der Suche nach exotischen Orten, um dort zu jagen. Von seinen zahlreichen Expeditionen führte eine zu den Nilquellen. Als er 1863 in Zentralafrika ankam, erfuhr er, dass John Hanning Speke sie bereits gefunden hatte. Aber er ließ sich nicht beirren und begab sich auf die Suche nach einem geheimnisvollen See, Luta Nzige, von dem es hieß, er sei Teil des Flusssystems. Bewaffnet mit vielen Gewehren, unerschütterlicher Redlichkeit und einem Paar schwerer Fäuste – plus einer ständig geringer werdenden Zahl von Trägern und Dienern – reiste Baker durch Afrika, bis er Luta Nzige gefunden hatte. Er taufte ihn in Albert-Nyanza um und kehrte heim. Bakers Ehefrau Florence war Ungarin. Er hatte sie auf einem Sklavenmarkt im Balkan gekauft. Sie war eine mutige Frau, die ihren Mann überallhin begleitete. Er reiste auch nach Ägypten, Zypern, Syrien, Japan und Amerika.

ZURÜCK VOM ALBERT-NYANZA BEFLÜGELTE EIN KURZES GEFECHT BAKERS GEIST. Eines Tages sahen wir in der Mittagshitze nach einem langen Marsch in der sengenden Sonne durch eine baumlose Wüste in der Ferne einen einzelnen Baum, auf den wir wie auf einen Freund zueilten. Als wir dort ankamen, war der Schatten von einigen Männern des arabischen Stammes der Hadendoa besetzt. Wir stiegen von unseren Kamelen und baten, ein wenig Platz für uns zu machen – denn ein Baum in der Wüste ist wie ein Brunnen, der mit jedem Reisenden geteilt werden musste. Sie dachten aber nicht daran, bei Seite zu rücken und weigerten sich, den Schatten mit uns zu teilen. Als Richarn sich zwischen sie drängeln wollte, wurde er grob zur Seite gestoßen, und ein Araber zog sogar sein Messer … Blitzschnell flogen die Breitschwerter aus den Scheiden! Und der Anführer führte einen wohl gezielten Hieb über meinem Kopf aus. Ich wehrte ihn mit meinem Sonnenschirm ab, stieß ihm diesen rasch in den Mund, wo die Spitze der friedlichen Waffe sich so kräftig in seinen Hals bohrte, dass er auf den Rücken fiel. Fast im selben Moment musste ich einen weiteren Schlag parieren, der meinen Schirm völlig zertrümmerte und mir als Waffen nur noch einen robusten, meterlangen türkischen Pfeifenstiel und meine Faust ließ. Indem ich mit dem Stock parierend in die Gesichter schlug und mit der linken Hand kraftvoll nachsetzte, schaffte ich es, uns drei bis vier der Araber vom Hals zu halten, erhielt eine leichte Schnittwunde am linken Arm, als mich das Schwert eines Mannes streifte, den ich zu Boden schickte und entwaffnete.

Meine Frau hob das Schwert auf, da mir keine Zeit blieb, mich zu bücken, und verteidigte ihre neu erworbene Waffe gegen einen entwaffneten Araber, der es ihr entwinden wollte, wagte aber nicht, mit der bloßen Klinge zuzuschlagen. Ich hatte den Kampf ganz allein weitergeführt, als ich unter dem Baum war (dessen Zweige sehr dicht am Boden hingen), vermochten die Araber, die sich nicht auf den Kampf mit der Schwertspitze verstanden, ihre Schwerter nicht mehr zu benutzen, weil die Hiebe, die sie führen wollten, in den Zweigen stecken blieben. Kräftige Stöße und Treffer entlaubten den Baum, und die Männer stoben nach rechts und links auseinander… Einer der Araber stürmte mit einer Lanze bewaffnet heran, um Richarn von hinten zu attackieren; aber Zeneb, vom kriegerischen Stamm der Dinka, hatte sich mit dem harten Holzgriff der Axt bewaffnet, mischte sich unter die Kämpfenden und versetzte dem Araber einen solchen Schlag auf den

Kopf, dass er auf der Stelle umfiel. Mit seiner Lanze bewaffnet, stürzte sie sich sodann ins
dickste Kampfgetümmel ...

„Bravo, Zeneb!“, schrie ich. Ich ergriff einen dicken Knüppel, den ein Araber hatte
fallen lassen, und rief Richarn und unsere kleine Gruppe zusammen. Die wenigen Araber,
die noch Widerstand leisteten, wurden niedergeschlagen und entwaffnet. Der Anführer
der Araber, der als Erster sein Schwert gezogen hatte und einen Mund voll Schirm
abbekommen hatte, lag noch immer an der Stelle, wo er umgefallen war, und hustete und
spuckte. Ich ließ ihn fesseln und drohte, ihn an den Schwanz meines Kamels zu binden und
als Gefangenen zum Gouverneur von Souakim zu bringen, wenn er nicht alle Männer
zurückriefe, die weggelaufen waren. Sie standen nun in einiger Entfernung in der Wüste,
und ich verlangte die Ablieferung ihrer Waffen. Besiegt und eingeschüchtert, besprach er
sich mit denen, die wir gefangen genommen hatten, und die Sache endete damit, dass uns
alle Waffen ausgeliefert wurden. Wir zählten sechs Schwerter, elf Lanzen und einen Haufen Messer, deren Zahl ich vergessen habe.

S. BAKER, *Great Basin of the Nile, The Albert Nyanza*, Bd. 2, 1867.

BAKER ÜBER SEINE FRAU FLORENCE:

Der Fluss war rund 70 Meter breit, und ich hatte noch nicht einmal ein Viertel dieser
Strecke zurückgelegt, als ich mich umdrehte, um zu sehen, ob meine Frau mir folgte.
Entsetzt sah ich, wie sie auf der Stelle stand und langsam in den Gräsern versank, während
ihr Gesicht verzerrt und tiefrot war. Kaum hatte ich sie erblickt, fiel sie wie von einem
Schuss getroffen um. Augenblicklich war ich bei ihr, und mit Hilfe von acht oder zehn
meiner Männer, die zum Glück in der Nähe waren, zog ich sie wie eine Tote durch die
zurückweichenden Pflanzen... Ich legte sie unter einen Baum und wusch ihren Kopf und
ihr Gesicht mit Wasser, denn ich glaubte, sie sei in Ohnmacht gefallen; aber sie lag
vollkommen regungslos da, wie tot, Zähne und Hände waren zusammengepresst und ihre
Augen geöffnet, aber starr... Es war vergebens, dass ich ihr Herz massierte und die
schwarzen Frauen ihre Füße rieben, um sie zu beleben. Schließlich kam die Trage, und,

nachdem man ihre Kleider gewechselt hatte, transportierte man sie wehklagend als wäre sie ein Leichnam. Ständig mussten wir anhalten und ihren Kopf halten, wenn ihr Atem röchelnd ging und sie zu ersticken drohte. Endlich erreichten wir ein Dorf und verbrachten dort die Nacht…

Ich beobachtete den ersten roten Streifen, der die aufgehende Sonne ankündigte, als ich hinter mir schwach die Worte „Gott sei Dank!" hörte. Plötzlich war sie aus ihrer Starre erwacht, und mit vor Dankbarkeit überströmendem Herzen trat ich an ihr Bett. Ihr Blick war wie von einer Verrückten! Sie sprach, aber sie hatte den Verstand verloren!…

Ich werde die schrecklichen Strapazen der siebentägigen Hirnhautentzündung nicht beschreiben… Sieben Nächte schlief ich nicht, und obwohl ich schwach wie ein Schilfrohr war, lief ich neben ihrer Trage her… Wir erreichten eines Abends ein Dorf; immer wieder hatte sie heftige Krampfanfälle – es hörte nicht auf. Ich legte sie in der Hütte auf eine Liege, deckte sie mit einem Laken zu und fiel dann selbst wie tot auf meine Matte, erschöpft vor Kummer und Müdigkeit. Meine Männer machten einen neuen Griff für die Spitzhacke und suchten nach einem trockenen Platz für das Grab meiner Frau.

Die Sonne war aufgegangen, als ich erwachte… Sie lag flach auf ihrem Bett, blass wie Marmor… aber als ich ängstlich auf sie starrte, hob sich ihre Brust sanft, nicht in den Schüttelkrämpfen des Fiebers, sondern natürlich… Sie war gerettet! Als es keinen Hoffnungsschimmer mehr gab, weiß Gott allein, was uns half. Die Dankbarkeit, die ich empfand, ist unbeschreiblich.

The Albert Nyanza, 1867.

Von 1871 bis 1873 begleitete Florence ihren Mann auf einer zweiten Expedition zum Nil. In einem Brief an ihre Stieftochter beschrieb sie die Schwierigkeiten, die sie meisterten.

Afrika, Weißer Nil, Gondokoro 19. Mai 1871

Meine liebste Edith,

Endlich sind wir angekommen – nach einem schrecklichen Kampf und einer ermüdenden Reise, bei der wir eine Flottille von 59 Fahrzeugen, darunter einen Dampfer mit 32 Pferdestärken, über hohes Gras und durch Sumpfland zogen… Es ist völlig unmöglich, dir die Hindernisse zu beschreiben, die wir mit der Flotte überwinden mussten, aber du kannst dir die Strapazen vorstellen, wenn du hörst, dass wir mit 1500 Männern 32 Tage brauchten, um die Strecke von nur drei Kilometern zurückzulegen …

Unsere Boote hatten 1,20 Meter Tiefgang, aber an vielen Stellen war der Fluss nur 60 Zentimeter tief. Diese fürchterlichen Untiefen zogen sich mit gelegentlichem tieferen Wasser über fast 30 Kilometer hin. Die ganze Kolonne war erschöpft von der harten Arbeit, die sie beim Graben von Kanälen in den Sümpfen leistete. Bei der Ankunft an den Untiefen waren wir niedergeschlagen, und die Männer fassten den Entschluss, dass wir umkehren müssten. Der Flusspegel fiel rasch, sodass es ein Wettlauf mit der Zeit war, denn er könnte völlig austrocknen, noch bevor wir das derzeitige Hindernis genommen hatten. Es schien, dass die ganze Expedition ein Misserfolg werden würde.

Gott sei Dank hatte der liebe Papa mit den Schwierigkeiten gerechnet und einen großen Vorrat an guten Werkzeugen – Spaten, Hacken, Hippen usw. – mitgenommen, und er fuhr immer viele, viele Kilometer in einem kleinen Boot voraus, um die Tiefe auszuloten und die schreckliche, elende Gegend auszukundschaften. Es gab weder trockenes Land – noch gab es Tiefe, nichts als grauenhafte Sümpfe und Moskitos. Viele unserer Männer starben.

Nachdem wir den Kanal an vielen Stellen mit Spaten vertieft hatten, zogen wir schließlich nach mehreren Monaten schwerer Arbeit unsere Boote an Seilen bis an die Stelle, wo es überhaupt kein Wasser mehr gab und die Flotte in einem langen, schmalen See auf Grund lief, der ausgetrocknet war, bevor wir einen Kanal graben konnten...

Gott sei Dank blieb dein Vater bei all der Verantwortung und harten Arbeit und Sorge um die Expedition gesund – welch ein Glück, denn sonst wären wir am Ende gewesen. An dem Tag, als alles hoffnungslos aussah, zog er mit fünfzehn Männern ein kleines Boot fünf Stunden lang über hohes Gras und Sumpfland und entdeckte einen großen See mit tiefem Wasser, dessen Zufluss der schwierige Kanal war, durch den wir uns drei Monate lang so mühsam gequält hatten.

Am nächsten Tag erforschte er den See in dem kleinen Boot und, nachdem er fast 25 Kilometer gerudert und gesegelt war, kehrte er zur Freude aller nachts mit der guten Nachricht zurück, dass er die richtige Verbindung zum Weißen Nil gefunden habe – er habe sogar Wasser aus dem großen Fluss getrunken ...

Die Schwierigkeit war nun: Wie war der See zu erreichen? Die Flotte lag auf Grund, und da wir keinen schiffbaren Kanal vor uns hatten, beschlossen wir, einen Kanal zum See zu graben und dann einen großen Damm hinter der Flotte quer über den Fluss zu bauen, so dass kein Tropfen Wasser entweichen konnte, und mit steigendem Wasserstand würden dann die Boote wieder flott werden und den flachen Kanal hochfahren können ... Der Plan funktionierte. Das Wasser stieg in nur wenigen Stunden einen Meter ... Als wir im See waren, hörten die großen Schwierigkeiten auf, und schon bald fuhren wir in den großen Weißen Nil ... Wir trafen am 14. April in Gondokoro ein, und das war wirklich wie im Himmel für uns ...

Meine liebe Edith, jetzt möchte ich dich noch bitten, etwas für mich zu erledigen. Bitte sei so gut und schicke alles bei der ersten Gelegenheit an den lieben Vater, Seine Excellenz Samuel Baker Pascha, per Adresse Britisches Konsulat, Kairo:

6 Paar der besten braunen Stulpenhandschuhe
6 Paar verschiedenfarbige Handschuhe
1 französisches Korsett mit sechs langen Seidenkorsettschnüren
2 Paar gelbe Handschuhe für Papa, ich glaube, Größe 7, aber sie müssen von der besten Qualität sein, die du finden kannst.
2 Dutzend Bleistifte
Ich hoffe, mein Liebling, dass es dir nicht allzu viel Mühe machen wird, mir all dies zu schicken. Schreib auf, was alles gekostet hat.
6 Paar von den besten Stagreitern.
Grüße den lieben Robert und die liebe Agnes allerherzlichst und gib meinen lieben Enkelkindern viele Küsse von mir.

In aller Liebe
Florence Baker

Die Stagreiter sollen 70 cm lang sein.
Meine liebe Edith. Ich vergaß, dich zu bitten, mir 12 feine Taschentücher, 6 für den lieben Papa, zu schicken. Wir haben kaum noch Taschentücher – eigentlich haben wir von allem kaum noch etwas.

A. Baker, *Morning Star: Florence Baker's Diary of the Expedition to put down the Slave Trade on the Nile, 1870-73.*

EDWARD WHYMPER 1840–1911

Die Erstbesteigung des Matterhorns

Einem widerstrebenden Bergsteiger wird mit Gewalt über einen Bergschrund am Col de Pilate geholfen. Whymper fand das Geschehen höchst amüsant. Doch selbst er gestand ein gewisses Maß an Ängstlichkeit ein: „Hätte dort jemand zu mir gesagt: ‚Du bist ein großer Dummkopf, dass du hergekommen bist‘, hätte ich bescheiden geantwortet: ‚Das ist nur zu wahr.‘ Und hätte mein Mahner dann weiter gesagt: ‚Schwöre, dass du nie wieder einen Berg besteigen wirst, wenn du sicher hinunterkommst‘, glaube ich, ich hätte es geschworen.“

DER TALENTIERTE HOLZSCHNEIDER *Whymper kam 1860 zum ersten Mal in die Schweiz, um ein Reisebuch zu illustrieren. Es war keine Vergnügungsreise. „Die Landschaft ist nichts Besonderes", schrieb er vom St.-Bernhard-Pass, „und die Leute sind im Ganzen sehr dumm und irgendwie unhöflich." Auch wenn er die Schönheit des Landes nicht zu schätzen wusste, entdeckte er doch seine Passion für das Bergsteigen. Schon 1865 war er der renommierteste Alpinist Europas, der viele Gipfel bezwungen hatte. In einem Jahr bewältigte er in nur achtzehn Tagen 30 500 Höhenmeter. 1865 verlor Whymper allerdings vier Männer seines siebenköpfigen Teams, mit dem ihm gerade die Erstbesteigung des Matterhorns gelungen war. Die Tragödie wurde zu einer der bekanntesten Episoden in der viktorianischen Forschungs- und Entdeckungsgeschichte. Sie setzte Whympers alpiner Karriere ein Ende und war gleichzeitig ein Höhepunkt jener Epoche, die man später als Goldenes Zeitalter des Bergsteigens bezeichnet hat. Sein von ihm selbst illustriertes Erinnerungsbuch gilt noch heute als „Bibel des Alpinismus".*

DER ABSTIEG VOM MATTERHORN

Michael Croz hatte sein Beil beiseite gelegt und, um Mr. Hadow größere Sicherheit zu geben, diesen an den Beinen gefasst und seine Füße, einen nach dem anderen, in die richtige Lage gebracht. Soweit ich weiß, war keiner im Absteigen begriffen. Ich kann das nicht mit Gewissheit sagen, weil ich die beiden Vordersten wegen einer Felsmasse nicht sehen konnte, aber aus den Bewegungen ihrer Schultern konnte ich schließen, dass Croz, nachdem er das getan hatte, sich umdrehen wollte, um selbst einen oder zwei Schritte weiterzugehen; in diesem Moment glitt Mr. Hadow aus, fiel gegen ihn und warf ihn um. Ich hörte, wie Croz erschrocken aufschrie, dann sah ich ihn und Mr. Hadow in die Tiefe fallen; im nächsten Moment wurde Hudson mitgerissen und Lord F. Douglas gleich danach. Dies alles geschah in einem Augenblick. Unmittelbar nachdem wir Croz' Schrei hörten, pflanzten der alte Peter und ich uns so fest auf, wie der Fels es zuließ: Das Seil war straff zwischen uns gespannt, und wir hielten dem Ruck stand wie ein Mann. Aber das Seil riss zwischen Taugwalder und Lord Francis Douglas. Ein paar Sekunden lang sahen wir unsere armen Kameraden auf dem Rücken nach unten rutschen und mit ausgestreckten Händen nach einem Halt suchen. Noch unverletzt verschwanden sie aus unserem Blickfeld, einer nach dem anderen, dann stürzten sie vom Felsvorsprung auf den über 1000 Meter tiefer gelegenen Matterhorn-Gletscher ab. Als das Seil riss, war es unmöglich, sie noch zu retten. So kamen unsere Kameraden um! Eine halbe Stunde blieben wir stehen, ohne uns von der Stelle zu rühren. Die beiden Männer, vor Schreck gelähmt, weinten wie Kinder und zitterten so sehr, dass uns das Schicksal der anderen drohte … Zwischen den beiden eingezwängt, konnte ich mich weder vor- noch zurückbewegen. Ich bat den jungen Peter abzusteigen, aber er wagte es nicht. Bevor er das nicht tat, konnten wir nicht weiter … Schließlich nahm der alte Peter all seinen Mut zusammen und bewegte sich zu einem Felsen, an dem sich das Seil befestigen ließ. Der junge Mann stieg dann ab, und wir blieben alle zusammen …

In den nächsten zwei Stunden glaubte ich jeden Moment, dass der nächste mein letzter sein könnte; denn die Taugwalders waren völlig entnervt und nicht nur unfähig, Hilfe zu

leisten, sondern auch in einem solchen Zustand, dass jeden Moment mit ihrem Ausrutschen zu rechnen war. Nach einer Weile konnten wir endlich tun, was wir längst hätten tun sollen, und sicherten unsere Seile an festem Gestein, während wir zugleich aneinander gebunden waren. Diese Seile wurden von Zeit zu Zeit durchgeschnitten und zurückgelassen. Selbst mit dieser Sicherung hatten die Männer Angst weiterzugehen, und mehrmals drehte sich der alte Peter mit aschfahlem Gesicht und schwankendem Schritt nach mir um und sagte mit dumpfer Stimme: „Ich kann nicht mehr."

Ungefähr um 6 Uhr abends kamen wir auf dem Kamm an, der nach Zermatt hinunterführt, und alle Gefahr war vorüber. Häufig hielten wir, wenn auch vergebens, nach unseren unglücklichen Gefährten Ausschau ... Schließlich waren wir überzeugt, dass sie weder in Sicht- noch in Hörweite waren, und gaben unsere vergeblichen Bemühungen auf. Zu niedergeschlagen, um zu sprechen, sammelten wir schweigend unsere Sachen zusammen ... und bereiteten den weiteren Abstieg vor. Siehe, da erschien ein mächtiger Bogen über dem Lyskamm, hoch in den Himmel ragend. Diese unirdische Erscheinung, blass, farblos und geräuschlos, aber scharf und deutlich in der Form, außer wo sie sich in den Wolken verlor, erschien uns wie eine Vision aus einer anderen Welt. Und staunend beobachteten wir die allmähliche Entstehung von zwei riesigen Kreuzen, eines auf jeder Seite. Wenn die Taugwalders nicht die Ersten gewesen wären, die dies bemerkten, hätte ich an meinem Verstand gezweifelt. Sie meinten, es könnte mit dem Unglück zusammenhängen, und nach einer Weile glaubte auch ich, dass es etwas mit uns zu tun haben müsse. Doch unsere Bewegungen wirkten sich nicht auf die Erscheinung aus. Es war zugleich ein beängstigender und wunderbarer Anblick...

Ich kletterte die Felswand so schnell und rücksichtslos hinunter, dass sie mich wiederholt fragten, ob ich vorhabe, sie zu töten. Die Nacht brach herein, und über eine Stunde setzten wir den Abstieg im Dunkeln fort. Um halb zehn fanden wir einen Ruheplatz und verbrachten auf einer elenden Felsplatte, die kaum groß genug für uns Drei war, sechs erbärmliche Stunden. Bei Tagesanbruch setzten wir den Abstieg fort, und vom Hornli-Kamm liefen wir zu den Chalets von Buhl hinunter und weiter nach Zermatt. Seiler [der Hotelier] kam mir an der Tür entgegen und folgte mir schweigend in mein Zimmer. „Was ist los?" „Die Taugwalders und ich sind zurück." Mehr brauchte er nicht zu wissen. Er brach in Tränen aus, verlor aber keine Zeit mit Jammern, sondern begann das Dorf zu wecken. Binnen kurzem hatte sich ein Trupp auf den Weg zu den Hohlicht-Höhen, über Kalbermatt und Z'Mutt, gemacht ... Sie kamen nach sechs Stunden zurück und berichteten, dass sie die Leichen auf dem Schnee liegen gesehen hatten. Das war am Samstag; und sie schlugen vor, dass wir uns am Sonntagabend auf den Weg machen sollten, damit wir bei Tagesanbruch am Montag auf dem Plateau ankämen.

Wir brachen am Sonntag, den 16. um 2 Uhr nachts auf und folgten der Route, die wir am Donnerstag zuvor bis zum Hornli genommen hatten. Von dort gingen wir rechts vom Kamm hinunter und stiegen durch die Eisnadeln des Matterhorn-Gletschers auf. Gegen 8.30 Uhr hatten wir das Plateau oben am Gletscher erreicht und waren in Sichtweite der Ecke, wo unsere Kameraden liegen mussten. Als wir sahen, wie die wettergegerbten Männer einer nach dem anderen das Fernglas hoben, blass wurden und es an den nächsten weitergaben, wussten wir, dass es keine Hoffnung mehr gab. Wir gingen näher. Sie waren unten so angekommen, wie sie oben gefallen waren – Croz etwas weiter vorn, Hadow dicht neben ihm und Hudson ein Stück dahinter; Lord F. Douglas konnten wir nirgends entdecken. Wir ließen sie dort, wo sie hingefallen waren; begraben im Schnee am Fuße der eindrucksvollsten Felswand des majestätischsten Berges der Alpen ...

E. WHYMPER, *Srambles Among the Alps, 1871*

Nach dem tragischen Matterhorn-Unglück sahen Whymper und seine beiden überlebenden Gefährten, wie am Himmel Kreuze auftauchten. Das seltene Schauspiel eines Nebelbogens schien damals eine übernatürliche Bedeutung zu haben. In Erinnerung an seine alpine Karriere schrieb Whymper später: „Es gab freudige Ereignisse, die zu großartig waren, um mit Worten beschrieben zu werden, und es gab Kummer, über den ich gar nicht nachdenken will; und darum sage ich: „Klettere, wenn du es willst – aber bedenke, dass ein Moment der Unaufmerksamkeit das Glück lebenslang zerstören kann. Tue nichts in Eile, achte auf jeden Schritt und denke von Anfang an über das Ende nach."

KARL KOLDEWEY 1837–1908
PAUL HEGEMANN 1835–1902
Der Seeweg zum Nordpol

Bei der Einfahrt in den Franz-Josef-Fjord an Grönlands Ostküste sah sich die Besatzung der Germania einer gewaltigen Felsformation gegenüber, die sie „Teufelsburg" nannte. Voll patriotischem Stolz auf seine Leistungen schrieb Koldewey: „Zum ersten Mal hat eine deutsche Expedition unter der schwarz-weiß-roten Flagge … die am wenigsten bekannte Region der Welt besucht."

IM JAHRE 1869 BRACHEN die Germania und die Hansa von Bremerhaven aus zur ersten deutschen Arktisexpedition auf. Ihr Ziel war die Ostküste Grönlands, wo man einen Seeweg zum Nordpol zu finden hoffte. Bevor sie Land erreichten, wurde die Hansa vom Eis beschädigt und sank. Hegemann und seine Mannschaft retteten sich auf eine Eisscholle. Sie bauten ein Häuschen (mit Mansardenfenstern) aus geretteten Kohlenbriketts, schmückten seine Wände mit vergoldeten Spiegeln und Barometern aus Hegemanns Kabine, bauten einen Ofen und warteten ab, wohin die Strömung sie treiben würde. Als die Scholle nach 965 Kilometern unter ihnen aufzubrechen begann, entkamen sie in Booten und erreichten eine Missionsstation an der Südspitze Grönlands. „Wir können uns nicht rühmen, viel zu den Kenntnissen über Grönland beigetragen zu haben", schrieb Hegemann untertrieben, „aber wir haben gezeigt, wozu der Mensch mit Stärke und Ausdauer fähig ist." Koldewey, der Kommandant der Germania, war erfolgreicher. Er landete an der Ostküste und unternahm Schlittenexkursionen bis zum 77. Breitengrad. Unter den Männern war ein Topograf, der Österreicher Julius Payer, der später die Inselgruppe Franz-Josef-Land nördlich von Sibirien entdeckte. Payer trug auch zu Koldeweys Reisebericht bei, der sich stellenweise so liest, als hätten ihn die Gebrüder Grimm verfasst.

EIN EISBÄR GREIFT EIN BESATZUNGSMITGLIED DER GERMANIA AN.

Am Morgen des 13. kletterte Theodor Klenzer in der Zeit, als die Männer nichts zu tun hatten, den Germaniaberg hoch, um die Landschaft im zunehmenden Mittagslicht zu betrachten. Oben angekommen, setzte er sich auf einen Fels und sang laut in die Stille hinein. Als er sich umblickte, sah er, nur wenige Schritte entfernt, einen riesigen Bären, der den Fremdling mit großem Ernst beobachtete. Unserem Theodor, der ebenso ruhig und entschlossen wie kräftig war, hätte das unter anderen Umständen nichts ausgemacht; denn der Bär stand geradezu ideal für einen Schuss und wäre kaum zu verfehlen gewesen, aber Klenzer war völlig unbewaffnet und hatte nicht einmal ein Messer dabei! Unglaublich! Nicht wahr? Aber wie Leutnant Payer schreibt, „tauchen die Bären immer dann auf, wenn man nicht mit ihnen rechnet."

So fand sich Klenzer unbewaffnet und allein, weit weg von seinen Kameraden, und dicht vor dem Bären. Flucht war die einzige, wenn auch riskante Chance, und ihm kam der waghalsige Gedanke, den steilen Hang des Gletschers hinabzuspringen; doch dann entschied er sich für den sanfter abfallenden seitlichen Hang und begann hinunterzulaufen. Als er sich nach einer Weile umblickte, sah er den großen Bären wie einen großen Hund gemächlich hinter sich hertrotten. So stiegen sie eine Zeitlang gemeinsam den Berg hinunter. Wenn Klenzer anhielt, tat das auch der Bär, wenn er weiterging, folgte ihm der Bär langsam, wenn er zu rennen anfing, tat der Bär dasselbe. So waren die beiden ein ganzes Stück vorangekommen und Klenzer glaubte schon, er könne sich retten, als der Bär, der die Jagd wohl etwas ermüdend fand, seinen Trab beschleunigte. Darum stieß er einen lauten Schrei aus, aber der Bär, nur kurz irritiert, schien wütender zu werden und kam schneller näher, so dass er den heißen Atem des Ungetüms zu spüren glaubte. In diesem schrecklichen Augenblick – und das war wohl seine Rettung – erinnerte er sich an

Geschichten, die er gehört hatte, zog im Laufen seine Jacke aus und warf sie hinter sich. Und siehe! Es klappte: Der Bär hielt inne und begann, die Jacke zu untersuchen. Klenzer fasste wieder Mut, lief weiter den Berg hinab und rief um Hilfe. Aber bald war ihm der Bär wieder auf den Fersen, und er musste nun Mütze und Weste wegwerfen, um einen kleinen Vorsprung zu gewinnen. Da sah Klenzer Hilfe nahen – mehrere Freunde eilten gerade über das Eis. Er nahm all seine Kraft zusammen und rief laut, während er weiterlief. Aber das schien nichts zu nützen, denn auch der Verfolger wurde schneller, und er musste nun das Letzte, was er hatte, seinen Schal, abwickeln, den er dem Monster genau über die Schnauze warf. Der Bär, durch das erneute Rufen nur noch erregter, schüttelte ihn mit einer ärgerlichen Kopfbewegung ab und lief noch schneller hinter dem wehrlosen Mann her, der die kalte, schwarze Schnauze schon an seiner Hand spürte. Klenzer glaubte sich nun verloren, er konnte nichts mehr tun. Dann aber kam ihm der wunderbare Gedanke, die Kehle des Bären mit einem Ledergürtel zuzuschnüren, den er um seine Taille trug. Fest blickte er in die erbarmungslosen Augen des Untiers. Ein kurzer Augenblick des Zweifels, der Bär hielt inne, schien kurz abgelenkt, und im nächsten Moment verschwand er im Galopp. Die Rufe der vielen zu Hilfe eilenden Männer hatten ihm offensichtlich Angst gemacht. Klenzer war wie durch ein Wunder gerettet

C. KOLDEWEY, *The German Arctic Expedition of 1869-1870, 1874*

DAVID LIVINGSTONE 1813–73

Durch das Innere Afrikas

Bei Tette am Ufer des Sambesi wirken Livingstones Männer wie Zwerge neben den grünen Baumsäulen. Der Künstler Thomas Baines, der sich das Malen selbst beigebracht hatte, war zuvor in Australien und Südafrika tätig gewesen. Wie andere geriet auch Baines mit Livingstone wegen dessen Reizbarkeit aneinander und wurde später entlassen. Baines schrieb: „[Dieser Mann] hat alles getan, um meinen Charakter zu verderben, und hat meine Zukunftschancen ruiniert." Baines wurde später selbst ein Entdecker und gehörte ein Jahrhundert später zu Afrikas begehrtesten Malern.

DER PASSIONIERTE MISSIONAR LIVINGSTONE, *dessen einzige Aufgabe es eigentlich war, den Heiden das Christentum zu bringen, war einer der beharrlichsten Entdecker und Missionare des 19. Jahrhunderts. Von 1852 bis 1873 reiste er durch Afrika südlich der Sahara, entdeckte unterwegs die Viktoria-Fälle, den Ngami-See und den Njassa-See und lieferte wertvolle Kenntnisse über das religiöse und wirtschaftliche Potenzial dieser Gegend. Seine unermüdlichen Versuche, den portugiesischen Sklavenhändlern das Handwerk zu legen, trugen ihm die Sympathie der viktorianischen Briten ein, ebenso wie seine äußerst beliebten Reiseberichte über den „Dunklen Kontinent". Er war entschlossen, unbekannte Gebiete zu entdecken, und gab deshalb die Missionarstätigkeit zugunsten rein geografischer Forschungsreisen auf. 1873 starb er bei dem Versuch, eine Verbindung zwischen dem Fluss Lualaba und dem Nil zu finden. Seine europäischen Kollegen hielten ihn für allzu fanatisch: Auf manchen Livingstone-Expeditionen kam die Mehrzahl der Teilnehmer ums Leben, während der Doktor rücksichtslos weiterdrängte. Bei seinen afrikanischen Helfern war er trotzdem so angesehen, dass sie ihn nach seinem Tod einbalsamierten und zur Küste brachten, von wo er nach England transportiert und in der Westminster Abbey bestattet wurde.*

IN SEINER HALTUNG ZUR SKLAVEREI ZEIGTE LIVINGSTONE EINE FÜR SEINE ZEIT TYPISCHE – UND WIDERSPRÜCHLICHE – MISCHUNG AUS MITLEID, PRAGMATISMUS UND BORNIERTHEIT.

Die Portugiesen von Tette hatten viele Sklaven, mit all den üblichen Lastern ihrer Klasse, wie Diebstahl, Lügen und Unsauberkeit. In der Regel sind die echten Portugiesen leidlich humane Herren und behandeln einen Sklaven selten grausam. Das kann ebenso gut an ihrer Herzensgüte wie an der Furcht liegen, ihre Sklaven könnten weglaufen. Wenn sie einen erwachsenen Sklaven kaufen, erwerben sie möglichst auch gleich alle mit ihm Verwandten. Es gelingt ihnen so, ihn an sein neues Heim zu binden. Weglaufen würde dann bedeuten, alle, die einen Platz in seinem Herzen haben, zu verlassen, und das nur für die Aussicht, die Freiheit zu erlangen, die vermutlich wieder verwirkt wäre, sobald er in das erste heimische Dorf käme, denn der Häuptling würde ihn womöglich ohne Bedenken wieder in die Sklaverei verkaufen.

Wir erfuhren von einem sehr ungewöhnlichen Fall freiwilliger Sklaverei: Ein freier Schwarzer, ein intelligenter, aktiver junger Bursche namens Chibanti, der auf dem Fluss unser Lotse war, erzählte uns, er habe sich selbst in die Sklaverei verkauft. Auf unsere Frage, warum er das getan habe, antwortete er, dass er allein auf der Welt sei, weder Vater noch Mutter habe und niemanden kenne, der ihm Wasser geben würde, wenn er krank sei, und zu essen, wenn er Hunger habe. Darum habe er sich an Major Sicard verkauft, einen bekanntermaßen freundlichen Herrn, dessen Sklaven wenig zu arbeiten und viel zu essen hätten. „Und wie viel hast du für dich bekommen?", fragten wir. „Drei zehn Meter lange Stoffbahnen", erwiderte er. „Und ich habe mir sofort einen Mann, eine Frau und ein Kind gekauft, die mich zwei der Bahnen kosteten, und eine habe ich noch." Das zeugte auf alle Fälle von einem kühlen, berechnenden Verstand. Später kaufte er noch mehr Sklaven und besaß in zwei Jahren genug für eines der großen Kanus. Sein Herr setzte ihn dann für den

Eine Herde Büffel hält
am Rand der Viktoria-
Fälle zögernd inne. So
etwas hat Livingstone
sicherlich nicht gesehen,
als er Afrikas majestäti-
sches Naturdenkmal
zum ersten Mal sah. Zu
seiner Verteidigung
führte Baines an, dass
seine Bilder zwar
lebensecht seien, eine
gelegentliche Aus-
schmückung aber ihren
künstlerischen Wert
erhöhe.

Transport von Elfenbein nach Quillimane ein und gab ihm Stoff, damit er Matrosen für die Fahrt anheuern konnte. Er nahm natürlich seine eigenen Sklaven und betrieb so ein blühendes Gewerbe und war völlig überzeugt, dass er mit seinem Verkauf ein gutes Geschäft gemacht habe, denn wenn er krank geworden wäre, hätte sein Herr für ihn sorgen müssen. Gelegentlich werden freie Schwarze freiwillig Sklaven, indem sie in einem einfachen, aber bedeutungsvollen Ritual in Gegenwart ihres zukünftigen Herrn einen Speer zerbrechen ... Anders als die echten Portugiesen sind viele Mischlinge gnadenlose Sklavenhalter; ihre brutale Behandlung der armen Sklaven ist bekannt. Was ein Portugiese einmal sagte, ist wohl zutreffend: „Gott schuf weiße Menschen, und Gott schuf schwarze Menschen, aber der Teufel machte die Mischlinge."

Die Beamten und Kaufleute schicken Sklaven unter loyalen Führern auf Elefantenjagd ... und verlangen Elfenbein dafür. Diese Sklaven glauben, dass sie sehr erfolgreich sind, wenn sie einen Elefanten in der Nähe eines Dorfes töten, denn die Eingeborenen geben ihnen Bier und etwas zu essen im Tausch gegen Elefantenfleisch, und über jeden Stoßzahn, der gekauft wird, verhandeln sie endlos, reden und trinken Bier. Die meisten Afrikaner sind von Natur aus Händler, sie lieben den Handel um des Handelns willen und nicht wegen des Verdienstes. Ein intelligenter Herr aus Tette erzählte uns, dass eingeborene Händler oft mit einem Stoßzahn zu ihm kommen, den sie verkaufen wollen; sie hören sich an, welchen Preis er bietet, verlangen mehr, reden, überlegen, sind ratlos und gehen wieder weg wie am Tage zuvor und machen diesen Gang täglich, bis sie so ziemlich bei jedem Kaufmann im Dorf gewesen sind. Am Ende verkaufen sie den kostbaren Stoßzahn für weniger, als der erste Kaufmann geboten hatte.

D. LIVINGSTONE, *Narrative of an Expedition to the Zambesi and its Tributaries. 1865*

Manchmal beschrieb Livingstone lieber Afrikas Tierwelt als seine Menschen.
Unser Lager am Sinjere befand sich unter einem ausladenden wilden Feigenbaum. Auf dem Boden wimmelte es von weißen Ameisen, deren Lehmgänge, die sie zum Schutz vor Vögeln bauen, sich über das Erdreich, die Baumstämme hoch und an den Ästen entlang ziehen, von denen die kleinen Baumeister alles verrottete oder tote Holz abnagen ... In der ersten Nacht, die wir hier verbrachten, fraßen sich die zerstörerischen Insekten durch unsere Heubetten und machten sich über unsere Decken her, und die großen Rotköpfigen bissen uns sogar.

Ein starker, umherstreifender Trupp von großen schwarzen Ameisen griff ein Nest von weißen Ameisen in der Nähe des Lagers an: Da der Kampf unterirdisch stattfand, konnten wir die Schlachtordnung nicht sehen; es war aber bald zu erkennen, dass die Schwarzen gesiegt und den weißen Staat geplündert hatten, denn sie trugen die Eier und die besten Teile der Besiegten im Triumph davon. Eine Art Sprache ist auch Ameisen nicht vorenthalten: Wenn ein Teil ihres Nestes zerstört ist, kommt ein Beamter heraus und inspiziert die Schäden. Nach einer sorgfältigen Untersuchung der Ruinen zwitschert er ein paar klare und deutliche Töne, und Massen von Arbeitern beginnen sofort mit der Reparatur. Wenn die Arbeiten beendet sind, wird wieder ein Befehl gegeben, und die Arbeiter verschwinden. Wir versuchten in einer regnerischen Nacht in einer Eingeborenenhütte zu schlafen, fanden aber nicht in den Schlaf, weil uns Bataillone sehr kleiner, kaum zwei Millimeter langer Ameisen attackierten. Es wurde bald klar, dass sie einem regelrechten Befehlssystem unterstanden und sogar versuchten, die Pläne und Strategien eines Führers auszuführen. Unsere Hände und Hälse waren die ersten Angriffsziele. Das winzige Ungeziefer versammelte sich dort in Massen. Wir konnten das scharfe, zwei- oder dreimal wiederholte Kommando hören, obwohl wir bisher nicht an die Stimmgewalt von Ameisen geglaubt hatten. Unmittelbar danach spürten wir, wie die Feinde uns über Kopf und Hals krochen, in zarte Hautpartien bissen, sich am Haar festklammerten und lieber ihre Kiefer aufgaben, als loszulassen. Wenn wir uns wieder hinlegten in der Hoffnung, sie vertrieben zu haben, wiederholte sich das Manöver, kaum dass das Licht gelöscht und alles still war. Deutlich hörbare Kommandos wurden erteilt, und der Angriff begann von neuem. Es war mühsam, in dieser Hütte zu schlafen ... Die weiße Ameise ... frisst nur pflanzliche Stoffe, und Leder, das beim Gerben mit einem pflanzlichen Mittel behandelt wird ...

Die rötlichen Ameisen, bei uns Treiberameisen genannt, liefen uns fast täglich über den Weg, in geschlossenen, etwa drei Zentimeter breiten Kolonnen, und ihrer Kampflust entkamen weder Mensch noch Tier. Ihnen genügt schon als Angriffsgrund, wenn man, auch nur zufällig, in ihre Nähe kommt. Einzelne Tiere lösen sich mit geöffnetem Kiefer aus den Rängen und beißen mit wilder Kraft zu. Auf der Jagd sind wir ihnen allzu oft begegnet. Während wir uns auf das Wild konzentrierten und überhaupt nicht an Ameisen dachten, bedeckten sie uns leise von Kopf bis Fuß und begannen dann alle im gleichen Augenblick zu beißen. Sie packten mit ihren sichelartigen Kiefern ein Stück Haut, drehten sich mit ihm herum, wie um es auszureißen. Ihre Bisse sind so schmerzhaft, dass auch der Tapferste davonrennt und sich die Kleidung vom Leib reißt, um alle loszuwerden, die sich noch mit ihren langen Kiefern wie mit Stahlzangen festhalten. Diese Art kommt in feuchtwarmen Gegenden in Massen vor und ist meist an den Ufern von Flüssen anzutreffen. Wir haben nicht gehört, dass sie ein Tier tötet, mit Ausnahme der Python, und das auch nur, wenn die Schlange satt und lethargisch war, aber sie beseitigen totes Getier, das scheint ihre Hauptnahrung zu sein. Ihre Rolle in der Ökonomie der Natur ist eindeutig die von Aasvertilgern.

D. Livingstone, *Narrative of an Expedition to the Zambesi and its Tributaries. 1865*

Mit dem Skizzenblock in der Hand steht Baines an den Kebrabrasa-Wasserfällen des Sambesi. Auf einem Felsen unter ihnen hantiert Livingstones Bruder Charles mit einer Kamera. „Wer eine größere Genauigkeit wünscht, als ein Künstler in einer hastig gezeichneten Skizze zu erreichen vermag, kann fotografieren", erklärte Baines, „aber wenn der Reisende keine ausreichenden chemischen Kenntnisse besitzt, um mit unberechenbaren Dingen wie Klima, verschmutztem oder fehlendem Wasser und zahlreichen neuen und unerwarteten Schwierigkeiten fertig zu werden, glauben wir doch, dass der Bleistift, mehr oder weniger kunstgerecht geführt, zumindest die verlässlichsten Ergebnisse liefert."

GEORGE NARES 1831–1915

Ein Brite auf dem Weg zum den Nordpol

NARES SEGELTE 1875 mit einem Forschungsauftrag durch den Südpazifik, als ihn die Admiralität zu seiner Überraschung zum Nordpol befahl. Mit den Dampfschiffen Alert *und* Discovery *machte er sich auf den Weg durch das Eis bis zur Ellesmere-Insel und erreichte einen nördlicheren Punkt als je ein Schiff zuvor. Von hier schickte er Teams, die ihre Schlitten selbst zogen, ins Unbekannte: eines nach Westen durch die Ellesmere-Insel, ein anderes nach Osten durch Grönland und ein drittes nach Norden zum Pol. Die Schlittenfahrer und die Besatzungen der beiden Schiffe bekamen Skorbut, sodass Nares 1876, ein Jahr früher als beabsichtigt, umkehren musste. Er fasste das Geschehen in einem knappen Telegramm zusammen: NORDPOL NICHT MACHBAR. Wegen des Fehlschlags wurde er scharf kritisiert, obwohl es einem seiner Leutnants, Albert Markham, sogar gelang, sich bis auf 83° 20' vorzukämpfen und damit einen Rekord zu brechen. Dies war die letzte offizielle Arktisexpedition der britischen Regierung.*

NARES' SCHLITTENEXPEDITIONEN WAREN FURCHTBAR, ABER DIE UNTER LT. LEWIS BEAUMONT DURCH GRÖNLAND WAR WOHL DIE SCHLIMMSTE.

Das Vorwärtskommen [wurde] immer schwieriger, der Schnee lag zwischen 75 und 120 Zentimeter hoch und war nicht mehr verharscht und trocken, sondern hatte die Konsistenz von feuchtem Zucker. Das Gehen war äußerst anstrengend, man musste buchstäblich aus jedem Loch, das ein Fuß gemacht hatte, wieder herausklettern, die harte Kruste, die einen einfach nicht tragen konnte, und die Tiefe des Schnees hinderten uns am Vorwärtskommen; jedes Bein sank bis zu 10 Zentimeter über dem Knie ein, und die Anstrengung, die Beine hochzuheben, um sie aus den engen Löchern herauszuziehen, brachte die Männer bald an den Rand der Erschöpfung. William Jenkins, Peter Craig und Charles Paul klagten über eine Versteifung der Achillessehnen, und wir alle waren sehr müde … Unser nächster Marsch fand unter einer heißen Sonne statt und ging durch Schnee, der nie weniger als einen Meter hoch lag; unsere Kehlen waren ausgetrocknet, und wir mussten alle 50 Meter halten, um Luft zu holen.

Da die Küste, auf die wir zuhielten, nicht mehr als drei Kilometer entfernt zu sein schien, ging ich vorweg, um festzustellen, ob man unter den Klippen besser vorankommen würde. Ich hatte in drei Stunden etwa zwei Kilometer Vorsprung vor dem Schlitten, gab dann aber auf. Ich war halb tot … In der Zwischenzeit hatten sich die Männer so gut sie konnten vorangekämpft und den Schlitten manchmal auf Händen und Knien gezogen, um ihre schmerzenden Beine zu entlasten. Als wir das Lager aufschlugen, hatten wir knapp drei Kilometer zurückgelegt, und Jones war auf die Liste der Steifbeinigen gekommen.

Auf dem nächsten Marsch, am 19. Mai, konnten sie kaum ihre Beine beugen. Wir versuchten alles Mögliche … machten [aber] schließlich wie gewohnt weiter, zerrten den Schlitten keuchend vorwärts und legten alle zehn bis zwölf Meter Pausen ein. In meinem Tagebuch steht für diesen Tag folgender Eintrag: „Niemand wird je glauben, wie hart das am vierten Tag wird; aber vielleicht bekommt man so eine gewisse Vorstellung davon. Als wir zum Essen anhielten, krochen zwei der Männer fast 200 Meter auf ihren Händen und Knien, um nicht unnötig in diesem schrecklichen Schnee gehen zu müssen. Aber kein Wort der Klage, obwohl sie müde, steif und wund sind; sie sind heiter, zuversichtlich und

entschlossen. Seit zwölf Uhr habe ich Geburtstag; aber ich kann mit Sicherheit sagen, dass ich ihn nie so verlebt habe und auch nicht möchte, dass man mir dazu gratuliert." Auf dieser Etappe schafften wir kaum mehr als eineinhalb Kilometer. Jeder war sehr geschwächt durch die außergewöhnlichen Strapazen der vergangenen Tage, und die Arbeit war für die mit den steifen Beinen eine Tortur. Die Dinge sahen überhaupt nicht gut aus … Wir schafften keine drei Kilometer am Tag, und die Männer wurden krank. Ich sorgte nicht für eine Untersuchung der Beine und versuchte, dass sie so wenig wie möglich an die Steifheit dachten, denn ich wusste, dass wir schon früh genug mit der unangenehmen Wahrheit konfrontiert sein würden …

Wir brachen am Abend des 19. wieder auf und kämpften uns weiter vorwärts; aber wir kamen lächerlich langsam voran … [Am 21.] bemerkte ich zu meiner großen Enttäuschung, dass … es sinnlos sein würde weiterzugehen … Zwei Männer, J. Craig und Wm. Jenkins [waren] unzweifelhaft von Skorbut befallen … Ich beschloss daher, notfalls zwei Tage lang zu warten, in der Hoffnung, dass ich es schaffen würde, einen hohen Gipfel über dem Gletscher zu erklimmen … Es schien zu grausam, nach all den Anstrengungen umkehren zu müssen, ohne das Land erreicht oder irgendetwas gesehen zu haben, und ich war erfreut und ermutigt durch den Eifer, mit dem die Männer das Ende unserer Expedition erfolgreicher gestalten wollten. Aber es sollte nicht sein … 21. Mai – Es schneite den ganzen Tag; 22. Mai – das Gleiche; und eine genaue Bestandsaufnahme unserer Vorräte zeigte uns, dass wir umkehren mussten … Wir brachen wieder auf, in

Vier Lichtbilder gewähren Einblick in das Leben in der Arktis. Oben links: Eine Szene aus dem wöchentlichen „Arktischen Theater", das zum ständigen Unterhaltungsprogramm gehörte, mit dem Nares die Mannschaft der Alert davor bewahren wollte, im langen, sonnenlosen Winter depressiv zu werden. Oben rechts: Ein Schlitten-Team kämpft mit dem Gewicht eines erfrorenen und skorbutischen Toten. Unten links: Vor den Schlitten gespannte Männer lenken ihr Gefährt durch ein Labyrinth von Eisbuckeln. Unten rechts: Die zerklüftete Landschaft mit paläokrystischem Eis, wie Nares es nannte, ein schroffes, aufgeschobenes Gebiet, von dem er vermutete, dass es in prähistorischer Zeit entstanden war.

Richtung Kap Fulford; das düstere und ungünstige Wetter bedrückte die Männer, die ohnehin sehr niedergeschlagen waren, denn von sieben waren nur Gray und ich selbst ganz frei von Skorbutsymptomen …

Fast ein halber Meter Schnee war gefallen … und er verdarb die alte Kruste darunter, die unter dem Gewicht des Schlittens und der Männer nachgab, und ließ den Schlitten tonnenschwer werden … Wir verfolgten unsere Spuren bis zum Morgen des 3. Juli zurück. Bis dahin war das Wetter ununterbrochener Schneefall mit dickem Nebel gewesen; ein- oder zweimal zeigte sich die Sonne für ungefähr eine Stunde, und dann fiel wieder Schnee. Den Kranken ging es ständig schlechter … weder Paul noch Jenkins konnten mit dem Schlitten mithalten und krochen hinterher … Craig ging es ganz schlecht … Dobing und Jones wurden immer steifer …

Wir brachen am Abend wieder auf und waren erst zehn Meter gegangen, als Paul kraftlos hinfiel und von da an wie gelähmt blieb, sodass seine Beine völlig nutzlos für ihn waren. Jenkins kroch noch vorwärts, aber auch seine Zeit kam, und am 7. lag er neben Paul auf dem Schlitten … [Am 11.] brach Dobing völlig zusammen, und Jones fühlte sich so schlecht, dass er nicht glaubte, noch lange weitergehen zu können. … Das war wohl unser schlimmster Tag. Wir waren noch mindestens 60 Kilometer von der Polaris-Bucht entfernt …

Craig konnte nun kaum mehr laufen, aber er verlor den Mut nicht. Dobings Zustand verschlechterte sich rasch, aber Jones ging es zum Glück besser, und es gab noch drei an den Zugleinen. Wir quälten uns durch den McCormick-Pass, ein sehr schwieriger Weg, alles Felsen und Wasser, aber sehr wenig Schnee. Zum Ende hin wurde es extrem beschwerlich, weil die Pässe so eng und steil waren …

Am 21. Juni … schafften wir es, das Zelt nach einstündiger harter Arbeit aufzubauen. Wir legten die Kranken hinein und versuchten, es ihnen bequem zu machen; aber das Zelt war schlecht aufgeschlagen, und die Böen von den Klippen, eher wie Wirbelstürme, drückten die beiden Seiten manchmal in der Mitte zusammen. Wir kauerten alle dicht gedrängt zusammen, durchnässt, und keiner konnte schlafen … [Am 22.] spürte ich zum ersten Mal Skorbutschmerzen in meinen Beinen. Craig und Dobing schleppten sich dahin und waren schon nach zehn Metern völlig atemlos … es tat weh, ihnen zuzusehen. Wir waren noch weit von der Polaris-Bucht entfernt, und ich wusste nicht, wie wir sie unter diesen Umständen erreichen sollten. Am 23. Juni wurde es erforderlich, Dobing und Craig zu tragen, damit wir überhaupt vorankamen …

Am Abend des 24. … sah ich, dass Jones und Craig kaum noch ziehen konnten; ich beschloss, die Küste in der Ebene zu erreichen, das Zelt aufzuschlagen und allein zur Polaris-Bucht zu gehen um dort Hilfe zu suchen; wenn nicht, wollte ich zurückkommen … bei den Kranken bleiben und sie so gut wie möglich pflegen. Aber Gott sei Dank kam es nicht dazu, denn als wir auf dem inzwischen schon wässrigen Eis zur Küste stapften, sah ich etwas, was sich als ein Hundeschlitten mit drei Männern entpuppte, und kurz darauf hatte ich das Vergnügen, Leutnant Rawson und Dr. Coppinger die Hände zu schütteln. Worte können die Freude, Erleichterung und Dankbarkeit nicht ausdrücken, die wir bei diesem gerade noch rechtzeitigen Treffen empfanden.

G. NARES, *A Voyage to the Polar Sea*, Vol II, *1878.*

HENRY MORTON STANLEY 1841–1904

Kongo-Reise

HENRY MORTON STANLEY, *einer der Top-Journalisten, wurde von James Gordon Bennett, dem millionenschweren Verleger des* New York Herald, *1869 zu sich gebeten: „Ich sage Ihnen, was Sie tun sollen. Sie holen sich jetzt 1000 Pfund und noch einmal tausend, und wenn die ausgegeben sind, wieder tausend, und wenn die alle sind, noch einmal tausend und so weiter – ABER FINDEN SIE LIVINGSTONE.“ Stanley tat, wie ihm geheißen, und „fand“ 1871 den verschollenen Forschungsreisenden – der eigentlich überhaupt keine Hilfe brauchte. Er begleitete ihn dann für kurze Zeit bei der Erforschung des Tanganjika-Sees. Stanley war von Livingstones Beispiel so beeindruckt, dass er ebenfalls Afrikaforscher wurde. Er sah diese Aufgabe fast als eine Art modernen Kreuzzug. Stanley leitete mehrere Expeditionen durch Afrika. Auf einer davon umschiffte er nicht nur den See Victoria-Nyanza, sondern verfolgte auch den Lauf des Kongo bis zu seiner Mündung. Später half er König Leopold II. von Belgien bei der Schaffung des skrupellos ausgebeuteten Kongo-Freistaats. Stanleys Reisen waren wegen der ständigen Kriegführung – hunderte Afrikaner wurden auf seiner Kongo-Expedition getötet – und wegen der Strapazen berüchtigt. Er selbst war stolz darauf, dass seine afrikanischen Träger ihn „Felsenzertrümmerer“ nannten. (Ein Historiker meinte, „Hodenzerquetscher“ wäre noch passender gewesen). Stanley war zweifellos ein erfolgreicher Forschungsreisender, aber zugleich einer der brutalsten Vertreter des europäischen Kolonialismus.*

AM ENDE SEINER EXPEDITION QUER DURCH DEN KONTINENT BIS ZUR MÜNDUNG DES KONGO, DIE VON *New York Herald* UND DEM BRITISCHEN *Daily Telegraph* GEMEINSAM FINANZIERT WORDEN WAR, HATTE STANLEY ALLE SEINE WEISSEN KOLLEGEN UND MEHR ALS ZWEI DRITTEL DER 347 AFRIKANER, MIT DENEN ER AUFGE-BROCHEN WAR, VERLOREN. ER SCHRIEB FOLGENDEN BRIEF:

Dorf Nsanda, 4. August 1877,
an jeden, der in Embomma Englisch spricht.
Sehr geehrter Herr,
Ich bin aus Sansibar mit 115 Seelen, Männern, Frauen und Kindern, hierher gekommen. Uns steht jetzt der Hungertod bevor. Wir können nichts von Eingeborenen kaufen, weil sie über unsere Stoffe, Perlen und Drahtwaren nur lachen. Man kann in diesem Land außer an Markttagen keine Vorräte kaufen, und Verhungernde können nicht auf diese Märkte warten. Ich bin darum so kühn und schicke drei meiner jungen Männer, gebürtig aus Sansibar, mit einem Jungen namens Robert Feruzi von der englischen Mission in Sansibar mit diesem Brief los, in der Hoffnung, dass Sie uns helfen können. Ich kenne Sie nicht; aber man sagte mir, es gäbe einen Engländer in Embomma, und da Sie ein Christ und ein Gentleman sind, flehe ich Sie an, mir meine Bitte nicht abzuschlagen. Der Junge Robert wird Ihnen unsere elende Situation besser beschreiben können, als ich es mit diesem Brief vermag. Wir befinden uns in der allerschlimmsten Notlage; wenn Ihre Lieferungen aber rechtzeitig eintreffen, werde ich vielleicht in der Lage sein, Embomma in vier Tagen zu erreichen. Ich brauche 300 Stoffe von je vier Meter Länge, in der Qualität, mit der Sie handeln, die sich von der

MS H. M. STANLEY

Stereoscopic Co.

COPYRIGHT
110 & 108 REGENT ST W.

unseren sehr unterscheidet; aber noch besser wären zehn oder fünfzehn Säcke Reis oder Getreide, um ihre ausgezehrten Bäuche sofort zu füllen, denn selbst wenn wir Stoffe hätten, würde es dauern, bis wir Lebensmittel dafür kaufen könnten – und Menschen, die am Verhungern sind, können nicht warten. Die Waren müssen in zwei Tagen hier eintreffen, sonst werde ich zusehen müssen, wie viele qualvoll sterben. Selbstverständlich werde ich für sämtliche Kosten aufkommen, die Ihnen bei diesem Geschäft entstehen. Wir brauchen sofortige Hilfe; und ich flehe Sie an, mit aller Kraft zu versuchen, sie uns zu schicken. Für mich selbst erbitte ich, falls Sie so kleine Luxuswaren wie Tee, Kaffee, Zucker und Kekse besitzen, so viel, wie ein Mann leicht tragen kann. Dafür und für die rechtzeitige Ankunft der Vorräte für meine Leute wäre ich Ihnen zu tiefstem Dank verpflichtet.

Hochachtungsvoll,

H. M. Stanley, Kommandant der anglo-amerikanischen Expedition zur Erforschung Afrikas.

P.S.: Sie kennen vielleicht meinen Namen nicht; darum erwähne ich hier, dass ich derjenige bin, der 1871 Livingstone gefunden hat. H.M.S.

H.M.Stanley, *Trough the Dark Continent, Vol II, 1878.*

ISABELLA BIRD 1831–1904
Eine Engländerin im Ausland

Eine Familie aus Sichuan hat sich 1895 zum Gruppenfoto versammelt. Bird nahm zwar auf ihre Amerika-Reise keine Kamera mit, war aber in Asien eine eifrige Fotografin. Sie entwickelte ihre Fotos auf ihrem Jangtse-Hausboot – wo „die Nacht mir eine Dunkelkammer gab [und] eine Kiste als Tisch diente" – und wusch dann die Platten im Fluss. Leider hinter-ließ das schlammige Wasser „einen feinen, gleichmäßigen Schleier auf dem Negativ". Mrs. Bird hielt sich von Bewohnern des Abendlandes fern und bevorzugte die Einsamkeit.

DIE KRÄNKLICHE ISABELLA BIRD war ständig von Rückenschmerzen, Schlaflosigkeit und Depressionen geplagt, bis sie mit 40 Jahren nach Australien und Hawaii reiste. Ihre Gesundheit besserte sich wie durch ein Wunder. Von nun an bereiste sie Amerika, Japan, Tibet, Korea, China, Persien und Afghanistan. Zu ihren Heldentaten zählen die Besteigung des größten Vulkans der Welt und die Überquerung der Rocky Mountains allein im Winter zu Pferde. Sie betrat zwar kein Neuland, berichtete aber über neu entdeckte Länder so glänzend, dass ihre Abenteuer allgemeine Bewunderung fanden. Ihre Reisetagebücher, die oft in Form von Briefen an ihre Schwester gingen, geben eine sehr persönliche Beschreibung ihrer Erlebnisse.

BIRD NÄHERT SICH DEN ROCKIES UND AHNT DIE HÄRTEN DES PIONIERLEBENS.
Great-Platte-Canyon, 23. Oktober. Meine Briefe von dieser Reise werden, fürchte ich, sehr langweilig sein, denn nachdem ich den ganzen Tag geritten bin, mein Pony versorgt habe, gegessen und mich über verschiedene Routen erkundigt habe und das Gerede der Leute über Weideland, Landwirtschaft, Bergbau und Jagd anhören musste, bin ich so schläfrig und herrlich müde, dass ich kaum noch schreiben mag … Es ist ein monotoner Ritt von mehr als 45 Kilometern über die flachen, braunen Ebenen nach Denver, durch dünn besie-deltes Land mit Wagenspuren, die in alle Richtungen weisen. Meine Order lautete: „Kurs Süden und auf der am meisten ausgefahrenen Spur bleiben." Es war ein Gefühl, als ob man ohne Kompass auf den Ozean hinausführe. Die rollenden Wellen, auf denen man ein Pferd schon in zwei Kilometer Entfernung sieht, wirkten merkwürdig fremdartig, und mittags braute sich am dunklen Himmel wieder ein Sturm zusammen. Die Berge fielen in schwarzem Bogen zu den Ebenen hinab, und die höheren Gipfel boten in ihrer finsteren Schroffheit einen schaurigen Anblick. Erst war es sehr kalt, dann sehr heiß, und schließ-lich herrschte eine bittere Kälte mit östlichen Winden, die schwer zu ertragen war. Aber ich fühlte mich frei und ungezwungen, und mein Pferd war ein guter Kamerad. Manchmal weideten Viehherden auf dem von der Sonne getrockneten Gras, dann Pferde. Gelegentlich traf ich auf einen Reiter mit einem quer über den Sattel gelegten Gewehr oder einen der üblichen Wagen, aber noch häufiger sah ich, wie sich ein Wagen mit einer weißen Plane durch das Gras quälte, oder einen ganzen Zug davon. Begleitet von Herden, Maultieren und Reitern, die Auswanderer mit ihrem Hab und Gut auf ihrem mühseligen Exodus in die viel gepriesenen Prärien von Colorado bringen. Die Besitzer eines dieser Planwagen, ein Ehepaar, luden mich zum Mittagessen ein, ich steuerte Tee (den sie seit vier Wochen nicht mehr getrunken hatten) bei und sie ihren Maisbrei. Sie waren seit drei Monaten von Illinois aus unterwegs, und ihre Ochsen waren so mager und schwach, dass sie noch mit einem Monat bis zum Wet Mountain Valley rechneten. Sie hatten unterwegs ein Kind begraben, mehrere Ochsen verloren und waren ziemlich mutlos. Wegen der langen Isolierung und dem eintönigen Einerlei ihrer Reise wussten sie nicht mehr, was in der Welt geschah, und wirkten wie Menschen von einem anderen Stern. Sie wollten, dass ich mich zu ihnen geselle, aber ihr Reisetempo war zu langsam, darum trennten wir uns im gegenseitigen Einvernehmen, und als ihre weiße Plane in der Ferne auf der einsamen Prärie verschwand, fühlte ich mich trauriger als sonst, wenn ich von alten Bekannten

Abschied nehme. In dieser Nacht müssen sie fast erfroren sein, denn sie kampierten draußen im tiefen Schnee und kalten Wind. Später traf ich auf 2000 magere texanische Rinder, die von drei finster dreinblickenden Männern auf Pferden gehütet wurden und denen zwei Wagen mit Frauen, Kindern und Gewehren folgten.

Der eisige Wind wurde beißender, und auf den nächsten 18 Kilometern ritt ich dem aufkommenden Sturm davon. Jedes Mal, wenn ich oben auf einem Präriehügel ankam, hoffte ich Denver zu sehen, aber erst gegen 5 Uhr blickte ich hinab auf die große „Stadt der Ebene", das „Tor zum Westen". Dort lag die große, prahlerische Stadt, braun und baumlos, auf der braunen und baumlosen Ebene, auf der nichts zu gedeihen schien außer Wermut und der Palmlilie. Der seichte Platte, zu einem dünnen Rinnsal in einem steinigen Bett geschrumpft und gesäumt von welken Pappeln, schlängelte sich an Denver vorbei, und drei Kilometer flussaufwärts sah ich einen gewaltigen Sandsturm, der in wenigen Minuten die Stadt bedeckt hatte und sie hinter einer dichten braunen Wolke verbarg. Dann begann mit heftigen Windböen der Schneesturm …

I. BIRD, *A Lady's Life in the Rocky Mountains*, 1879

FRIDTJOF NANSEN 1861–1930

Am weitesten nördlich

Nansen liest ein Tiefsee-Thermometer aus dem Nordpolarmeer ab. Wenn auch das eigentliche Ziel, der Nordpol, nicht erreicht wurde, so war doch die Treibeisfahrt der Fram von unschätzbarem Wert für die Wissenschaft. Sie lieferte nicht nur Informationen über die Tiefe und Form des arktischen Meeresbodens, sondern auch über Strömungen und Wetterverhältnisse in einer Zone, in der nie zuvor ein Mensch gewesen war.

1888 GAB NANSEN SEINEN BERUF als Neurowissenschaftler zugunsten der Polarforschung auf. In jenem Jahr überquerte er als erster Mensch Grönland auf Skiern; und von 1893 bis 1896 unternahm er eine Pionierfahrt durch das arktische Packeis. Bis dahin mussten alle Polarfahrer befürchten, ihre Schiffe könnten vom Eis zerdrückt werden. Nansen ließ daher die Fram bauen, ein eiförmiges Schiff, das einfach nach oben geschoben würde, wenn es zwischen Eisschollen stecken blieb. Er ließ es im Packeis vor der Küste Sibiriens mit der Strömung in Richtung Pol treiben. Die neuartige Konstruktion erwies sich als perfekt, die Fram entkam jeder Eispressung und wurde nicht zerdrückt. Als ihm der richtige Moment gekommen schien, machte sich Nansen mit dem Heizer Hjalmar Johanssen auf Skiern auf den Weg zum Pol. Sie gelangten bis 86°10' nördlicher Breite und kehrten dann über Franz-Josef-Land zurück, wo sie, nachdem sie schon ihre Hunde gegessen hatten, in einer Steinhütte überwinterten. Eigentlich hatten sie vorgehabt, mit dem Kajak nach Norwegen zu paddeln, wurden aber von dem britischen Forschungsreisenden Frederick Jackson gerettet, der zufällig in der Gegend war. „Ich kann mit Sicherheit sagen, dass Nansens Chancen, Europa zu erreichen, eins zu einer Million standen", schrieb Jackson, „und wenn wir ihn nicht auf dem Eis gefunden hätten, hätte die Welt nie wieder von ihm gehört." Die Fram setzte inzwischen ihre Drift durch das Packeis fort, bis sie Spitzbergen erreichte. Als die Männer an Land kamen, ließen sie als Erstes Kieselsteine durch ihre Hände rieseln. Sie hatten vier Jahre lang keinen einzigen Stein gesehen. Die sorgfältig geplante, wagemutig ausgeführte Expedition, die eine außerordentlich große wissenschaftliche Ausbeute brachte und kein Menschenleben gekostet hatte, war lehrbuchmäßig verlaufen. Der vielseitig begabte Nansen erhielt später für die Heimführung von Flüchtlingen aus dem Ersten Weltkrieg den Friedensnobelpreis.

AN BORD DER FRAM.

Dienstag, 28. November [1893] … Ich ging heute Abend in ziemlich düsterer Stimmung an Deck, blieb draußen aber wie angewurzelt stehen. Vor mir das Übernatürliche – die in unvergleichlicher Kraft und Schönheit über den Himmel flackernden Nordlichter in allen Farben des Regenbogens! Selten oder nie habe ich die Farben so leuchtend gesehen. Vorherrschend war zunächst Gelb, das aber allmählich in Grün überging, und dann erschien ein glänzendes Rubinrot in den unteren Strahlen an der Innenseite des Bogens,und breitete sich bald über den ganzen Bogen aus. Und nun wand sich aus dem weit entfernten westlichen Horizont eine feurige Schlange über den Himmel, die heller und heller leuchtete, je näher sie kam. Sie teilte sich in drei, alle hell funkelnd. Dann veränderten sich die Farben. Die Schlange im Süden wurde fast rubinrot mit gelben Flecken, die in der Mitte gelb und die andere im Norden grünlich-weiß. Strahlenbündel fegten an den Seiten der Schlangen entlang, getrieben durch Wellen wie vor einem Sturm. Sie schwangen vor und zurück, bald kräftig, bald wieder schwächer. Die Schlangen erreichten den Zenit und zogen weiter. Obwohl ich dünn angezogen war und vor Kälte zitterte, konnte ich mich nicht von dem Schauspiel abwenden, bevor es beendet war, und nur eine schwach glänzende, glutrote Schlange am Westhorizont verriet, wo es begonnen hatte. Als ich später noch einmal zurück an Deck kam, waren die Lichtmassen nach Norden gewandert

und breiteten sich in unvollständigen Bögen über dem Nordhimmel aus. Wenn man eine mystische Bedeutung in Naturerscheinungen legen will, ist hier ganz sicherlich eine Gelegenheit dazu ...

Donnerstag, 30. November [1893] ... Das Lot zeigt heute eine Tiefe von exakt 93 Faden (170 m), und der Leine nach zu urteilen scheinen wir nach Westen zu driften. Wir sind jetzt fast sicher weiter nördlich; Hoffnung kommt auf, und das Leben sieht wieder freundlicher aus. Meine Stimmung gleicht einem Pendel, ... das unregelmäßig vorwärts und wieder zurück schwingt. Es nützt nichts, wenn man versucht, die Dinge philosophisch zu betrachten; ich kann nicht leugnen, dass mich die Frage, ob wir erfolgreich oder nicht erfolgreich zurückkehren werden, tief bewegt. Ich kann mich leicht mit höchst unwiderlegbaren Argumenten davon überzeugen, dass es nur darauf ankommt, die Expedition überhaupt durchzuführen, ob mit oder ohne Erfolg, und heil und gesund heimzukehren. Ich musste sie einfach unternehmen; denn ich hatte einen Plan, und ich war fest davon überzeugt, dass er gelingen müsse, und darum war es meine Pflicht, es zu versuchen.

Im Sommer 1894 raucht
Nansen, tief in Gedan-
ken versunken, seine
Pfeife und blickt wäh-
rend der langen Drift
auf das arktische Pack-
eis. Als Mann der Tat
langweilte er sich schon
bald. „Kann nicht
irgendetwas passieren?“,
klagte er. „Kann nicht
ein Hurrikan kommen
und das Eis aufbrechen
und in hohen Wellen
wie auf dem offenen
Meer vor sich hertrei-
ben?“ Die Wäscheleine
mit den Hunde- und
Bärenfellen deutet
darauf hin, dass seit
längerem nichts gesche-
hen war. Zu Anfang
hatte die Aussicht auf
Gefahr Eindruck
gemacht. „Wir sind wie
winzige Zwerge im
Kampf mit Titanen“,
schrieb er, „man muss
sich mit Schläue und
Einfallsreichtum dieser
riesigen Faust entwin-
den, die selten loslässt,
was sie einmal gepackt
hat.“

Johanssen zieht den Schlitten über einen Eisrücken. Auf der letzten Etappe hatte jeder nur noch einen Hund – die anderen waren aufgegessen. „Es war von Anfang bis Ende unbestreitbar grausam für die armen Hunde", schrieb er, „und man denkt oft voller Entsetzen daran zurück. Wenn ich an all diese herrlichen Tiere denke, die ohne zu murren für uns schwer gearbeitet haben, ... die sich täglich unter der Peitsche wanden, bis die Zeit kam, da sie nichts mehr tun konnten und der Tod sie von ihren Qualen befreite, mache ich mir manchmal bittere Vorwürfe."

Na ja, wenn es nicht gelingt, geht es mich etwas an? Ich habe meine Pflicht getan, alles getan, was getan werden konnte, und kann mit gutem Gewissen nach Hause zurückkehren. Was spielt es schon für eine Rolle, ob der Zufall, oder wie immer man es nennen mag, den Plan gelingen lässt und unsere Namen unsterblich macht? Der Wert des Plans bleibt gleich, egal ob das Glück uns lacht oder nicht. Und was die Unsterblichkeit angeht, so ist Zufriedenheit alles, was wir wollen, und die ist hier nicht zu haben.

All dies kann ich mir tausendmal sagen, ich kann mich glauben lassen, dass mir das alles gleichgültig sein sollte, und dennoch ändert sich meine Stimmung wie die Wolken am Himmel, wenn der Wind aus dieser oder jener Richtung weht, wenn die Lotungen eine größere Tiefe anzeigen oder nicht oder wenn die Beobachtungen eine nördliche oder südliche Drift anzeigen. Wenn ich an die vielen Menschen denke, die uns vertrauen, an Norwegen denke, an all die Freunde denke, die uns ihre Zeit, ihre Zuversicht und ihr Geld gaben, wünsche ich mir, dass sie nicht enttäuscht werden, und ich bin bedrückt, wenn wir nicht so vorankommen, wie wir es wollen. Und sie [seine Frau], die am meisten gab – verdient sie, dass ihr Opfer umsonst war? Ah, ja, wir müssen und wir werden siegen!

F. NANSEN, *Farthest North, Vol II, 1897*

IN DER STEINHÜTTE.

Mittwoch, 1. Januar 1896 ... - 41,5°C ... So hat ein neues Jahr begonnen, das Jahr der Freude und der Heimkehr. Bei hellem Mondschein endete 1895, und bei hellem Mondschein beginnt 1896. Aber es ist bitterkalt, die kältesten Tage, die wir bisher erlebt haben. Ich habe das schon gestern gemerkt, als ich an allen meinen Fingerspitzen

Erfrierungen spürte. Ich dachte, das hätte ich seit dem letzten Frühjahr alles schon hinter mir ...

Mittwoch, 8. Januar. In der letzten Nacht wehte der Wind den Schlitten, an dem unser Thermometer hing, über den Hang. Stürmisches Wetter draußen – der tobende Sturm raubt einem fast den Atem, wenn man den Kopf herausstreckt. Wir liegen hier und versuchen zu schlafen – die Zeit schlafend totzuschlagen. Oh, diese langen, schlaflosen Nächte, wenn man sich von einer Seite auf die andere wälzt, seine Füße bewegt, damit sie ein bisschen wärmer werden, und sich nur nach einem sehnt – Schlaf! Die Gedanken sind unaufhörlich mit den Dingen zu Hause beschäftigt, während man vergeblich versucht, eine einigermaßen erträgliche Lage zwischen den kantigen Steinen zu finden. Die Zeit vergeht nur langsam, und heute ist Livs Geburtstag. Sie ist jetzt drei Jahre alt und muss schon ein großes Mädchen sein. Arme Kleine! Dir wird dein Vater heute noch nicht fehlen, und an deinem nächsten Geburtstag bin ich hoffentlich wieder bei dir. Wir werden viel Spaß zusammen haben. Wir singen Lieder, und ich erzähle dir Geschichten aus dem Norden über Bären, Füchse, Walrosse und all die Tiere, die hier im Eis leben ...

Sonntag, 1. Februar. Jetzt hat mich Rheumatismus erwischt. Draußen wird es allmählich heller, der Himmel über den Gletschern im Süden wird röter, bis eines Tages die Sonne über den Kamm steigen wird, dann ist unsere letzte Winternacht vorbei. Es wird Frühling! Der Frühling hat mich oft traurig gemacht. Lag es daran, dass er so schnell vorüber war, dass er etwas versprach, was der Sommer nie erfüllte? Aber dieser Frühling hat nichts Trauriges; was er verspricht, wird er halten, es wäre zu grausam, wenn er es nicht täte.

F. NANSEN, *Farthest North, Vol II, 1897.*

Otto Sverdrup an Bord der Fram. *Nach Nansens Abfahrt übernahm Sverdrup das Kommando über das Schiff – eine Aufgabe, die er hervorragend erfüllte und bei der er sich den Respekt der Mannschaft verdiente. „Ihre Pflicht ... ist es, die ihnen anvertrauten Menschen möglichst sicher nach Hause zu bringen und sie keiner unnötigen Gefahr auszusetzen", wies ihn Nansen an. Nachdem Sverdrup die* Fram *sicher zurückgebracht hatte, fuhr er mit ihr 1898 auf eine Expedition nach Grönland, wo er 673 400 Quadratkilometer unerforschtes Gebiet vermaß.*

Wie sehnten wir uns nach etwas Abwechslung bei unseren eintönigen Mahlzeiten! Wenn wir doch nur etwas Zucker und ein paar Backwaren gehabt hätten, zu all dem hervorragenden Fleisch, wir hätten wie Fürsten leben können … Aber noch besser als Lebensmittel wären saubere Sachen zum Anziehen. Und dann noch Bücher – wenn ich nur daran denke! Bah, die Sachen, die wir anhatten, waren widerlich! Wenn wir uns mal eine richtig angenehme Stunde machen wollten, stellten wir uns einen großen, hellen, sauberen Laden vor, dessen Wände voller neuer, sauberer, weicher, wollener Anziehsachen hingen, aus denen wir aussuchen konnten, was wir wollten. Wenn wir nur an Hemden, Westen, Unterhosen, weiche, warme Wollhosen, herrlich bequeme Pullover und dann saubere Wollsocken und warme Filzpantoffeln dachten! Und dann ein türkisches Bad! Wir saßen manchmal stundenlang nebeneinander in unseren Schlafsäcken und redeten über diese Dinge. Es schien uns fast unvorstellbar, all diese schweren, öligen Lumpen, in denen wir leben mussten und die an unseren Körpern klebten, wegwerfen zu dürfen. Am meisten litten unsere Beine, denn unsere Hosen klebten an den Knien fest, sodass die Haut an der Innenseite der Schenkel abschürft wurde und aufriss, wenn wir uns bewegten, bis sie roh und blutig war. Ich hatte allergrößte Mühe zu verhindern, dass die wunden Stellen mit Fett und Schmutz in Berührung kamen, und musste sie ständig mit Moos oder einem Stückchen Verbandsstoff aus unserem Arzneikoffer und etwas Wasser, das ich in einer Tasse über der Lampe erwärmte, auswaschen. Ich habe nie gewusst, was für eine wunderbare Erfindung Seife eigentlich ist. Wir versuchten alles, um den schlimmsten Schmutz abzuwaschen, aber keiner von uns hatte damit Erfolg. Wasser bewirkte bei all dem Fett gar nichts. Da war es schon besser, sich mit Moos und Sand abzuscheuern. Wir konnten in den Wänden der Hütte eine Menge Sand finden, wenn wir das Eis abhackten. Die beste Methode bestand jedoch darin, unsere Hände gründlich mit warmem Bärenblut und Waltran einzureiben und dann wieder mit Moos abzuwischen. Dabei wurden sie so weich und weiß wie die Hände einer vornehmen Dame, und wir konnten kaum glauben, dass sie zu unserem Körper gehörten. Wenn keiner von diesen Toilettenartikeln greifbar war, schabten wir den Schmutz mit einem Messer von der Haut.

War es schon schwierig, unseren Körper sauber zu halten, so war das schier unmöglich mit unserer Kleidung. Wir versuchten alles Mögliche. Wir wuschen sie sowohl auf Eskimoart als auch auf unsere Art, aber beides nützte wenig. Wir kochten unsere Hemden stundenlang im Topf, aber wenn wir sie herausnahmen, waren sie genauso ölig wie vorher. Dann gingen wir dazu über, den Waltran aus ihnen zu wringen. Das war etwas besser, aber das Einzige, was wirklich etwas brachte, war, sie zu kochen und dann mit einem Messer das Öl abzukratzen, solange sie noch warm waren. Wenn wir sie zwischen unseren Zähnen und unserer linken Hand straff hielten und mit der rechten Hand überall schabten, holten wir erstaunliche Mengen Fett aus dem Gewebe, und wir konnten uns fast einbilden, dass sie sauber waren, wenn wir sie wieder anzogen. Das Fett, das wir herausschabten, war natürlich eine willkommene Ergänzung für unseren Brennstoff.

F. Nansen, *Farthest North, Vol II, 1897.*

Mit einem Akkordeon und dunklen Brillen sieht die Mannschaft der *Fram wie eine Gruppe blinder Bettler aus. In Wirklichkeit waren die Männer gut versorgt – es gab an Bord sogar eine Bibliothek mit 600 Büchern. Die Hauptprobleme der Mannschaft waren Langeweile, Isolation und Stimmungs*schwankungen, oft ausgelöst von der Drift. „Ihr könnt euch nicht vorstellen, wie sehr wir einander alle satt hatten", *beschrieb Scott Hansen den dritten Winter an Bord. „Es geht so weit, dass wir es kaum ertragen, uns zu sehen." Als sie im Juni 1896 Spitzbergen erreichten, lautete der Kommentar eines* Beobachters: „Es war wie ein Traum, diese Männer zu sehen, die 3 lange Jahre zusammen auf diesem Schiff verbracht haben … [Das Schiff] scheint fast heilig zu sein." Alle Unstimmigkeiten waren vergessen. Die Mannschaft spielte in kindlicher Freude über die Heimkehr mit den Steinen am Strand.

FRANCIS YOUNGHUSBAND 1863–1942
Geschichten aus Tibet

Ein Kloster auf einem Berg in Tibet. Younghusbands halbreligiöse Verehrung dieser Region war bei seinem Abschied von Lhasa besonders deutlich spürbar: „Das Hochgefühl des Augenblicks wuchs und wuchs, bis es mich mit überwältigender Intensität erfüllte. Nie wieder könnte ich über jemanden schlecht denken oder ihm je feindlich gesonnen sein. Die ganze Natur und alle Menschen waren in ein rosa leuchtendes Strahlen gehüllt."

YOUNGHUSBAND WAR EINE EXOTISCHE Mischung aus Soldat, bergsteigendem Spion und Mystiker. *An der Nordgrenze Indiens stationiert, reiste er mehrmals nach Afghanistan, bevor er den Himalaja überquerte und in die Wüste Gobi und noch weiter vordrang. Militärisch war er vor allem im Jahr 1903 erfolgreich, als er mit britischen Truppen eine blutige Spur durch Tibet zog. Auf dem Gebiet der Entdeckungen ist er vor allem durch mehrere Forschungsreisen nach Zentralasien und einen der ersten Versuche, den Mount Everest zu besteigen, berühmt geworden. Unter dem tiefen Eindruck seiner Erlebnisse zog er sich 1910 ins Privatleben zurück und führte von da an ein eher spirituelles Leben. 1936 gründete er den Weltkongress des Glaubens, um zum besseren Verständnis zwischen den großen Religionen beizutragen.*

DIE ÜBERQUERUNG DES HIMALAJA 1887 – EINE ERFAHRUNG, DIE YOUNGHUSBAND SPÄTER ALS SEINE „ANGSTTAUFE" BEZEICHNETE.

Schon beim ersten Morgengrauen des nächsten Tages waren wir auf den Beinen. Der kleine Fluss war gefroren und die Luft schneidend kalt. Wir beeilten uns mit dem Aufladen, frühstückten gut und ritten bei Sonnenaufgang geradewegs auf die Bergwand zu – eine regelrechte Festungsmauer, deren felsige Zinnen, wo es möglich war, von Schnee bedeckt waren; die meisten ragten aber zu steil auf, als dass der Schnee liegen bleiben konnte.

Nach einem Ritt von fünf bis sechs Kilometern öffnete sich plötzlich zur Linken ein Tal. Der Führer erinnerte sich sofort daran und sagte, dass oben ein leichter Pass sei, der die Gebirgsbarriere ganz umgehen würde. Wir kamen gut voran. Ich ließ die Ponys zurück, eilte in meinem Eifer voraus und strengte mich an, um auf den Pass zu gelangen und die „andere Seite" zu sehen – diese Schimäre, die seit jeher Entdecker antreibt und nie zufrieden stellt, weil es immer wieder eine neue andere Seite gibt. Die Höhe machte sich bemerkbar, und der Pass schien immer weiter zurückzuweichen, je näher ich kam. Eine Steigung nach der anderen bewältigte ich in dem Glauben, es sei der Gipfel, aber es gab jedes Mal eine weitere dahinter … Schließlich erreichte ich einen kleinen See, etwa 400 Meter lang, und eine kleine Anhöhe an seinem anderen Ende war der Gipfel des Passes. Ich stürmte hinauf, und da lag vor mir die „andere Seite", und bestimmt hat noch nie ein Mensch eine so herrliche Aussicht genossen. Es ist unmöglich, mit Worten zu beschreiben, was ich sah. Es gibt keine Worte dafür, und es mit den Worten, die uns zur Verfügung stehen, zu versuchen, würde der Großartigkeit und Herrlichkeit nicht im Geringsten gerecht.

Vor mir erhob sich eine Reihe majestätischer Berge nach der anderen, und alle zählten, die zu den höchsten der Welt – Gipfel mit makellosem Schnee, die sieben-, acht- und in einem Fall sogar achteinhalbtausend Meter über den Meeresspiegel aufragten. Diese herrliche Bergwelt breitete sich vor mir jenseits eines tiefen, felsigen Tals aus, und weit in der Ferne war ein riesiger Gletscher zu sehen, der Erguss der Bergmassive, in denen er entstand. Es war ein Anblick, der mir klar machte, dass hier offensichtlich uneinnehmbare Berge bestiegen und überquert werden mussten, und das gab mir eiserne Willenskraft, so dass ich alle Kraft auf die vor mir liegende Aufgabe richten ließ.

Versunken in die bewegenden Gedanken, die solch ein Anblick hervorruft, saß ich dort über eine Stunde lang, bis die Karawane eintraf, und dann stiegen wir langsam vom Pass in das Tal zu unseren Füßen ab. Der Weg war holprig und steil, aber wir erreichten die Ufer des Flusses ohne größere Schwierigkeiten. Hier kamen wir allerdings zum Stehen, denn ein steiles, mehrere hundert Meter hohes Kliff zog sich an beiden Seiten des Flusses entlang. Dies schien zunächst ein unüberwindbares Hindernis zu sein, aber ich hatte auf dem Weg bergab Spuren von *kyang* (Wildeseln) entdeckt, und da es oben kein Wasser gab, wusste ich, dass diese Tiere irgendwie zum Fluss kommen mussten, um zu trinken; und da wo diese Tiere absteigen konnten, musste es auch für uns einen Weg geben. Ich kehrte darum zu diesen Spuren zurück, verfolgte sie sorgfältig und war erleichtert, als sie durch eine begehbare „Rinne" im Kliff führten. Sie war sehr steil und felsig, aber nachdem wir die Ponys entladen hatten und jeweils ein Mann ein Pony führte und zwei es am Schwanz festhielten, gelang es uns, die Ponys eins nach dem anderen nach unten zu bringen, und schließlich fanden wir uns nach all den Strapazen mit Sack und Pack am Fluss ein … An beiden Ufern ragten die Berge sehr steil aus dem Tal empor. Sie waren völlig kahl, bis auf einen geringen Bewuchs mit dem zähen Wermutkraut. Es gab keine Bäume, und Sträucher und Büsche fanden sich nur in kleinen Gruppen entlang dem Flussbett.

Am nächsten Tag setzten wir unseren Weg im Tal des Flusses Oprang (Shaksgam) fort, bis wir auf einen anderen stießen, den mein Baltis den Sarpo Laggo nannte und der vom Gebirgszug hinunterfloss und am linken Ufer in den Oprang mündete. An diesem stiegen wir auf, bis wir einen Suget Jangal genannten Dschungelflecken erreichten. Kurz bevor wir

Zwei zerzauste Yak-Treiber blicken auf dem tibetanischen Hochplateau lächelnd in die Kamera. Anders als viele Entdecker empfand Younghusband viel Sympathie für die Einheimischen, die ihm auf seinen Reisen behilflich waren. „Schlechtigkeit ist das oberflächliche, Güte das fundamentale Charakteristikum der Welt; Liebe und nicht Feindseligkeit bestimmt das Verhältnis der Menschen zueinander", lautete sein Diktum. „Menschen sind von Natur aus gut, nicht von Natur aus schlecht".

dort ankamen, blickte ich zufällig auf und sah etwas, das mir die Sprache verschlug. Wir waren gerade um eine Ecke gebogen, als wir zur Linken einen unglaublich hohen Gipfel erblickten, der kein anderer sein konnte als der K2; er ist 8 611 Meter hoch und nach dem Mount Everest der zweithöchste Berg der Erde ist. Aus dieser Richtung erhob er sich als fast perfekter Kegel in eine kaum vorstellbare Höhe. Wir waren ziemlich dicht unter dem Berg – vielleicht knapp 20 Kilometer von seinem Gipfel entfernt –, und hier an der Nordseite, wo er völlig von einem Gletscher bedeckt ist, muss das Eis vier- bis fünftausend Meter dick sein. Einen solchen Anblick vergisst man nie, er bleibt einem ewig im Gedächtnis – ein bleibender Eindruck von der Größe und Herrlichkeit der Natur, den ein Mensch niemals vergessen kann …

AUF DEM GEFÄHRLICHEN 6000 METER HOHEN MUSTAGH-PASS.
Der Aufstieg über den weichen Schnee war ziemlich leicht, aber wegen der Atemschwierigkeiten gingen wir sehr langsam. Als wir den Gipfel erreicht hatten, sahen wir uns nach einem geeigneten Abstieg um, aber es gab nichts als einen steilen Abgrund mit Eisblöcken, die so übereinander geschoben waren, dass kein Durchkommen möglich war.

Ich gebe zu, dass ich allein den Abstieg nie hätte bewältigen können und dass ich – ein Engländer – Angst hatte, als Erster zu gehen … Zum Glück waren meine Führer mutiger als ich, und nachdem ein Seil um die Taille des Anführers geschlungen wurde, hingen wir uns daran, während er Stufen in den Abhang schlug.

Stufe für Stufe stiegen wir ab, immer den Abgrund vor Augen und wohl wissend, dass, sollten wir ausgleiten (und das Eis war sehr glatt), alle den vereisten Hang hinunter und über den Abgrund in die Ewigkeit rutschen würden. Auf halbem Wege drehte sich mein Ladaki-Diener, den mir Colonel Bell als einen im Himalaja erfahrenen Mann zurückgeschickt hatte, zu mir um und sagte, dass er am ganzen Körper zittere und nicht in den Abgrund blicken könne. Es erschreckte mich sehr, einen Bergbewohner in diesem Zustand zu sehen, aber ich tat so, als mache es mir nichts aus, und lachte, *pour encourager les autres*, denn wir mussten da durch.

Nach einer Weile, und zwar einer ziemlich unangenehmen, erreichten wir festen Boden in Form einer großen, vorspringenden Gesteinsplatte, und dort begann der Abstieg zum Abgrund. Der vereiste Hang war im Vergleich dazu nur ein Witz. Wir ließen uns sehr langsam von einem kleinen Band oder vorspringenden Sims zum nächsten herunter. Als ich auf halbem Wege nach unten war, hörte ich meinen Ladaki-Diener von oben nach mir rufen. Er hatte all seinen Mut zusammengenommen, um den Eishang zu überqueren und war den Abgrund ein paar Stufen hinabgestiegen und hockte jetzt auf einem Felsen, fuchtelte wie wild mit den Händen und rief, er mache keinen weiteren Schritt mehr und werde umkehren und meine Ponys nach Ladakh bringen. So schickte ich ihn zurück.

Sechs Stunden lang stiegen wir in den Abgrund hinab, der teils Fels, teils Eis war, und als ich unten war und zurückblickte, schien es mir völlig unmöglich, dass je ein Mensch es von dort hinunter geschafft haben konnte.

Mehrere Stunden stapften wir dann im Mondschein über den Schnee weiter, alle zehn Meter gab es Spalten. Oft fielen wir hinein, hatten aber keinen Unfall. Und schließlich, spät in der Nacht, erreichten wir einen trockenen Platz, wo ich mich hinter einem Felsen ausstreckte, während einer meiner Männer ein kleines Feuer aus trockenem Gras und ein paar zerbrochenen Bergstöcken machte, um Tee zu kochen. Nachdem ich einige Kekse zum Tee gegessen hatte, rollte ich mich in meinem Schaffell zusammen und schlief tief und fest ein.

F. YOUNGHUSBAND, *The Heart of a Continent, 1896.*

SVEN HEDIN 1865–1952
Abenteuer in Zentralasien

Auf einem Trampeltier sitzend, macht Hedin auf diesem Foto von 1896 eine gute Figur. Der besessene Entdecker stieß mit seinen Methoden weithin auf Ablehnung. Ein Zeitgenosse bemerkte: „Hatte er erst einmal beschlossen, ein bestimmtes Ziel zu erreichen, ließ er sich durch keinerlei Rücksicht auf anderer Leute Gefühle, Bequemlichkeit oder gar Sicherheit davon abbringen."

ANFANG DES 20. JAHRHUNDERTS *hatte Hedin sich einen Ruf als rücksichtsloser und kompetenter Entdecker Zentralasiens erworben. Er schien stolz darauf zu sein, sich und seine Gefährten fürchterlichen Entbehrungen auszusetzen – die Teilnahme an einigen seiner Unternehmungen bedeutete in der Tat den fast sicheren Tod. Wegen seiner Unterstützung Deutschlands im Ersten wie im Zweiten Weltkrieg geschmäht, erntete er dennoch selbst von seinen schärfsten Kritikern hohes Lob – so zum Beispiel, als er 1927 im Alter von 62 Jahren eine Expedition in die Innere Mongolei unternahm. „Sechs Jahre lang leitete dieser erstaunliche ältere Herr die Feldarbeit eines internationalen Teams von Spezialisten", schrieb ein Zeitgenosse. „Damit nicht genug, vermaß er im Auftrag der Nanking-Regierung die alte Seidenstraße … Dann kehrte er heim und brachte die Ergebnisse in drei großen Quartbänden heraus." Als er starb, war er gleichermaßen bewundert wie umstritten.*

HEDIN UNTERNAHM 1908 EINE FORSCHUNGSREISE IN DIE UNERSCHLOSSENEN GEBIETE TIBETS.

Am 24. Januar lag das ganze Land unter glitzerndem Schnee und die Sonne schien, aber ein heftiger Sturm trieb die Flocken vor sich her, und ein brüllender Lärm war zu hören. Antilopen in schnellem Lauf hoben sich dunkel gegen den weißen Schnee ab. Ein Maultier starb unterwegs; nicht einmal tibetische Maultiere können dieses Klima ertragen. Ich war benommen und halb tot vor Kälte, bevor ich das Lager erreichte.

Nach Temperaturen von –21,3° war die ganze Gegend von schweren Wolken in Halbdunkel gehüllt. Die zerklüfteten Berge im Süden erinnerten mich an ein Panzerbataillon bei Schießübungen in regnerischem Wetter. Ihre grauen Umrisse ragten aus den niedrigen Wolken hervor. Das Tal war etwa neun Kilometer breit. Weiter im Osten lag der Schnee weniger dick, und schließlich waren nur die Spuren wilder Tiere mit Schnee gefüllt, wie eine Perlenschnur auf dem dunklen Boden.

Während ich in meinem Tagebuch von dieser schrecklichen Reise blättere, stoße ich immer wieder auf die Bemerkung, dass dies der härteste Tag gewesen sei, den wir bis dahin erlebt hätten. Und dennoch sollte es immer wieder Tage geben, an denen wir noch mehr litten. So etwa am 26. Januar. Der Himmel war von so dichten Wolken bedeckt, dass wir uns fühlten, als ritten wir unter dem Gewölbe eines Gefängnisses. Der Schneesturm wütete mit unverminderter Gewalt, und eine viertel Stunde, nachdem ich mein Pferd bestiegen hatte, war ich wie betäubt und kraftlos. Meine Hände schmerzten, und ich versuchte, meine rechte Hand aufzutauen, indem ich sie mit meinem Atem wärmte, wann immer ich etwas aufschreiben musste, aber sobald ich den Kompass zwei Sekunden lang ablas, wurden meine Hände gefühllos. Meine Füße machten mir weniger Probleme, weil ich kein Gefühl mehr in ihnen hatte …

[27. Januar] Den ganzen Tag über fiel dichter Schnee. Es war warm und gemütlich unter der Decke, und uns taten die armen Tiere leid, die draußen in der Kälte weideten … Ein Schaf wurde geschlachtet.

Nachts war die Kälte wieder grimmiger, und das Thermometer sank auf –30,3°. Das kranke Maultier suchte hinter dem Zelt der Männer Schutz und ließ einen Klagelaut

hören. Ich ging hinaus, um nach ihm zu sehen, und erlöste es von seinem Elend. Am Morgen des 28. lagen zwei Pferde tot im Gras … Wir hatten nun nur noch 23 Tiere, und mein kleiner, weißer Ladaki war der letzte der Veteranen. Nie hätte ich gedacht, dass er 150 Kameraden überleben würde, als er mich über den Chang Lung Yogma trug. Jeden Morgen hingen an seinen Nüstern zwei lange Eiszapfen. Er wurde sehr gut versorgt, und ich hob immer ein Stück Brot von meinem Frühstück für ihn auf. Ich mochte ihn und Brown Puppy besonders gern. Sie waren nun schon so lange bei mir und haben mich bei so vielen Abenteuern begleitet.

Der Verlust von drei Tieren an einem Tag war für eine Karawane wie die unsere ein ernstes Problem. Wie sollte das alles enden? Vor uns lag noch ein weiter Weg. Wir kämpften uns drei Stunden lang den Pass hinauf, der fast 6000 Meter hoch lag. Wir lagerten im Schutz eines Felsens und töteten das Letzte der erschöpften Schafe – nun hatten wir keinen Frischfleischvorrat mehr.

Die Temperatur sank auf −24,5°, und das Erste, was ich am Morgen des 29. hörte, war das immerwährende Geheul des Sturms. Wir marschierten durch fast einen halben Meter hohen Schnee nach Südosten. „Einer unserer schlimmsten Tage", heißt es in meinem Tagebuch. Uns war alles egal, wir wollten nur lebend unser Lager erreichen. Ich hatte mir einen Schal mehrfach um den Hals geschlungen, aber er war schnell steif gefroren und knirschte, wenn ich den Kopf bewegte. Ich versuchte, eine Zigarette zu rauchen, aber sie fror mir an den Lippen fest. Zwei Pferde starben unterwegs …

Abdul Kerim kam ganz niedergeschlagen in mein Zelt und fragte, ob wir in den nächsten zehn Tagen auf Nomaden treffen würden, denn sonst hielte er unsere Lage für ziemlich aussichtslos. Ich konnte ihm wirklich keinen Trost spenden und sagte ihm nur, dass wir weitermachen müssten, solange noch ein Maultier übrig sei, und dass wir dann versuchen müssten, uns mit den Nomaden weiterzuschleppen, und zwar mit so viel Proviant, wie wir tragen konnten. Nun dachten wir nicht länger an Verfolger hinter uns oder Gefahren vor uns, sondern hofften nur, unser Leben retten zu können und irgendwo anzukommen, wo wir überleben konnten. Hinter uns verwischte der weiße Schnee unsere Spuren, und die Zukunft erwartete uns mit ihren unergründlichen Geheimnissen.

Der Sturm heulte die ganze Nacht und zerrte an unseren dünnen Zeltwänden … An diesem Tag, dem 30. Januar, mussten wir zusammenbleiben, denn das Schneetreiben verwischte unsere Spuren sofort … Ein braunes Pferd, das keine Lasten trug, legte sich hin und starb im Schnee. Wir sahen, wie der Schnee sein Grab bereitete, bevor es kalt geworden war. Es verschwand hinter uns in der schrecklichen Einsamkeit.

Wir kommen nur langsam durch die Schneeverwehungen voran. Das Wüten des Sturms reißt die Warnrufe von den Lippen der Führer, und sie erreichen unser Ohr nicht; wir folgen einfach dem Pfad. Lobsang geht vorn, und er sinkt oft in dem trockenen, lockeren Schnee ein und muss eine andere Richtung wählen. In den Senken liegt der Schnee einen Meter hoch, und wir können nur jeweils einen Schritt machen, nachdem die Spaten uns einen Graben durch den Schnee freigeschaufelt haben. Immer wieder stürzt eines der Tiere, und wir müssen warten, bis seine Lasten abgenommen und wieder aufgeschnallt sind, denn alle müssen in der gleichen Furche weitergehen. Alle, Männer und Tiere, sind halbtot vor Müdigkeit und der Mühsal des Atemholens. Das dichte Schneegestöber erschwert das Atmen; wir drehen uns mit dem Rücken zum Wind und beugen uns nach vorn. Nur die nächsten Maultiere sind deutlich zu sehen, das fünfte ist in dem endlosen Weiß nur als Schatten zu erkennen. Ich kann die Führer nicht sehen. So geht der Trupp ein paar Schritte weiter, bis er zum nächsten Hindernis kommt, und wenn sich das Maultier direkt vor mir weiterbewegt, fällt es gleich wieder in eine schneegefüllte Senke, wo zwei Männer warten, um seine Ladung festzuhalten. Die Richtung ist nun Osten, und das Gelände steigt an. Noch ein paar solcher Tage, und die Karawane wird verloren sein.

S. HEDIN, *Trans-Himalaya: Discoveries and Adventures in Tibet*, 1909

Ein Gebirgslager in Tibet, 1899–1902. „Ganz Asien lag offen vor mir“, schrieb Hedin zu Beginn seiner Karriere. „Ich fühlte mich berufen, Entdeckungen ohne Grenzen zu machen – sie warteten nur auf mich mitten in den Wüsten und auf den Gipfeln der Berge.“

HERZOG DER ABRUZZEN 1873–1933
Eine Reise ins Eismeer

In einer Eishütte am nördlichsten Zipfel von Franz-Josef-Land, von wo aus die Männer des Herzogs der Abruzzen Ausschau hielten und auf Cagni warteten. Der Wind und die Strömung trieben Cagni tatsächlich so weit nach Westen, dass er das Franz-Josef-Land fast verfehlt hätte. „In sieben Tagen schwerer Mühsal sind wir keine drei Schritte nach Osten vorgedrungen", schrieb er voller Verzweiflung. „Was soll aus uns werden?" Als Cagni sich schließlich mit Glück und dank seiner Ausdauer bis zur Stella Polare durchkämpfen konnte, war der Herzog von seinem Anblick entsetzt: „Die Schlitten, die übrig geblieben waren, hatten sie mit Teilen anderer Schlitten repariert. Alles, was es noch von ihrer Küchenausrüstung gab, war die Außenhülle des Ofens … Die Primus-Lampe war durch eine Lampe ersetzt worden, in der sie in den letzten Wochen Hundefett verbrannt hatten. Die Schlafsäcke hatten sie weggeworfen und nur die dicken Segeltuchhüllen behalten. Ihre Kleidung war zerlumpt."

DER HERZOG DER ABRUZZEN, *ein Vetter des Königs von Italien, war der bekannteste (wenn nicht einzige) königliche Entdeckungsreisende des 19. Jahrhunderts. Er reiste nach Alaska, Afrika und Asien, aber seine berühmteste Forschungsreise brachte ihn 1899 in die Nähe des Nordpols. Dem Beispiel von Nansen folgend, schiffte er sich auf der* Stella Polare *nach Franz-Josef-Land ein, von wo aus er eine Schlittenexpedition durch das arktische Packeis wagen wollte. Leider zwangen ihn Erfrierungen, das Kommando über die Polargruppe einem alten Bergsteigerfreund, dem Marineoffizier Umberto Cagni, zu überlassen. Begleitet von Hilfstrupps, die Lebensmittel und Brennstoff über vorher festgelegte Distanzen transportierten und dann umkehrten, schaffte Cagni es bis 86°32', der höchsten bis dahin erreichten nördlichen Breite. Auf dem Rückweg trieb ihn jedoch das driftende Packeis vom Kurs ab, und nur mit übermenschlicher Kraftanstrengung gelang es ihm und seinen drei Kameraden, Franz-Josef-Land zu erreichen. Einer seiner Hilfstrupps war im Eis versunken und kehrte nicht mehr zurück.*

CAGNI STELLT BEIM VORDRINGEN NACH NORDEN EINEN NEUEN REKORD AUF.
Samstag, 21. April. – Unsere Träume und Hoffnungen, die noch vor zwei Tagen gänzlich unsicher waren, erwachen wieder voller Lebenskraft und erfüllen uns mit einer in dieser trostlosen, unwirtlichen Gegend nie zuvor erlebten Freude! … Wir sind bei 85°29'… Das erfüllt uns alle mit Begeisterung, aber ganz besonders Fenoillet, der gewöhnlich sehr zurückhaltend ist … Je weiter wir vorstoßen, desto härter wird der Schnee; die Hunde liefen noch nie so gut wie heute; und wir kommen schnell voran, mit doppelter Geschwindigkeit und ohne Zwischenfälle bis um sechs …

Natürlich kommt mir der Gedanke ans Umkehren nicht in den Sinn, aber es ist nur gerecht, dass ich mit meinen Kameraden darüber spreche, deren Leben eng mit dem meinen verbunden ist und in meinen Händen liegt …

„Wir haben noch für 30 Tage Proviant, der, wenn wir die Rationen verringern, sogar 40 Tage reichen könnte – das heißt, bis Ende Mai. Mit sechs oder sieben Tagesmärschen wie gestern oder vorgestern könnten wir zwar keinen völligen Erfolg, aber doch ein zufrieden stellendes Ergebnis erzielen. Andererseits könnte die Fortsetzung unseres Marsches bedeuten, dass wir auf dem Rückweg großen Entbehrungen ausgesetzt sind und sogar ernsthafter Gefahr, sollten wir das Pech haben und von einem Schneesturm überrascht werden. Die 45 Kilometer, die wir in zwei Tagen zurückgelegt haben, sind vielleicht in vier Tagen nicht noch einmal zu schaffen, und sollte sich unser Rückmarsch langsam gestalten, bräuchten wir nicht nur Lebensmittel, sondern könnten auch von Tauwetter überrascht werden, was vielleicht unser Ende wäre".

Nachdem ich die Argumente für und gegen eine letzte Anstrengung dargelegt hatte, bat ich die Männer um ihre Meinung. Einstimmig riefen sie: „Vorwärts! Lasst uns laufen, bis wir wenigstens den 87. Breitengrad erreicht haben!" …

Sonntag, 22. April. – Wir standen heute Morgen schon um 5 Uhr auf und fühlten eine leichte Schwere in den Gliedern, wie so oft, wenn wir eine wichtige Entscheidung getroffen hatten. Ich habe heute Nacht viel nachgedacht und [beschlossen], dass ich umkehren werde, sobald ich 86°30' erreicht habe, selbst wenn ich den Punkt in wenigen Tagen errei-

chen sollte. Kaum hatte ich diese Entscheidung getroffen, befielen mich Zweifel; werden wir überhaupt 86°30' erreichen?

Wir machen erst um 19.30 Uhr Halt; wir müssen die 21 Kilometer ganz geschafft haben, die uns vom 86. Breitengrad trennen ... Wir sind nervös, trotz der Müdigkeit, und haben auch Grund dazu; wir reden davon, dass wir morgen 86°16' erreichen wollen, wenn das Eis es erlaubt, und Nansen ist mehr denn je das Thema der Gespräche ...

Montag, 23. April. – ... Wir setzten unseren Marsch fort. Nie hatte ich mich so müde gefühlt. Ich konnte kaum stehen; die Hunde weigerten sich weiterzugehen, und wir mussten sie andauernd mit der Peitsche antreiben. Um 14.30 Uhr fanden wir eine Fahrrinne, die wir überquerten, [dann] suchten wir einen Ort zum Übernachten ... und bereiteten uns einen Imbiss mit Kaffee. Die Meridianhöhe ergab 86°4'. Uns fehlten immer noch 15 Kilometer, um Nansens nördlichste Breite zu erreichen, und in höchstens vier Stunden müssten wir sie hinter uns haben. Wir beschlossen, um jeden Preis zu versuchen, noch heute Abend 86°16' zu erreichen ...

Die Hunde schienen sich in der kurzen Ruhepause gut erholt zu haben und zogen bereitwillig ohne anzuhalten. Auch ich spürte die seltsame und plötzliche Müdigkeit dieses Morgens nicht mehr ... Petigax und Fenoillet gingen für sich, etwa hundert Schritte vor dem Konvoi, der schweigend voranschritt und zwei Furchen zurückließ, die sich in der Ferne verloren. Immer wieder sah ich nach der Uhr; trotz unserer Schnelligkeit liefen wir schon eine oder anderthalb Stunden ohne den geringsten Halt und dann nach fünf Minuten Pause noch weiter. 7 Uhr, 8 Uhr und wir liefen immer noch ...

[Sie haben Nansens nördlichsten Punkt passiert! Wir waren über unseren Erfolg über-rascht. [Petigax und ich] haben seit Stunden kein Wort gewechselt; ich hielt ihm meine Hand entgegen, und er drückte sie. Ich dankte ihm für alles, was er getan hatte, um mir zu helfen; ich wollte ihm sagen, dass die Hand, die er hielt, die eines dankbaren Freundes war, aber ich weiß weder, was ich ihm sagte, noch, ob er mich hörte. Er stammelte, er habe nur seine Pflicht getan, aber seine Stimme versagte wie meine vor Rührung, und in seinen Augen schimmerten wie in meinen Tränen.

„Die Flagge!", rief ich ihm zu … Wir suchten hastig im Kajak nach der kleinen Flagge, knüpften sie an die Bambusstange, ich schwang sie und rief: „Lang lebe Italien! Lang lebe der König! Lang lebe der Herzog der Abruzzen!" Und jedes Mal antworteten die Anderen mit Jubelrufen …

Dienstag, 24. April. – … Ich habe gestern Abend beschlossen, dass ich den ganzen Tag und morgen bis zum Mittag weitergehen würde; dann würden wir die Höhe des Meridians messen, unsere Mahlzeit einnehmen und in einem einzigen Marsch zurückkehren, um an diesem Platz das Lager aufzuschlagen. Ich habe errechnet, dass ich auf diese Weise bestimmt 86°30' erreichen werde.

Die Männer sind mit meinem Plan einverstanden, obwohl ich von ihren Augen ablese, dass sie sich in ihrem Herzen wünschen, den 87. Breitengrad zu erreichen. Aber ich widerstehe diesem allgemeinen Wunsch: Ich versuche alle, auch mich, zu überzeugen, dass es nur Eitelkeit ist, wenn sie die Zahl abrunden wollen …

[Gegen 6 Uhr abends hat sich das Eis beträchtlich verschlechtert.] Wir gehen davon aus, dass wir uns bei 86° 31' nördliche Breite befinden. Auch bei äußester Anstrengung würden wir jetzt nur sehr wenige Meilen gewinnen … Die Hunde sind sehr müde, und auch wir spüren die gestrige Strapaze. Ich denke daher, dass es klüger wäre, jetzt anzuhalten …

Wir wiederholten noch einmal die kleine Feier von gestern, gefolgt von einem herzlichen Toast auf den Herzog der Abruzzen; während ich ihn ausspreche, bin ich erregt und merke, dass auch meine Kameraden ergriffen sind; nach kurzem Schweigen beginnt unsere Unterhaltung erneut, so angeregt wie nie zuvor unter diesem ärmlichen, zerfetzten Zeltdach. Der Gedanke, der am häufigsten erwähnt wird und uns am meisten freut, ist der an unsere Ankunft in der Hütte – wie überrascht der Prinz und unsere Gefährten sein würden, die nach den Details unseres ersten Marsches alle Hoffnung aufgegeben haben müssen, dass uns je etwas gelingen würde. Jemand schlägt vor, dass wir ein großes Plakat machen, aus einem Stück des Zeltes, und 86°30' darauf schreiben sollen, sodass sie es bei unserer Ankunft schon von weitem sehen können. Wir sprechen über unser Zuhause und die Rückkehr in unsere Heimat. Oh, wie die Zukunft uns lacht!

Wir treten ins Freie. Das Thermometer zeigt −35° an; dennoch … bleiben wir alle lange draußen, ganz erfüllt von unserem Glück. Wir haben all unsere Mühsal hinter uns, der Rückweg kommt uns nun wie ein Ausflug vor … Die Luft ist sehr rein …

Mittwoch, 25. April. – Ich konnte letzte Nacht kein Auge zumachen, entweder wegen der Kälte oder weil ich zu erregt war; und auch die Männer schliefen wenig. Wir erhoben uns um sieben; wir aßen nur Pemmikan und begannen, die Schlitten zu bepacken … Um 11 Uhr haben wir alles so weit fertig, und ich nehme die Höhe des Meridians … Wir sind bei 86° 32' nördliche Breite.

Der Konvoi ist zum Aufbruch bereit; ich fotografiere ihn und gebe das Signal zum Abmarsch. Petigax geht in den gestern gelegten Spuren voran, und unsere Herzen schlagen schnell, als wir die ersten Schritte zur Rückkehr in unsere Heimat machen.

L. ABRUZZI, *On the Polar Star in the Arctic Sea, Vol II, 1903.*

Ein Mitglied aus dem Team des Herzogs der Abruzzen paddelt in der Dämmerung vor der Küste von Franz-Josef-Land. Der Herzog hatte gehofft, den Marsch zum Pol durch helium-gefüllte, an den Schlitten befestigte Ballons erleichtern zu können. Aber aus seinem Plan wurde nichts: Der Helium-Generator wurde gebraucht, um die Stella Polare *trocken zu pumpen, nachdem ihr Rumpf vom Eis beschädigt worden war. Stattdessen verließ sich die Polexpedition auf bewährte Methoden wie Hundeschlitten und Kajaks. Die Männer benutzten keine Skier wie andere Expeditionen, liefen aber auf Finneskoes – Fellstiefeln aus Lappland, die mit getrocknetem Gras isoliert waren – neben den Schlitten her.*

ROBERT EDWIN PEARY 1856–1920
Dem Pol am nächsten

PEARY, DER SEINEN VATER *schon im Alter von zwei Jahren verloren hatte, verspürte einen unwiderstehlichen Drang, sich zu beweisen. Mit 30 schrieb er: „Denk dran, Mutter, ich muss berühmt werden, und ich kann mich nicht mit jahrelanger simpler Plackerei … abfinden, wenn ich eine Möglichkeit sehe, mir jetzt einen Namen zu machen und den Ruhm zu genießen, solange ich noch jung und stark bin und ihn in vollen Zügen*

GEGENÜBER:
Pearys Männer inspizieren das leck geschlagene und ruderlose Heck der Roosevelt. *Das Schiff war im Winter 1905 im Eis gefangen und konnte nur mit knapper Not entkommen. Der Kapitän schrieb: „Die gute alte* Roosevelt *war, wie wir selbst auch, reif fürs Irrenhaus oder den Schrottplatz.“*

auskosten kann … Ich möchte jetzt berühmt werden.“ Er wandte den Blick zum Nordpol, den er nach einigen fehlgeschlagenen Expeditionen über Grönland und die Ellesmere-Insel 1909 erreichte. „Endlich der Pol!“, schrieb er. „Seit drei Jahrhunderten gesucht, mein Traum und Ziel seit 23 Jahren. Endlich mein!“ Spätere Untersuchungen haben gezeigt, dass er seine Messungen gefälscht hatte und höchstens auf 96 Kilometer an den Pol herangekommen war. Aber dass er überhaupt so weit gekommen war, mit der damals verfügbaren Ausrüstung, so weit vorgedrungen war, macht ihn trotzdem zu einem bemerkenswerten Mann.

Pearys polarer Erfolg ist der Tatsache zuzuschreiben, dass er die Überlebenstechniken der Eskimos nutzte. Er war für Pelzkleidung statt Wollsachen (das Foto links zeigt ihn in seinem Reisepelz), für Hundeschlitten, für rohes Fleisch gegen Skorbut und für Iglus statt Zelten. Bei seiner großen Polexpedition 1909 vertraute er der Führung von Eskimos.

Wie die meisten Weißen damals sah Peary den „edlen Wilden“ mit einer Mischung aus Gutmütigkeit und dem gängigen Rassismus seiner Zeit, dem er eine Prise selbst gebrauter Eugenik hinzufügte. „Wenn die Kolonisierung in den Polregionen Erfolg haben soll, sollten weiße Männer sich eingeborene Frauen nehmen“, schrieb er, „dann könnte aus dieser Verbindung eine Rasse entstehen, welche die Widerstandsfähigkeit der Mütter und die Intelligenz der Väter aufweist. Solche Rasse würde mit Sicherheit den Pol erreichen, sollte dies nicht schon den Vätern gelungen sein.“ Wie um seine Theorie zu untermauern, zeugte er dort mindestens zwei Kinder.

AM 21. APRIL 1906 ERREICHTEN PEARY, SEIN SCHWARZER DIENER MATTHEW HENSON UND SECHS ESKIMOS DEN NÖRDLICHSTEN PUNKT AUF DEM PACKEIS BEI 87°06'. DER RÜCKMARSCH WAR BESCHWERLICH.

Auf dem dritten Marsch vom Storm Camp überquerten wir die Narbe der „großen Rinne"… wo die Ränder dieser Rinne aufeinander zu gedriftet und festgefroren waren. Man konnte sie nicht verfehlen, und ich ließ mich törichterweise verleiten zu glauben, dass dieses Hindernis endlich überwunden sei … Ich hätte es besser wissen müssen, denn ich besaß genug Arktiserfahrung, um zu wissen, dass man sich in diesen Gefilden nie auf etwas verlassen darf und nie etwas anderes erwarten darf als das Schlimmste. Auf dem zweiten Marsch südlich der Narbe stießen wir auf eine Region mit in die Höhe gedrückten, in alle Richtungen verlaufenden Kämmen … Ich wunderte mich ein paar Stunden später nicht, als ein Eskimo, den ich vorausgeschickt hatte, um einen Weg für die

Schlitten ausfindig zu machen, mir „offenes Wasser" angekündigt ... da war unser Freund, die „große Rinne", ein dunkles Band aus Wasser, etwa 800 Meter breit ... Sie erstreckte sich nach Osten und Westen weiter, als ich sehen konnte ...

Am nächsten Tag zogen wir weiter nach Osten und fanden in der Rinne halb gefrorenes, lockeres Packeis vor, das uns kaum tragen konnte. Der Schlitten wurde schleunigst darauf geschoben, und wir waren nur noch ein paar Meter von festem Eis auf der Südseite entfernt, als unsere Brücke nachgab und das Eis sich unter uns teilte. Hektisch machten wir kehrt und schafften es zurück. Wir lagerten auf einer großen Eisscholle [wo] wir blieben, stetig ostwärts driftend, und zusahen, wie sich die Rinne langsam erweiterte ...

Jeden Tag schrumpfte die Zahl meiner Hunde, und Schlitten wurden auseinander gebrochen, um die Tiere zu kochen, die wir aßen. Ich persönlich habe nichts gegen Hundefleisch, solange es genug davon gibt. Eines Tages bildeten sich rund um unsere Scholle Rinnen und machten sie zur einer Insel von drei bis vier Kilometer Durchmesser.

Später kamen zwei Eskimo-Führer atemlos mit der Nachricht zurück, dass sich ein paar Kilometer vom Lager entfernt eine frische Eisschicht über die ganze Rinne – die jetzt ungefähr drei Kilometer breit war – ausdehnte, das wir nach ihrer Meinung mit unseren Schneeschuhen überqueren könnten ... Uns allen war klar, dass dies unsere Chance war, und ich ordnete an, die Schneeschuhe anzulegen und den Versuch zu wagen. Ich band meine sorgfältiger als je zuvor. Ich glaube, jeder tat dasselbe, denn wir wussten, dass ein Stolpern oder Ausrutschen tödlich sein konnte ...

Unterwegs ließen wir jeweils eineinhalb bis zwei Meter Abstand zwischen zwei Männern, und einigen Abstand zu den Schlitten. Wir gingen schweigend, jeder war mit seinen Gedanken beschäftigt und achtete auf seine Schneeschuhe. Offen gestanden sehne ich mich nicht nach weiteren Erlebnissen dieser Art. Einmal unterwegs, durften wir nicht mehr anhalten, durften unsere Schneeschuhe nicht anheben. Wir mussten sie mit äußerster Vorsicht und gleichmäßigem Druck aneinander vorbeigleiten lassen, und von jedem Mann breiteten sich auf dem dünnen Eisfilm in alle Richtungen Wellenbewegungen aus, sobald er einen Schneeschuh vorwärts schob ...

Nachdem wir das feste Eis am Südrand der Rinne erreicht hatten, waren die Seufzer der beiden mir nächsten Männer in der Linie deutlich zu hören. Ich selbst war mehr als glücklich ... Als wir uns vom Losschnüren der Schuhe aufrichteten und einen Moment zurückblickten, bevor wir unsere Gesichter nach Süden wandten, zerteilte ein schmales schwarzes Band die zerbrechliche Brücke, auf der wir gekommen waren. Die Rinne weitete sich wieder, und wir hatten es gerade noch geschafft.

Das Eis auf der Südseite der Rinne sah furchtbar aus ... eine Hölle aus Brucheis, wie ich sie noch nie gesehen hatte und nie wieder sehen möchte, eine Masse von pflastersteingroßen Stücken bis zu Stücken von der Größe der Kuppel des Kapitols, alle rund geschliffen von dem unerbittlichen Mahlen, dem sie zwischen den „Kiefern" der Rinne ausgesetzt waren, als deren Ränder dicht aneinander vorbeischabten ...

Auf diesem Marsch und auf dem nächsten und einem Teil des übernächsten stolperten wir verzweifelt durch diesen gefrorenen Hades nach Süden und holten uns bei den häufigen Stürzen unangenehme Prellungen. Meine ungepolsterten Beine hatten besonders viel abbekommen, und es ist nicht übertrieben, wenn ich sage, dass mir in unserem ersten Lager meine Kiefer schmerzten, weil ich meine Zähne auf dem Marsch so oft und heftig zusammengebissen hatte ...

Das Land (als wir es schließlich sichteten) schien verhext und jede Nacht so weit von uns wegzurücken, wie wir ihm am Tag zuvor näher gekommen waren. Allmählich aber wurden Einzelheiten erkennbar, und ich hielt direkt auf den Küstenstreifen bei Kap

Peary hatte eine Vorliebe für Studien an Eskimos – oft nackt und oft Frauen. Er betitelte sein Porträt „Studie in Bronze". Vermutlich hat die Fotografierte skandinavische und Eskimo-Vorfahren, zumal die Dänen Pearys eugenische Gedanken schon lange, bevor er nach Grönland kam, in die Tat umgesetzt hatten.

Neumeyer zu, weil ich mir sicher war, dass wir dort ein paar Hasen schießen könnten und weil ich hoffte, in der Mascart-Bucht Moschusochsen zu finden. Endlich schleppten wir uns auf die Eiskante von Kap Neumeyer und hatten in knapp einer Stunde vier Hasen erlegt, und sie schmeckten uns vorzüglich, auch ohne Salz oder Feuer.

R. PEARY, *Nearest the Pole*, 1907.

Pearys Frau Josephine begleitete ihn 1891, 1893 und 1900 nach Grönland. Sie war bei den Männern, die sie für noch diktatorischer als Peary selbst hielten, nicht beliebt. „Ich werde nie mit diesem Mann und dieser Frau auf dem selben Schiff zurückkehren", schrieb einer der Teilnehmer der Expedition von 1891. (Das brauchte er auch nicht: Bei der Überquerung eines Gletschers verschwand er in einer Spalte.)

ROBERT PEARY ÜBER JOSEPHINE PEARY.

Sie ist dort gewesen, wo noch nie eine weiße Frau war, und wohin manch ein Mann zu gehen gezögert hat ... Ich nehme selten oder sogar nie den Faden unserer arktischen Erinnerungen auf, ohne zwei Bilder vor Augen zu haben: Eines ist die erste Nacht, die wir nach der Abfahrt der *Kite* an der grönländischen Küste verbrachten, als sie in einem kleinen Zelt auf den Felsen – einem Zelt, das der stürmische Wind jeden Moment davonzutragen drohte – an meiner Seite wachte, ich war ein hilfloser Krüppel mit gebrochenem Bein, und wir waren die einzigen menschlichen Wesen an dieser Küste ... Erst viel später erzählte sie mir, wie ihr Herz bei jedem ungewohnten Laut heftig geklopft habe bei der Vorstellung, ein hungriger Bär könne an der Küste auftauchen ... Doch ließ sie sich damals ihre Furcht nie anmerken, um mich nicht zu beunruhigen.

Das andere Bild ist das einer Szene ein, zwei Monate später, als diese Frau – ich war immer noch ein Krüppel, wenn auch nicht gänzlich hilflos – neben mir am Heck eines Bootes saß und ruhig unsere leeren Feuerwaffen nachlud, während wütende Walrosse ihre schauerlichen Köpfe mit glänzenden Stoßzähnen und blutunterlaufenen Augen dicht vor der Mündung unserer Gewehre aus dem Wasser hoben, sodass sie die Tiere mit ihrer Hand hätte berühren können ... Man möge mir verzeihen, wenn ich sage, dass ich an diese beiden Erlebnisse nie ohne einen Anflug von Stolz und Bewunderung für ihren Mut zurückdenke.

J. PEARY, *My Arctic Journal*, 1893

JOSPHINE PEARY ÜBER DIE LEBENSUMSTÄNDE.

Montag, 21. Dezember. Die dunkle Nacht ist gerade halb vorüber; heute ist der kürzeste Tag. Bisher ist die Zeit nicht allzu langsam vergangen, aber ich fürchte, wenn wir noch viele dieser dunklen Tage hinter uns haben, werden wir anders darüber denken. Ich habe noch nichts für Weihnachten vorbereitet, aber ich möchte irgendetwas Kleines für Mr. Peary machen. Was die Jungs angeht, glaube ich, dass ihnen ein besonders gutes Abendessen besser als alles, was ich ihnen sonst schenken könnte, gefallen wird. M'gipsu hat ein Paar Rentierlederhosen für einen der Jungs genäht und auch einen Hirschledermantel fertig gemacht. Jetzt arbeitet sie an einem Schlafsack aus Hirschleder, der um den Hals des Besitzers befestigt wird ...

Sie sitzt in meinem Raum auf dem Boden (eine ungewöhnliche Ehre), und ihr Mann, Annowkah, kommt so oft herein, wie er einen Grund dafür finden kann. Häufig reibt er sein Gesicht an dem ihren, und sie beschnuppern sich; das ist für sie Küssen. Ich denke, sie könnten sich auch riechen, ohne das zu tun, aber wahrscheinlich sind sie so an den (für mich) schrecklichen Geruch gewöhnt, dass sie ihn nicht mehr wahrnehmen.

Josephine Peary lässt sich 1891 mit einer Eskimo-Familie fotografieren. Zwei Jahre danach brachte sie in Grönland eine Tochter, Marie Anhighito, zur Welt – damals wohl das am weitesten nördlich geborene weiße Kind überhaupt. Die Eskimos kamen von weither, um das Mädchen zu bewundern, das sie „Schneebaby" nannten. Dann allerdings musste Josephine 1900 einen ganzen Winter mit Pearys schwangerer Eskimo-Geliebten ausharren. „Du warst wohl überrascht, vielleicht auch verärgert, als du hörtest, dass ich auf einem Schiff zu dir unterwegs war", schrieb sie, „aber glaube mir, hätte ich gewusst, wie die Dinge bei dir stehen, wäre ich nicht gekommen."

Ich mag es gar nicht, wenn die Eingeborenen sich in meinem Raum aufhalten, weil sie so schmutzig sind und vor allem, weil sie von Ungeziefer bedeckt sind, was ich auf den Tod nicht leiden kann. Aber da es nicht möglich ist, dass die Frauen in dem anderen Raum nähen, wo die Jungs an ihren Schlitten und Skiern arbeiten, erlaube ich jeweils zwei Frauen in meinen Raum zu kommen und achte darauf, dass sie nicht in die Nähe des Bettes treten. Wenn sie mit ihrem Tagespensum fertig sind, nehme ich meinen kleinen Besen, der ein einfacher, an einem Hackenstiel befestigter Wedel ist, und fege den Raum gründlich aus.

Die Jungs haben Besen aus Enten- und Gänseflügeln gemacht, die sehr ordentlich sind, zumal nur der nackte Boden zu fegen ist; aber ich habe einen Teppich auf meinem Fußboden, und die Federbesen bewirken hier nichts, darum muss ich mich mit meinem kleinen Wedel begnügen. Er erfüllt seinen Zweck, das Fegen nimmt aber doppelt so viel Zeit in Anspruch, als es sonst dauern würde. Nachdem der Raum gründlich gefegt worden ist, besprenkele ich ihn mit einer Lösung , die mir der Arzt gab, und schaffe es so, von dem Ungeziefer verschont zu bleiben. Mr. Peary und ich reiben uns beide jede Nacht, bevor wir uns zurückziehen, als zusätzliche Schutzmaßnahme gegen die schrecklichen *koomakshuey* mit Alkohol ein und werden für unsere Mühe reich belohnt.

J. PEARY, *My Arctic Journal.*

FREDERIC COOK 1865–1940

Der große arktische Betrug

DR. COOK WAR 1900 *schon ein berühmter Polarforscher. Er hatte Peary in die Arktis begleitet, selbst einige Grönlandreisen unternommen und 1898 an der* Belgica*-Expedition in die Antarktis – der ersten südpolaren Überwinterung – teilgenommen, bei der seine ärztliche Fürsorge verhinderte, dass die gesamte Mannschaft an Skorbut starb. Roald Amundsen beschrieb ihn als „einen Mann von bewundernswertem Mut, nie versiegender Hoffnung, endloser Zuversicht und unermüdlicher Freundlichkeit … sein Einfallsreichtum und sein Unternehmungsgeist waren grenzenlos." Amundsen erklärte sogar, dass das Überleben der* Belgica *„in allererster Linie der Geschicklichkeit, der Energie und der Ausdauer von Dr. Cook" zu verdanken war. Dann aber lief etwas schief. 1906 führte Cook eine Expedition zum Mount McKinley, dem höchsten Berg Nordamerikas, und gab bekannt, er sei der erste Mensch, der auf dem 6193 Meter hohen Gipfel gestanden habe. Zwei Jahre später kehrte er von einer Reise in die Arktis zurück und verkündete, dass er am Nordpol gewesen sei. Beide Behauptungen wurden mit Fotos untermauert – und in beiden Fällen erwiesen sich die Fotos als Fälschungen. Er war weder an dem einen noch an dem anderen Ort gewesen. Trotz dieser offensichtlichen Lügen war Cook dennoch ein sehr fähiger Mann. Wenngleich er 1908 nicht bis zum Pol vorgestoßen war, so hatte er doch unzweifelhaft den Winter irgendwo in der Arktis verbracht und, allein vor der Küste lebend, das ganz ohne Hilfe von außen geschafft; und er hatte danach die Westküste Grönlands durchquert – was selbst von den Eskimos für unmöglich gehalten wurde.*
Er zeigte bis zum Schluss keine Reue: „Ich bin erniedrigt und zutiefst verletzt worden. Aber das spielt keine Rolle mehr. Ich werde älter und für mich zählt heute, dass man glaubt, dass ich die Wahrheit gesagt habe. Ich erkläre nachdrücklich, dass ich, Frederick C. Cook, den Nordpol entdeckt habe."

COOKS BLUMIGER BERICHT ERZÄHLT VOM POL, DEN ER NIE ERREICHTE.
Als die Mitternachtssonne die Höhe der Mittagssonne erreicht hatte, leuchtete die Eiswüste im glitzernden Schein von Millionen Diamanten, durch die wir uns einen Weg zu künftigem und höherem Ruhm erkämpften … Nie fühlten sich Männer stolzer als wir, als wir kämpferisch die letzten Schritte zum höchsten Punkt der Welt taten.

Das Lager wurde früh am Morgen des 20. April aufgeschlagen. Die Sonne stand im Nordosten, das Packeis glühte in lila Farbtönen, der übliche westliche Wind fuhr über unsere frostigen Gesichter. Unser überraschender Ausbruch von Begeisterung hatte seine Grenzen erreicht. Er hatte uns geholfen, einen langen Marsch auf durchschnittlichem Eis zurückzulegen, bis uns wie üblich die Müdigkeit überwältigte. Zu müde und schläfrig, um auf eine Tasse Tee zu warten, gossen wir geschmolzenen Schnee in unseren Magen und zerschlugen Pemmikan mit der Axt, damit es leichter zu kauen war. Die Augen fielen uns zu, bevor die Mahlzeit beendet war, und acht Stunden lang vergaßen wir die Welt …

Spät in der Nacht, nach einer weiteren langen Ruhepause, spannten wir die Hunde an und beluden die Schlitten. Dabei hatten wir das Gefühl, dass keine Zeit zu verlieren war. Fieberhafte Ungeduld ergriff mich.

Die Peitsche schwingend, sausten wir los. Die Jungs sangen. Die Hunde heulten. Mitternacht des 21. April war gerade vorbei.

Über dem glitzernden Schnee schien die Sonne nach Mitternacht wie am hellen Mittag. Ich glaubte in goldenen Reichen der Träume zu wandeln. Während wir vorwärts stürmten, umschwamm mich das Eis in kreisenden Goldströmen. Etukishook und Ahwelah, obwohl dünn und zerlumpt, hatten die Würde von Helden einer Schlacht, die erfolgreich zu Ende gekämpft worden war.

Wir wurden alle ins Paradies der Sieger erhoben, als wir über den Schnee eines Schicksals schritten, für das wir alle unser Leben riskiert und bereitwillig die Qualen einer eisigen Hölle ertragen hatten. Das Eis unter uns, seit Jahrhunderten das Ziel mutiger, heroischer Männer, für dessen Erreichen viele schrecklich gelitten hatten und schrecklich gestorben waren, schien fast heilig zu sein. Beständig und sorgfältig beobachtete ich meine Instrumente, um diese letzte Phase zu dokumentieren. Näher und näher zeigten sie uns unserem Ziel. Mit jedem Schritt ergriff mich mehr ein berauschendes Gefühl der Eroberung.

Zuletzt steigen wir über farbige Felder glitzender, ansteigender Wände aus Purpur und Gold – endlich, unter kristallblauem Himmel mit flammenden Ruhmeswolken, erreichen wir unser Ziel! Die Seele ist erfüllt vom endgültigen Triumph; in uns geht die Sonne auf, und die ganze Welt voll nachtdunkler Mühsal schwindet dahin. Wir sind auf dem höchsten Punkt der Welt! Die Flagge flattert im eisigen Wind des Nordpols!

F. COOK, *My Attainment of the Pole, 1911.*

HIRAM BINGHAM 1875–1956

Die Entdeckung von Machu Picchu

DER ALS SOHN EINES MISSIONARS *auf Hawaii geborene Bingham war von Humboldts Beschreibungen Südamerikas begeistert. Da noch weite Regionen des Kontinents unentdeckt waren, befand er, dass er sich hier einen Namen machen könne, weil er endlich einmal, wie er es nannte, „in Claims arbeiten konnte, die noch nicht von anderen abgesteckt waren." Nachdem er bereits von seinem Vater die Grundlagen des Bergsteigens erlernt hatte, ließ er sich zum Archäologen ausbilden, anschließend beschaffte er sich eine Stellung als Kurator der Südamerika-Sammlung der Harvard-Bibliothek. Dass diese Sammlung noch gar nicht bestand, lieferte ihm den Vorwand für ihren Aufbau. Im Verlauf mehrerer Reisen nach Südamerika hörte er von Gerüchten über Vilcabamba, die Stadt der Inka, die angeblich so tief im Innern der peruanischen Anden verborgen lag, dass die Konquistadoren sie nie zu finden vermochten. Auch Bingham fand sie nicht. Doch 1911 entdeckte er etwas, das genauso sensationell war: die Bergstadt Machu Picchu. Sie war das archäologischen Äquivalent von El Dorado. Bingham forschte weiter in den Anden, aber nichts konnte es je mit Machu Picchu aufnehmen. Er schrieb noch 40 Jahre später über diesen einen Fund.*

DIE ENTDECKUNG VON MACHU PICCHU.

Ohne die geringste Hoffnung, auf etwas Interessanteres als die Ruinen von zwei, drei Steinhäusern zu stoßen, wie wir sie schon an mehreren Orten an der Straße zwischen Ollantaytambo und Torontoy angetroffen hatten, trat ich schließlich aus dem kühlen Schatten der angenehmen, kleine Hütte und kletterte weiter den Gebirgskamm hinauf und um ein kleines Vorgebirge herum. Melchor Arteaga war „schon einmal dort gewesen" und beschloss daher, sich auszuruhen und mit Richarte und Alvarez zu plaudern. Sie gaben mir

einen kleinen Jungen als ‚Führer' mit. Der Sergeant war zwar verpflichtet mitzukommen, aber ich glaube, er war auch ein wenig neugierig auf das, was es zu sehen gab.

Kaum hatten wir die Hütte verlassen und das Vorgebirge umrundet, als uns ein grandioser Anblick erwartete: treppenförmig angelegte, schön gebaute, mit Steinmauern umgrenzte Terrassenfelder, vielleicht hundert, jedes 100 Meter lang und etwa drei Meter hoch. Sie waren erst kürzlich von den Indios vor dem Dschungel gerettet worden. Ein dichter Wald aus großen Bäumen, der dort seit Jahrhunderten wuchs, war gefällt und zum Teil verbrannt worden, um Platz für Anbauflächen zu schaffen. Die Arbeit war für die beiden Indios nicht zu bewältigen, sodass sie die Baumstämme so liegen ließen, wie sie fielen, und nur die kleineren Äste entfernten. Doch auf dem alten, von den Inkas sorgfältig angehäuften Humusboden gediehen immer noch reiche Mais- und Kartoffelernten.

Dennoch war das nicht weiter aufregend. Ähnliche Terrassenbauten sind in dem oberen Tal des Urubamba bei Pisac und Ollantaytambo sowie gegenüber von Torontoy zu sehen. So folgten wir geduldig dem kleinen Führer über eine der breitesten Terrassen, auf der früher einmal ein kleiner Kanal verlief, und gingen dann weiter in einen unberührten Wald dahinter. Plötzlich sah ich vor mir die Mauern zerfallener, in feinstem Inka-Mauerwerk erbauter Häuser. Sie waren kaum zu entdecken, weil sie teilweise von in Jahrhunderten gewachsenen Bäumen und Moos überwuchert waren, aber in dem dichten Halbdunkel, verborgen in Bambusdickicht und Schlingpflanzen, waren hier und da Mauern aus weißen, sorgfältig geschnittenen und exakt aneinander gefügten Granitquadern zu entdecken. Wir krochen durch das dichte Unterholz, kletterten über Terrassenmauern und in Bambusdickicht, wo unser Führer leichter vorankam als ich. Plötzlich, ohne jede Vorwarnung, zeigte mir der Junge unter einem gewaltigen, überhängenden Felsvorsprung, eine mit fein gemeißelten Steinen ausgekleidete Höhle. Sie war ganz offensichtlich ein königliches Mausoleum gewesen. Auf diesem Vorsprung befand sich ein halbrundes Gebäude, dessen Außenwand, sanft abfallend und leicht gebogen, eine auffallende Ähnlichkeit mit dem berühmten Sonnentempel von Cuzco aufwies. Es könnte eben-

UMSEITIG:
Die auf einem Bergsattel gelegene Stadt Machu Picchu, fotografiert von Bingham, der erklärte: „Was die Vielfalt ihrer Reize und die Macht ihres Zaubers angeht, so kenne ich keinen Ort auf der Welt, der mit ihr vergleichbar ist." Dieses Foto beeindruckte die Phantasie der Menschen so stark, dass die National Geographic Society nach seiner Veröffentlichung in ihrem Magazin mehrere Tausend neue Mitglieder verzeichnen konnte.

falls ein Sonnentempel gewesen sein. Er folgte der natürlichen Biegung des Felsens und war mit einem der schönsten Beispiele von Baukunst, das ich je gesehen hatte, daran befestigt. Außerdem war er noch mit einer weiteren schönen Mauer verbunden, die aus präzise aneinander gefügten Quadern aus schneeweißem, wegen seiner feinen Maserung ausgewähltem Granit bestand. Das war ganz eindeutig ein Meisterwerk. Die Innenfläche der Mauer war von Nischen und viereckigen Steinpflöcken unterbrochen. Die Außenfläche war völlig schlicht und unverziert. Die unteren Lagen aus besonders großen Quadern ließen den Bau massiv wirken. Die oberen, sich nach oben verjüngenden Lagen verliehen ihm Anmut und Feinheit. Die fließenden Linien, die symmetrische Anordnung der Quader und die allmähliche Verjüngung der Steinlagen erzeugten eine wunderbare Wirkung, die weicher und gefälliger war als die der Marmortempel der Alten Welt. Weil kein Mörtel verwendet wurde, gab es keine hässlichen Fugen zwischen den Steinen. Als wären sie zusammengewachsen … Wegen der Schönheit des weißen Granits übertrifft dieser Bau den Reiz der besten Inka-Mauern in Cuzco, die seit vier Jahrhunderten Besucher in Erstaunen versetzen. Es war wie ein unglaublicher Traum. Allmählich begriff ich, dass diese Mauer und ihr angrenzender halbrunder Tempel über der Höhle den schönsten Bauwerken der Welt in nichts nachstanden.

Es verschlug mir den Atem. Was könnte dieser Ort sein? Warum hat uns niemand je etwas davon erzählt? Selbst Melchor Arteaga war nur mäßig interessiert und hatte keinen Sinn für die Bedeutung der Ruinen, die Richarte und Alvarez für ihr kleines Gehöft nutzten. Vielleicht war dies nur ein kleiner, isolierter Ort, den niemand kannte, weil er unzugänglich war.

Dann drängte uns der kleine Junge, einen steilen Berghang auf einer gut erhaltenen Treppengasse hochzuklettern. Eine Überraschung folgte der nächsten. Wir kamen zu einem prächtigen Treppenaufgang aus großen Granitblöcken. Dann gingen wir auf einem Pfad zu einer Lichtung, wo die Indios einen kleinen Gemüsegarten angelegt hatten. Plötzlich standen wir vor den Ruinen von zwei der schönsten und interessantesten Bauten im alten Amerika. Die Mauern aus schönem weißem Granit bestanden aus zyklopischen Blöcken, höher als ein Mensch. Der Anblick verzauberte mich.

Jedes Gebäude bestand aus nur drei Wänden und war zu einer Seite hin offen. Der Haupttempel hatte vier Meter hohe Mauern, die von kunstvoll gearbeiteten Nischen gesäumt waren, an jedem Ende eineinhalb Meter und in der Mitte zwei Meter hoch. In den Endmauern gab es sieben Quaderlagen. Unter den sieben hinteren Nischen befand sich ein rechteckiger, 4,5 Meter langer Block, möglicherweise ein Opferaltar, aber wahrscheinlicher ein Thron für verstorbene Inkas, die zur Anbetung ins Freie getragen wurden. Die oberste Lage wunderbar glatt geschliffener Steinquader war unbedeckt gelassen, damit hier die Sonne von Priestern und Mumien begrüßt werden konnte. Ich konnte es kaum glauben: Als ich die größeren Blöcke in der unteren Lage untersuchte, stellte ich fest, dass jeder einzelne 10 bis 15 Tonnen wiegen musste. Würde mir jemand glauben, was ich gefunden hatte? Zum Glück hatte ich in diesem Land, wo Genauigkeit bei der Berichterstattung keine herausragende Eigenschaft von Reisenden ist, eine gute Kamera dabei, und die Sonne schien.

H. Bingham, *Lost City of the Incas, 1952*.

Melchor Arteaga, der Bingham (für ein Trinkgeld) nach Machu Picchu führte, balanciert auf einer schwankenden Brücke „aus vier mit Schlingpflanzen zusammengebundenen Baumstämmen" über den Urubamba. Als Bingham nach ein paar Wochen zurückkehrte, hatte ein Unwetter alle Stämme bis auf einen weggeschwemmt. Deshalb musste er den Fluss nun auf seinen Händen und Knien überqueren, immer nur 15 Zentimeter auf einmal. Sein Team baute später die Brücke neu und legte die größte Inka-Stadt, die in neuerer Zeit jemals entdeckt worden war, wieder frei.

ROALD AMUNDSEN 1872–1928

Erster Mensch am Südpol

ALS KIND LAS AMUNDSEN DIE TAGEBÜCHER *von Sir John Franklin. Später schrieb er: „… sie begeisterten mich mehr als alles, was ich je zuvor gelesen hatte. Was mich besonders beeindruckte, waren die Leiden, die Sir John und seine Männer erdulden mussten. Ein merkwürdiger Ehrgeiz entbrannte in mir, dieselben Entbehrungen zu durchleben … Ich beschloss, Entdecker zu werden."* Er verfolgte seinen Traum mit einer Zielstrebigkeit, die an Besessenheit grenzte. Für Amundsen waren Forschungsreisen mehr als nur ein Abenteuer: Sie waren sein Beruf. Zwischen 1903 und 1906 führte er die winzige Schmack Gjöa *durch die Nordwestpassage und befuhr damit als Erster einen Seeweg, nach dem 500 Jahre lang gesucht worden war. 1909 wandte er seine Aufmerksamkeit dem Nordpol zu und hätte ihn wahrscheinlich auch erreicht, wenn ihm nicht Peary zuvorgekommen wäre. „Das war wirklich ein Schlag!", schrieb er. „Wenn ich mein Ansehen als Entdecker behalten wollte, musste ich rasch irgendeinen sensationellen Erfolg vorweisen." Also fuhr er mit seinen Hundegespann in die Antarktis und entriss den Südpol Scotts glücklosen Händen. 1917 („Ich hatte nichts Besseres zu tun") durchquerte er die Nordostpassage vom Atlantik zum Pazifik.*

1924 ging er jedoch bankrott. „Es schien mir, als hätte sich mir die Zukunft fest verschlossen", schrieb er, „und als hätte meine Karriere als Entdecker ein unrühmliches Ende gefunden. Mut, Willenskraft, unerschütterlicher Glaube – diese Eigenschaften hatten mich durch viele Gefahren und an viele Ziele gebracht. Jetzt schienen mir selbst diese Werte nutzlos." Ein amerikanischer Millionär namens Lincoln Ellsworth kam ihm zu Hilfe. Im folgenden Jahr waren die beiden Männer an Bord mehrerer Dornier-Flugboote auf dem Weg zum Nordpol. Bei 88° nördlicher Breite zwang sie ein Motorschaden aufs Eis. Es erforderte 24 Tage ununterbrochener Arbeit, bis sie eine Piste freigeräumt hatten, von der sie sich in ihrem einzigen funktionstüchtigen Flugzeug retteten. Unbeeindruckt von dieser Beinahe-Katastrophe kehrten Amundsen und Ellsworth 1926 an Bord eines italienischen Zeppelins, gesteuert von Umberto Nobile, in die Arktis zurück. Dieses Mal waren sie erfolgreich und erreichten damit nicht nur als Erste unbestritten den Nordpol, sondern überquerten auch als Erste das arktische Packeis.

BEI DER EINFAHRT DER Gjöa IN UNBEKANNTE GEWÄSSER AUF IHRER FAHRT DURCH DIE NORDWESTPASSAGE.

Die Nadel unseres Kompasses, die allmählich ihre Fähigkeit zur Selbstjustierung verloren hatte, verweigerte nun vollkommen den Dienst. Wir waren also darauf angewiesen, nach den Sternen zu navigieren, wie unsere Vorväter, die Wikinger. Diese Art der Navigation ist selbst in gewöhnlichen Gewässern von zweifelhafter Sicherheit, aber hier, wo der Himmel zwei Drittel der Zeit von undurchdringlichem Nebel verhüllt wird, ist es noch schlimmer. … Der nächste Tag … Ich ging nachmittags an Deck auf und ab und genoss jeden Sonnenstrahl, der sich durch den Nebel kämpfte. Meinen Gefährten zuliebe blieb ich so ruhig wie gewöhnlich, aber mein Inneres war in Aufruhr. Wir näherten uns rasch den De-La-Roquette-Inseln, sie waren schon in Sichtweite. Diesen Punkt hatte Sir Allen Young 1875 mit der *Pandora* erreicht, war dort aber auf eine unüberwindbare Eisbarriere gestoßen. Würden wir und die kleine *Gjöa* dasselbe Schicksal erleiden? Plötzlich spürte ich

beim Gehen eine Art unregelmäßige Schlingerbewegung und hielt überrascht inne. Das Meer um uns herum war glatt und ruhig, und ärgerlich auf mich selbst tat ich es als Zeichen von Nervosität ab. Ich nahm das Gehen wieder auf, und da war es wieder! Ein Gefühl, als ob mein Fuß beim Ausschreiten das Deck früher berührte, als er meinen Berechnungen zufolge sollte. Ich lehnte mich über die Reling und starrte auf das Meer, aber es war ruhig und glatt wie zuvor. Ich setzte meinen Spaziergang fort, hatte aber noch nicht viele Schritte getan, als sich das Gefühl wieder einstellte, und diesmal so deutlich, dass ich mich nicht irren konnte; es gab eine leichte unregelmäßige Bewegung im Schiff. Diese leichte Bewegung hätte ich für kein Geld der Welt hergegeben. Es war eine Dünung unter dem Boot, eine Dünung – eine Botschaft aus dem offenen Meer. Das Wasser in Richtung Süden war offen, die undurchdringliche Mauer aus Eis war nicht da.

Ich ließ meine Augen von vorn bis achtern über die kleine *Gjöa* gleiten, vom Deck bis zur Mastspitze, und lächelte. Würde die *Gjöa* uns alle und die Flagge unseres

Heimatlandes trotz der skeptischen Kommentare über Gewässer tragen, die vor langer Zeit als unüberwindbar aufgegeben wurden? Bald wurde die Dünung deutlicher spürbar und helle Freude zeigte sich auf allen Gesichtern.

Als ich am nächsten Morgen um 1.30 Uhr erwachte – es erstaunt mich noch immer, dass ich in dieser Nacht in meine Koje klettern und obendrein wie ein Murmeltier schlafen konnte –, war die Dünung so schwer geworden, dass ich mich zum Anziehen hinsetzen musste. Ich hatte die Dünung nie gemocht; es ist etwas sehr Unbehagliches daran und sie beschwört Erinnerungen an Übelkeit und Kopfschmerzen herauf, die noch aus den frühesten Tagen meines Seefahrerlebens stammen. Aber diese Dünung, an diesem Ort und zu dieser Zeit – es war nicht nur Freude, es war die reine Verzückung, die mich bis ins Innerste erfüllte. Als ich an Deck kam, war es recht dunkel, aber nicht allzuweit entfernt konnten wir schon die schwachen Umrisse der De-La-Roquette-Inseln ausmachen. Und jetzt hatten wir den kritischen Punkt erreicht, die *Gjöa* nahm Kurs auf unberührte Gewässer. Jetzt, so schien es, fing der wirklich ernsthafte Teil unserer Reise an.

R. Amundsen, *The North West Passage, 1908.*

30. November 1911. – Der Devil's Glacier
(Teufelsgletscher) machte seinem Namen
alle Ehre. Man muss zwei Meilen zurück-
legen, um eine voranzukommen. Kluft nach
Kluft, Abgrund nach Abgrund muss um-
gangen werden. Trügerische Gletscherspal-
ten und viele andere Unannehmlichkeiten
erschweren extrem das Fortkommen. Die
Hunde quälen sich, und die Fahrer nicht
minder …

1. Dezember 1911. – Wie oft habe ich
festgestellt, dass ein Tag, von dem man
nichts erwartet, viel einbringt. Ein Schneesturm aus Südwest … während der Nacht
hatte mich halb davon überzeugt, einen
Ruhetag für die Hunde einzulegen. Aber in
einer kleinen Flaute kamen wir überein, die
Weiterfahrt zu versuchen. Es war von
Anfang an kalt. In der Nacht hatte der

Wind große Bereiche des Gletschers nackt und schneefrei geblasen. Die Spalten waren
furchtbar, … Aber wir schafften es, Zoll für Zoll, Fuß für Fuß, Schlittenlänge für
Schlittenlänge, manchmal nach Osten, manchmal nach Westen, manchmal nach Norden,
manchmal nach Süden, um große offene Spalten herum und um trügerische Spalten kurz
vor dem Einsturz … Wir schafften es, und nachdem wir uns eine Weile durch Nebel,
Sturm und Schneetreiben gekämpft hatten, waren die Klüfte mehr und mehr mit Schnee
gefüllt … bis wir das Plateau erreichten, wo sie ganz aufhörten …

4. Dezember 1911. – [Auf dem Ballsaal des Teufels] Zuerst mussten wir spiegelglattes
Eis mit hier und da eingestreuten Spalten überqueren. Das … war nicht schwer zu
passieren … Natürlich kam es nicht infrage, Skier zu benutzen. Wir mussten alle die
Schlitten stützen und den Hunden helfen. Das nächste Gelände war gut gangbar, und wir
beglückwünschten uns schon, alle Schwierigkeiten überwunden zu haben. Doch nein! Wir
sollten nicht so leicht davonkommen. Wir trafen auf eine gewaltige Störung [im Eis].
Plötzlich brach eine der Kufen von Wistings Schlitten in eine bodenlose Spalte durch …
Wir konnten ihn ohne Schaden wieder hochziehen … Wir kamen heil und gesund durch
und erklommen eine Anhöhe. Diese bestand wieder aus reinem Eis, aber dann entdeckten
wir, dass sie von verborgenen Spalten durchzogen war und wir nirgendwo einen Fuß
hinsetzen konnten, ohne einzubrechen. Glücklicherweise waren die meisten dieser Spalten
gefüllt, aber einige waren wirklich gefährlich. Es war harte Arbeit für die Hunde. Bjaaland
brach ein, konnte sich aber an seinem Schlitten festhalten, sonst wäre er unwiederbring-
lich verloren gewesen. … Schließlich hatten wir es geschafft, und nach und nach wurde [das
Gelände] zum wirklichen Plateau ohne Störungen … Keine Klüfte oder Spalten mehr …

Amundsen in seinen
Fellen. Wie Peary vor
ihm betonte er die Not-
wendigkeit, die Techno-
logie der Einheimischen
bei Polarreisen zu ver-
wenden. Von der Arktis
in die Antarktis versetzt,
spielten Eskimokleidung,
Hunde und Schlitten
eine wesentliche Rolle
bei seiner Erreichung
des Südpols. Ent-
sprechend wies
Amundsen auch immer
wieder auf die
Bedeutung des Verzehrs
von Frischfleisch hin,
um den Skorbut in
Schach zu halten.
Glücklicherweise
bestand daran kein
Mangel: „Wir leben hier
in einer Traumwelt.
Robben kommen zum
Schiff und lassen sich
abschießen."

Eine tote Robbe zieht Raubmöwen in der Walbucht an. Von diesem Ankerplatz aus brach Amundsen zum Pol auf. Als Scotts Terra Nova die Walbucht aufsuchte, bemerkten ihre Offiziere entsetzt, dass die Norweger bereits vor Ort waren. Sie beschrieben die Fram *als „sehr bequem, sehr hässlich von außen" und bemerkten, dass die Besatzung anscheinend „sehr charmante Männer" waren, „selbst der perfide Amundsen" – perfide deshalb, weil er es wagte, sich auf den Weg zum Pol zu machen, obwohl er wusste, dass Scott dasselbe vorhatte. Bei ihrer Abfahrt gab es „heftigen Streit … um Recht und Unrecht von Amundsens Vorhaben und um die Chancen, sie zu schlagen. Neben ihrer Erfahrung und ihrer Anzahl an Hunden scheinen wir sehr klein auszusehen."*

8. Dezember 1911. – Einer unserer großen Tage. Heute Morgen … war das Wetter trübe und die Sicht schlecht, wie gewöhnlich. Aber … das Gelände und das Skilaufen waren hervorragend. Wir waren noch nicht lange unterwegs, als es am ganzen Horizont etwas aufzuklaren begann. [Mittags] kam die Sonne durch, nicht in all ihrer Pracht, aber … genug für eine gute Beobachtung. … Wir hatten seit 86°47'S keine Beobachtung mehr durchgeführt, und sie war von wesentlicher Bedeutung für das Bestimmen unserer Position … das Ergebnis betrug fast genau 88°16' südlicher Breite. Ein glanzvoller Sieg nach … Märschen durch dichten Nebel und Schneewehen. Unsere Beobachtung und das gegisste Besteck stimmten auf die Minute überein … Nun sind wir also bereit, den Pol bei jedem Wetter in Angriff zu nehmen … Von dem Punkt, an dem wir die Beobachtung durchführten, bis zum Weltrekord des Engländers Shackleton bleiben nur noch sieben Meilen (88°23'). Ich hatte HH [Helmer Hanssen] unsere Polflagge gegeben, die er auf seinem Schlitten hissen sollte – dem Leitschlitten –, sobald wir diesen Punkt überschritten hätten. Ich selbst war zu diesem Zeitpunkt Vorläufer. Das Wetter hatte aufgeklart, und die Sonne war richtig durchgebrochen. Meine Schneebrille störte mich von Zeit zu Zeit. Eine sanfte Brise von Süden ließ sie immer wieder beschlagen, sodass ich kaum sehen konnte. Dann hörte ich plötzlich ein kräftiges, beherztes Hurra hinter mir. Ich drehte mich um. In der leichten Brise von Süden wehten die tapferen, wohlbekannten Farben auf dem ersten Schlitten, wir haben den Rekord des Engländers erreicht und hinter uns gelassen. Es war ein herrlicher Anblick. Die Sonne war gerade in all ihrer Pracht durchgebrochen … Meine Schneebrille beschlug wieder, aber diesmal war nicht der Südwind schuld …

14. Dezember 1911. – Wir sind also am geografischen Südpol angekommen und haben unsere Flagge gesetzt. Gott sei es gedankt! … Es geschah um 15 Uhr. Das Wetter war herrlich, als wir heute Morgen aufbrachen, aber um 10 Uhr herum bewölkte es sich. Frische Brise aus SO. Wir kamen teils gut, teils schlecht voran. Die Ebene – das König-Haakon-VII.-Plateau – hatte dasselbe Erscheinungsbild – recht flach und ohne so genannte Sastrugi … Wir kamen hier mit drei Schlitten und 17 Hunden an. Helmer Hanssen tötete einen davon direkt nach der Ankunft. „Helgi" war vollkommen erschöpft …

16. Dezember 1911. – [Beim Bestimmen seiner Position] Es ist recht interessant, die Sonne am Himmel sozusagen Tag und Nacht auf derselben Höhe entlangwandern zu sehen. Ich glaube, irgendwie sind wir die Ersten, die diesen seltsamen Anblick zu Gesicht bekommen … [Die Hunde] liegen alle ausgestreckt in der Sonnenwärme, genießen das Leben, trotz des kärglichen Futters. Es scheint ihnen recht gut zu gehen. Es war heute so klar, dass wir alle unsere Teleskope emsig benutzten, um in allen Richtungen nach Lebenszeichen zu suchen – aber vergeblich. Wir sind tatsächlich die Ersten hier …

17. Dezember 1911. – [Die] norwegische Flagge, mit dem *Fram*-Wimpel darunter, flattern an der Spitze des Zeltmastes. Im Zelt habe ich verschiedene Dinge zurückgelassen: meinen Sextanten mit einem künstlichen Horizont aus Glas, ein Hypsometer, drei Stiefelwärmer aus Rentierfell, einige Pelzstiefel und Handschuhe sowie einige kleine Dinge. In einem Ordner hinterließ ich einen Brief an den König und einige Worte an Scott, der, wie ich annehmen muss, diesen Ort als Erster nach uns aufsuchen wird. … Und so sage ich Lebewohl, lieber Pol. Ich glaube nicht, dass wir uns wiedersehen.

R. Huntford (Hg.), *The Amundsen Photographs*, 1987.

ROBERT FALCON SCOTT 1868–1912
Tragödie in der Antarktis

Die Terra Nova, umrahmt von einer Eisgrotte, auf einem von Herbert Pontings plastischen Fotografien der Antarktis. Scotts Expedition zum Südpol war die bis dato größte und am besten ausgestattete. Die 49 Teilnehmer hatten Lebensmittel für 36 Monate, Baumaterial für Holzhäuser, dazu Generatoren, Skier, Hunde, Schlitten und jede andere Überlebenshilfe. Trotzdem mussten sie in der durchdringenden Kälte ums Überleben kämpfen.

ROBERT FALCON SCOTT WAR EIN UNAUFFÄLLIGER Torpedooffizier in der Königlichen Marine, bis Sir Clements Markham, Präsident der Königlichen Geografischen Gesellschaft, auf ihn aufmerksam wurde. Markham, ein altmodischer Polar-Romantiker, hatte eine Schwäche für den Kampf des Menschen gegen das Eis. Hunde und Skier waren in seinen Augen eine Art Betrug, den man am besten den Ausländern überließ. Stattdessen stellte er sich Trupps muskelbepackter britischer Christen vor, die siegreich bis ans Ende der Welt stapften und dabei ihre Schlitten hinter sich her zogen. In Scott fand er einen Mann mit ähnlichen – wenn auch weniger extremen – Ansichten. Er schickte Scott auf eine Reihe von Streifzügen zum Südpol, zum letzten Mal 1910. Zwar erreichte Scott den Pol im Januar 1912, wurde aber von seinem norwegischen Rivalen Roald Amundsen geschlagen – der Hunde und Skier verwendete –, und er sowie seine gesamte Mannschaft kamen auf der Heimreise ums Leben. Amundsen wurde von den Briten für sein krankhaftes Konkurrenzdenken kritisiert, und Scott verehrten die Briten bald als eine Art Märtyrer. Scott, der von vielen Historikern wegen seiner Ineffizienz getadelt wurde, war tatsächlich ein außergewöhnlich zäher und fähiger Mann, der teilweise einfach von widrigen Umständen besiegt wurde. Die motorisierten Schlitten, mit denen er ausgerüstet war, versagten den Dienst und die Ponys, die er sicherheitshalber mitgenommen hatte, waren nicht bereit, als er aufbrechen wollte. Schließlich marschierte er in dem Wissen los, dass Amundsen Erster am Pol sein würde.

Sein Hungertod, nur 18 Kilometer vom Nahrungsdepot entfernt, wurde hauptsächlich durch ein außergewöhnliches Unwetter verursacht, das ihn und seine Männer in ihrem Zelt gefangen hielt. Seine Notizbücher machten ihn zu einem der unvergesslichsten Tagebuchschreiber seiner Zeit.

AUF DEM WEG ZUM POL.

Donnerstag, 4. Januar. – Nachmittags flaute der Wind ab, und heute Nacht ist es vollkommen windstill; die Sonne scheint so warm, dass wir trotz der Temperaturen ganz bequem draußen herumstehen können. Es ist amüsant, so dazustehen und sich an die ständigen Schrecken unserer Lage zu erinnern, die uns ausgemalt wurden: dass die Sonne den Schnee auf den Skiern schmelzen lassen würde usw. Das Plateau ist jetzt sehr flach, aber wir steigen immer noch langsam auf. Die Sastrugi werden undeutlicher, vorherrschend aus SO. Ich frage mich, was uns noch erwartet. Im Moment scheint alles außergewöhnlich glatt zu laufen, und man mag kaum glauben, dass keine Hindernisse auftauchen und unsere Lage erschweren werden. Vielleicht wird die Oberfläche das Element sein, das uns Schwierigkeiten bereitet …

Montag, 8. Januar. – Wir liegen gemütlich warm angezogen in unseren bequemen Schlafsäcken in unserem doppelwandigen Zelt. Wir wollen jedoch nicht mehr als höchstens einen Tag Verspätung riskieren, wegen der verlorenen Zeit und Lebensmittel, aber auch weil das Eis langsam wächst …

Ich kann meine Gefährten nicht genug loben. Jeder erfüllt seine Aufgabe für die Gemeinschaft; Wilson zuerst als Arzt, stets bemüht, die kleinen Leiden und Beschwerden zu lindern, die die Arbeit mit sich bringt; jetzt als Koch, schnell, sorgfältig und geschickt,

immer ein neues Mittel im Sinn, um das Lagerleben zu erleichtern; zäh wie Stahl in den Zugriemen, von Anfang bis Ende niemals nachlassend.

Evans, ein hünenhafter Arbeiter mit wirklich bemerkenswertem Köpfchen. Erst jetzt wird mir klar, wie viel wir ihm verdanken. Unsere Skischuhe und Steigeisen waren absolut unverzichtbar, und wenn auch der ursprüngliche Entwurf nicht von ihm stammt, die Details in Herstellung und Gestaltung und die gute Verarbeitung sind allein sein Verdienst. Er ist verantwortlich für jeden Schlitten, für jede Schlittenausrüstung, Zelte, Schlafsäcke, Geschirre, und wenn man sich an keine einzige Äußerung von Unzufriedenheit mit einem dieser Dinge erinnern kann, dann zeigt das, was für ein unbezahlbarer Helfer er ist. Jetzt überwacht er den Aufbau des Zeltes und plant und arrangiert gleichzeitig das Bepacken des Schlittens; es ist außergewöhnlich, wie sauber und praktisch alles verstaut wird und wie viele Gedanken er sich darum gemacht hat, die Geschmeidigkeit und die guten Laufeigenschaften der Maschine zu erhalten. Auf der Eisbarriere, bevor die Ponys getötet wurden, wanderte er unablässig umher und korrigierte Packfehler.

Der kleine Bowers ist und bleibt ein Phänomen – er amüsiert sich prächtig. Ich überlasse ihm alle Proviantvorkehrungen, und er weiß zu jeder Zeit genau, wie viel wir noch haben oder wie sich jede zurückkehrende Gruppe verpflegen muss. Es ist eine schwierige Aufgabe, die Vorräte bei den Änderungen im Plan immer wieder neu zu verteilen, aber es unterlief ihm bisher nicht ein einziger Fehler. Neben der Vorratsverwaltung führt er äußerst gründlich und gewissenhaft Buch über die Wetterdaten, und dazu kommt jetzt noch die Pflicht als Beobachter und Fotograf. Nichts kommt ihm ungelegen, und keine Arbeit ist ihm zu schwer. Es ist schwierig, ihn ins Zelt zu bewegen; er scheint die Kälte

nicht wahrzunehmen und liegt zusammengerollt in seinem Schlafsack und schreibt und berechnet Sichtungen, wenn die anderen längst schon schlafen.

Von diesen Dreien ... ist jeder ausreichend geeignet für seine eigene Arbeit, wäre aber nicht in der Lage, die der anderen so gut zu machen, wie sie erledigt wird. Jeder ist von unschätzbarem Wert. Oates war unbezahlbar, als wir die Ponys hatten; jetzt ist er Läufer und arbeitet die ganze Zeit hart ... und erträgt die Entbehrungen so gut wie jeder von uns. Auch auf ihn würde ich ungern verzichten. Unsere Fünfermannschaft ist also vielleicht so glücklich gewählt, wie man es sich nur vorstellen kann.

R. Scott, *Scott's Last Expedition, Vol I, 1913.*

AUF DER RÜCKREISE VOM POL EVANS TOT UND OATES MIT SCHWEREN ERFRIERUNGEN.
Sonntag, 11. März. – Titus Oates steht ganz kurz vor seinem Ende, das spürt man. Was wir oder er tun werden, das weiß nur Gott. Wir besprachen die Angelegenheit nach dem Frühstück; er ist ein tapferer, braver Kamerad und versteht die Situation, aber er fragte uns um Rat. Wir konnten ihm nichts sagen und ihn nur drängen, weiterzumarschieren, solange er kann. Ein zufrieden stellendes Ergebnis hatte die Diskussion; ich befahl Wilson, uns die Mittel in die Hand zu geben, unser Leiden zu beenden, damit jeder von uns weiß, wie er vorgehen kann. Wilson blieb keine Wahl, sonst hätten wir den Medizinkoffer geplündert. Wir haben jeder 30 Opiumtabletten, und ihm bleibt ein Röhrchen mit Morphium. So weit die tragische Seite unserer Geschichte. ...

Montag, 12. März. – Wir schafften gestern 6,9 Meilen, weniger als unser notwendiger Durchschnitt. Die Dinge haben sich nicht groß verändert, Oates zieht nicht viel, und jetzt

Hauptmann Oates versorgt die Ponys. Es war geplant, dass die Ponys die Expeditionsvorräte so weit wie möglich in Richtung Süden ziehen sollten. Die Ponys brachten überraschend gute Leistungen, aber ihre mangelnde Eignung für Reisen im Schnee war nicht zu übersehen. Sie lieferten jedoch Frischfleisch, das in den Nahrungsdepots gelagert wurde. Beim Versuch, diese Depots im Angesicht eines Schneesturms zu erreichen, verließ der unter schweren Erfrierungen leidende Oates absichtlich das Zelt, um seinen Gefährten eine bessere Überlebenschance zu geben.

VORHERGEHENDE
SEITEN
Auf diesem Foto von
Ponting sinniert ein
einsamer Schlittenzieher,
winzig vor den riesigen
Eisklippen, über die
Macht der Antarktis.
Der Kampf, den Scott
aufnahm, war nicht nur
der des Menschen gegen
die Natur, sondern auch
der des Menschen gegen
die nationale Erwar-
tungshaltung. Britisches
Pflichtbewusstsein
bedeutete, dass Selbst-
aufopferung Pflicht war
und dass ein Kapitän
mit seinem Schiff unter-
gehen musste. Als die
Titanic 1912 sank,
wurde anerkennend zur
Kenntnis genommen,
dass nicht nur der
Kapitän, sondern auch
der Eigner mit unter-
gingen.

sind sowohl seine Hände als auch seine Füße ziemlich nutzlos … Wir müssten 47 Meilen vom Nahrungsdepot entfernt sein. Ich bezweifle, dass wir es schaffen. Die Oberfläche ist weiterhin furchtbar, die Kälte intensiv, und unser körperlicher Zustand wird immer schlechter. Gott steh uns bei! Nicht ein Hauch eines günstigen Windes seit über einer Woche, und jederzeit kann offenbar ein Gegenwind losbrechen … Wir müssen weiter-marschieren, aber jetzt wird jedes Aufschlagen des Lagers schwieriger und gefährlicher. Wir stehen wohl kurz vor dem Ende, aber einem recht gnädigen Ende. Der arme Oates hat es wieder im Fuß. Mich schaudert, wenn ich daran denke, wie es morgen sein wird. Nur unter größten Mühen wehren wir uns gegen Erfrierungen. Wusste nicht, dass es zu dieser Jahreszeit zu solchen Winden und zu diesen Temperaturen kommen kann. Wirklich furchtbar außerhalb des Zeltes. Müssen bis zum letzten Keks kämpfen, können aber die Rationen nicht verkleinern.

Freitag, 16. März oder Samstag, 17. – Habe den Überblick über das Datum verloren, glaube aber, das letzte stimmt. Tragödie auf der ganzen Linie. Beim Mittagessen vorges-tern sagte der arme Titus Oates, er könne nicht mehr weiter; er schlug vor, wir sollten ihn in seinem Schlafsack zurücklassen. Das konnten wir nicht und überredeten ihn, am Nachmittag mit uns weiterzumarschieren. Obwohl es für ihn schrecklich war, kämpfte er sich voran, und wir schafften ein paar Meilen. Abends ging es ihm schlechter, und wir wussten, dass das Ende gekommen war …

Das war das Ende. Vorgestern schlief er die ganze Nacht durch und hoffte, nicht mehr zu erwachen; aber er wachte morgens auf – gestern. Draußen blies ein Schneesturm. Er sagte: „Ich gehe nur kurz hinaus, es kann eine Weile dauern." Er ging hinaus in den Schneesturm, und wir sahen ihn nicht wieder … Wir wussten, dass der arme Oates in seinen Tod lief … Wir hoffen alle, dem Ende mit einer ähnlichen Geisteshaltung gegen-überzutreten, und ganz sicher ist das Ende nicht fern.

Ich kann nur beim Mittagessen schreiben und auch dann nur gelegentlich. Die Kälte ist durchdringend, –40° mittags. Meine Gefährten sind unendlich fröhlich, aber wir stehen alle kurz vor ernsten Erfrierungen und obwohl wir ständig davon reden, uns durchzu-schlagen, denke ich nicht, dass einer von uns im Herzen daran glaubt …

Sonntag, 18. März. – Heute, beim Mittagessen, sind wir 21 Meilen vom Depot entfernt. Wir sind vom Unglück verfolgt, aber vielleicht wendet sich das Blatt. Wir hatten gestern mehr Wind und Schneetreiben von vorn; mussten das Marschieren aufgeben; Wind NW, Stärke 4, Temperatur –35°. Kein Mensch kann das ertragen, und wir sind fast am Ende unserer Kräfte.

Mein rechter Fuß ist verloren, fast alle Zehen – vor zwei Tagen war ich noch stolzer Besitzer gesunderFüße. Hier die Stufen meines Niedergangs. Ich Esel mischte einen kleinen Löffel Currypulver in meinen eingeweichten Pemmikan – das brachte mir eine heftige Magenverstimmung ein. Ich lag die ganze Nacht mit Schmerzen wach; stand auf und fühlte mich auf dem Marsch erschöpft; der Fuß starb ab, und ich merkte es nicht …

Montag, 19. März. – Mittagessen. Wir schlugen gestern unter Schwierigkeiten das Lager auf und froren erbärmlich bis nach unserem Abendessen aus kaltem Pemmikan und Keksen und einem halben Becherchen auf Spiritus gekochtem Kakao. Dann wurde uns entgegen unserer Erwartungen warm, und alle schliefen gut. Heute begannen wir wie üblich sehr schleppend. Schlitten entsetzlich schwer. Wir sind 15,5 Meilen vom Nahrungsdepot entfernt und müssten in drei Tagen dort sein. Was für ein Vorankommen! Wir haben noch Essen für zwei Tage, aber kaum Brennstoff für einen Tag. All unsere Füße werden schlimmer – Wilsons sind am besten, mein rechter Fuß am schlimmsten … Das Wetter gibt uns keine Chance – der Wind von N bis NW und die Temperatur –40°.

Mittwoch, 21. März. – Kamen Montagabend bis 11 Meilen an das Nahrungsdepot heran; wurden gestern von schwerem Schneesturm außer Gefecht gesetzt. Heute verzweifeltes Unternehmen, Wilson und Bowers gehen zum Depot und holen Brennstoff.

Donnerstag, 22. und 23. März. – Schneesturm heftig wie zuvor – Wilson und Bowers können nicht starten – morgen letzte Chance – kein Brennstoff und nur ein oder zwei Nahrungsmittel übrig – stehen kurz vor dem Ende. Haben beschlossen, er soll natürlich kommen – wir werden mit oder ohne unsere Habe in Richtung Depot marschieren und unterwegs sterben.

Dienstag, 29. März. – Seit dem 21. hatten wir einen durchgehenden Sturm aus WSW und SW. Am 20. hatten wir noch Brennstoff, um für jeden zwei Tassen Tee zu kochen, und Essen für knapp zwei Tage. Jeden Tag waren wir bereit, uns zum 11 Meilen entfernten Nahrungsdepot aufzumachen, aber vor dem Zelteingang sehen wir nichts als wirbelndes Schneetreiben. Ich glaube nicht, dass wir jetzt noch auf Besseres hoffen können. Wir werden es bis zum Ende durchstehen, aber wir werden natürlich schwächer, und das Ende kann nicht mehr weit sein. Es ist schade, aber ich glaube, ich kann nicht mehr schreiben.

R. Scott

Um Gottes willen kümmert euch um unsere Leute.

R. Scott, *Scott's Last Expedition, Vol I.*

Robert Scott nimmt einen Tagebuch-eintrag vor. In einem Land ohne eingeborene Kultur sollten seine Tagebücher später einen mythologischen Status erreichen. Sie waren für den unberührten Kontinent, was Homers Ilias *und* Odyssee *für das antike Europa gewesen waren – die ersten Epen, an denen alle nachfolgenden literarischen Bemühungen gemessen werden sollten. Beim Lesen ist es schwer vorstellbar, dass Scott beim Verfassen nicht an die Nachwelt dachte.*

DOUGLAS MAWSON 1882–1958
Ein einsamer Marsch durch die Antarktis

Mertz (ganz links) und Ninnis (ganz rechts) gewöhnen sich auf der Reise in die Antarktis an das Leben auf See. Beide Männer starben später auf der Eiskappe.

1911, IM SELBEN JAHR, *in dem Scott sich auf die Reise zum Südpol machte, führte Douglas Mawson eine eigene Expedition in die Antarktis. Er war eingeladen worden, sich Scotts Polartrupp anzuschließen, entschied sich aber für die weniger glamouröse – jedoch geografisch attraktivere – Aufgabe, das Adelieland westlich des Ross-Schelfeises zu vermessen. Um ein Haar hätte er dasselbe Schicksal erlitten wie Scott. In Begleitung zweier Männer, des britischen Armeeoffiziers Lt. Belgrave Ninnis und des Schweizer Skimeisters Dr. Xavier Mertz, befand er sich mehrere hundert Kilometer vom Basislager entfernt, als eine Gletscherspalte Ninnis und den Großteil ihrer Vorräte verschlang. Auf der Rückreise starb auch Mertz und hinterließ Mawson mit nichts als einem halben Schlitten und den gekochten Überresten seiner Hunde. Er überlebte und führte danach noch weitere Expeditionen in die Antarktis – aber er erholte sich nie vollständig von diesem ersten Martyrium.*

DIE MACHT DES WINDES.

Alles, was jemals über den Winddruck auf unbelebte Gegenstände gesagt wurde, traf noch mehr auf uns zu, sodass das Fortkommen in einem Hurrikan zu einer echten Kunst wurde. Die erste Schwierigkeit, die es zu überwinden galt, war eine glatte, schlüpfrige Oberfläche, auf der die Füße keinen Halt fanden. Sobald man aus dem Schutz der Hütte trat, wurde man leicht vom Wind der Länge nach zu Boden geschleudert. Keine noch so große Anstrengung brachte etwas, bevor die Füße nicht festen Halt gefunden hatten. Der stärkste Mann begann beim Betreten von Eis oder hartem Schnee in einfachen Leder- oder Pelzstiefeln immer schneller davonzugleiten; innerhalb weniger Sekunden oder noch schneller hatte er die senkrechte gegen die waagerechte Position eingetauscht. Dann kam er entweder plötzlich an einem vorstehenden Stück Eis zum Stehen oder rutschte noch zwanzig bis dreißig Meter weiter, bis er eine Felsgruppe oder einen groben Sastrugi erreichte.

Natürlich lernten wir bald, niemals ohne Steigeisen an den Füßen irgendwo hinzugehen ... Im Laufe der Zeit wurden diejenigen, deren Pflichten sie regelmäßig nach draußen führten, zu vollendeten Meistern in der Kunst des Gehens bei Hurrikan – eine dem Skifahren oder Eislaufen vergleichbare Leistung. Im Schatten eines robusten Windschutzes ließ sich gemütlich das unnatürliche Erscheinungsbild der anderen Herumlaufenden beobachten, die anscheinend kurz davor standen, auf das Gesicht zu fallen.

Es wurden Experimente im Wind durchgeführt; die Füße fest in den Boden stemmen, den Körper steif machen und sich gegen die unsichtbare Stütze lehnen. Dieses „Liegen auf dem Wind", war eine einzigartige Erfahrung. In der Regel blieb die Windgeschwindigkeit gleich; wenn der Wind in einer Reihe von Böen kam, versagten all unsere Erfahrungen, denn sobald der korrekte Winkel für die Höchstgeschwindigkeit eingenommen wurde, folgte eine Flaute – mit dem offensichtlichen Ergebnis.

Bevor wir die Kunst des „Hurrikanlaufens" lernten entartete das Fortkommen im Wind zum Kriechen auf allen vieren. Viele der Konservativeren führten diese Methode auch weiterhin fort und wurden zur Entschädigung die ersten Vertreter der beliebten

Kunst des „Brettgleitens". Ein kleines Stückchen Brett, eine weite Eisfläche und ein Hurrikan waren die drei wesentlichen Bestandteile dieses neuen Sports.

Der Wind allein wäre nicht so schlimm gewesen; er wurde jedoch von enormen Schneetreiben begleitet. Im Herbst überwog trübes Wetter mit schweren Schneefällen, mit dem Ergebnis, dass die Luft mehrere Monate lang selten frei von Schneetreiben war ... Tatsächlich gab es in dieser Zeit nicht viele Tage, an denen man Gegenstände deutlich sehen konnte, die sich hundert Meter entfernt befanden. Was auch geschah, Tag für Tag strömten Unmengen von Schnee an der Hütte vorbei, zeitweise so dicht, dass er Gegenstände verschwimmen ließ, die nur einen Meter entfernt waren, bis es schien, als bestünde die Atmosphäre aus festem Schnee.

Man stelle sich ein so dichtes Schneetreiben vor, dass das Tageslicht nur gedämpft durchdringt, obwohl die Sonne vielleicht von einem wolkenlosen Himmel strahlt; der Schnee rast mit hundert Meilen pro Stunde durch die Luft, und die Temperatur liegt unter Null ...

Das sind die nackten, groben Tatsachen über die schlimmsten Schneestürme von Adelieland. Sie tatsächlich zu erfahren, ist eine andere Sache.

Man hülle die wütenden Elementen in die Dunkelheit einer Polarnacht, und der Schneesturm erscheint noch furchtbarer. Ein Sprung in den sich windenden Sturmwirbel

hinterlässt in den Sinnen einen unauslöschlichen und schrecklichen Eindruck, der auf der ganzen Skala von Naturereignissen seinesgleichen sucht. Die Welt eine Leere, grausig, wild und entsetzlich. Wir stolpern und kämpfen uns durch das höllische Dunkel; der gnadenlose Windstoß – ein Schreckgespenst der Rache – sticht zu, versetzt uns Schläge und lässt uns gefrieren; das stechende Schneetreiben blendet und erstickt uns ... Man kann sich bestimmt vorstellen, dass keiner von uns bei solchen Gelegenheiten zum Vergnügen hinausging.

D. MAWSON, *The Home of the Blizzard, Vol I, 1915.*

Nach Ninnis Tod und dem Verlust ihrer Vorräte überlebten Mawson und Mertz, indem sie ihre geliebten Hunde aßen. Leider aßen sie zu viel davon. Es war zwar bekannt, dass die Leber des Eisbären giftige Mengen an Vitamin A enthält, aber Wissenschaftler entdeckten erst in den 1970er-Jahren, dass die Leber von Huskys ebenfalls reich an Vitamin A ist. Zu viel Vitamin A führt zu Übelkeit, Schwindel, Abschälen der Haut, Darmkrämpfen, Haarausfall, Fissuren um Nase und Augen, Verlust von Geruchs- und Geschmackssinn, Delirium, Zuckungen, Hirnblutungen und schließlich zum Tod. Mertz fiel auf dem Heimweg einer Vitamin-A-Vergiftung zum Opfer. Mawson, der körperlich stärker war, hatte den Großteil seiner Haare und beide Fußsohlen verloren. Als er das Basislager erreicht hatte, kämpfte er noch mehrere Monate gegen den Ausbruch einer Hirnschädigung.

[14. Dezember] Der Heimweg! Vor wenigen Tagen – noch vor wenigen Stunden – hatten unsere Herzen bei dieser Aussicht hoffnungsvoll geschlagen, und es gab kein Anzeichen für die überwältigende Tragödie. Unser Gefährte, Kamerad, Freund, in einem jammervollen Augenblick in den Eingeweiden des schrecklichen Gletschers begraben. Wir konnten nicht darüber nachdenken; wir bemühten uns, es über die notwendige Arbeit zu vergessen, aber wir wussten, dass die Wahrheit ganz gewiss in den bevorstehenden einsamen Tagen unsere Seelen erreichen würde …

[16. Dezember] In dieser Nacht gaben wir eine traurige Prozession ab; der Himmel dicht bewölkt, Schnee fiel, ich mit einem bandagierten Auge, und der Hund Johnson zusammengebrochen und oben auf die Schlittenladung gebunden. Es war kaum ein Laut zu hören; nur das Rascheln des dicken, weichen Schnees, während wir weiter vorstießen, erschöpft, aber halb voll Hoffnung. Die Hunde drängten stumm in ihren Geschirren voran, elend, aber gehorsam. Ihr Gewicht wirkte sich nun kaum noch auf den Schlitten aus, und die Arbeit blieb überwiegend an uns hängen. … Um 2 Uhr morgens des 17. hatten wir nur elf Meilen hinter uns gebracht, als wir anhielten, um unser Lager aufzuschlagen. Dann erschoss Mertz Johnson und zerteilte ihn, während ich das Abendessen bereitete. Johnson war immer ein sehr treues, hart arbeitendes und williges Tier mit recht drolligen Eigenarten gewesen, und es tat uns leid, dass sein Ende so bald kam.

Alle Hunde waren elend und dünn, wenn sie das Stadium extremer Erschöpfung erreichten. Ihr Fleisch war zäh, sehnig und ohne eine Spur von Fett. Zur Abwechslung hackten wir es manchmal klein, mischten es mit etwas Pemmikan und kochten es in einem großen Topf mit Wasser. Wir waren außerordentlich hungrig, aber es gab nichts, was unseren Appetit gestillt hätte. Nur ein paar Gramm aus dem Vorrat wurden verwendet und mit einer Portion Hundefleisch gemischt, denn jedes Tier ergab so erbärmlich wenig, und der Hauptteil wurde an die überlebenden Hunde verfüttert. Sie knackten die Knochen und fraßen die Haut, bis nichts mehr übrig blieb …

[24. Dezember] Pavlova wurde getötet, und wir kochten eine sehr annehmbare Suppe aus ihren Knochen. Angesichts der düsteren Aussichten musste unsere Lebensmittelration noch weiter verringert werden. Wir konnten nicht mehr richtig schlafen, der Hunger nagte ständig an uns, und unsere Gedanken kreisten immer ums Essen. Während wir in den Pelzsäcken vor uns hindösten, träumten wir von prächtigen Festbanketten und Abendgesellschaften zu Hause …

Der Vorrat an Kerosin für den Primuskocher schien stattlich zu sein, da bei dem Unfall nichts davon verloren gegangen war. Wir fanden heraus, dass es sich lohnte, etwas Zeit zu investieren und das Hundefleisch gründlich zu garen. So bereiteten wir eine schmackhafte Suppe zu sowie einen Vorrat an essbarem Fleisch, in dem Muskelgewebe und Knorpel zu einer gallertartigen Konsistenz eingekocht waren. Die Pfoten brauchten am längsten zum Garen, waren nach ausgedehntem Schmoren jedoch durchaus genießbar. .. Als ich an jenem Tag im Schlafsack lag, träumte ich, dass ich eine Konditorei betrat. Alle ausgestellten Waren maßen mehrere Fuß im Durchmesser …

[28. Dezember] Unsere treue Gefährtin Ginger konnte nicht mehr laufen und wurde auf den Schlitten gebunden. Sie war die Letzte der Hunde und war bis vor einigen Tagen noch eine Art Hilfe gewesen. Wir waren traurig, als wir sie erlösen mussten … Unser Frühstück bestand aus Gingers Schädel und Hirn. Ich vergesse dieses Ereignis nie. Da wir nichts hatten, um ihn zu zerteilen, wurde der Schädel im Ganzen gekocht. Wir aßen abwechselnd bis zur Mittellinie, während wir uns den Schädel hin und herreichten. Das Hirn wurde anschließend mit einem Holzlöffel herausgeschöpft …

Dieses Foto (links) mit dem ironischen Titel „Sammeln von Eis für den Hausgebrauch" von Frank Hurley zeigt die Bedingungen im Basislager. Im Winter bestand die einzige Möglichkeit, an Wasser zu kommen, im Schmelzen von Eis auf einem Ofen, was regelmäßige Ausflüge aus der Hütte selbst bei scheußlichstem Wetter erforderte.

[30. Dezember] Wenn man über das Plateau stapft, durch die völlig verlassenen Außenwelten, in einer Einöde, die zugleich unheilvoll und merkwürdig wirkt, ist der Geist frei, um das weite Reich menschlicher Erfahrungen zu durchstreifen, bis zu den Grenzen des großen Jenseits … Man ist umgeben von Unendlichkeiten – der Unendlichkeit des blendend weißen Plateaus, die Unendlichkeit der Kuppel darüber, der Unendlichkeit der Zeit, die vergangen ist, seit diese Dinge entstanden, und der Unendlichkeit der Zeit, die noch kommt, bevor sie den Zweck erfüllt haben, für den sie erschaffen wurden …

[31. Dezember] Mertz sagte, er spüre, dass das Hundefleisch ihm nicht sehr gut bekomme, und schlug vor, dass wir es eine Weile aussetzen und eine kleine Ration der normalen Schlittennahrung essen sollten, von der wir bei sparsamer Verwendung noch immer für einige Tage Vorrat hatten. Ich stimmte zu, und wir führten an diesem Tag unseren ersten Versuch durch. Die Ration schmeckte sehr süß im Vergleich zum Hundefleisch und war so kärglich, dass wir uns hinterher schmerzhaft leer fühlten. Das Licht war so miserabel zum Marschieren, dass wir, nachdem wir zwei und eine halbe Meile vorangestolpert waren, den Versuch aufgeben und das Lager aufschlagen mussten, wo wir den Tag in unseren Schlafsäcken verbrachten. Abends um 21.30 Uhr erschien die Sonne für einen kurzen Augenblick, und der Wind flaute ab. Wir wagten uns daher an eine weitere Etappe, aber zu einem beachtlichen Preis, denn wir wankten im verwirrenden Licht voran und fielen ständig über unsichtbare Sastrugi …

[1. Januar] Mertz war nicht in seiner üblichen Form, und wir beschlossen, nicht länger im schlechten Licht weiterzutappen, in der Hoffnung, dass ihm die Ruhepause gut tun würde.

Er beklagte sich überhaupt nicht, außer über die Feuchtigkeit in seinem Schlafsack, doch als ich ihn genauer befragte, gab er zu, dass er Bauchschmerzen hatte. Da ich selbst ein ständiges nagendes Gefühl im Magen hatte, nahm ich an, dass er unter denselben, möglicherweise akuteren Beschwerden litt …

[5. Januar] Der Himmel war bewölkt, Schnee fiel, und es ging ein kräftiger Wind. Mertz schlug vor, einen weiteren Tag Pause einzulegen, da die Bedingungen so schlecht waren.

In den feuchten Schlafsäcken zu liegen war scheußlich und tat keinem von uns gut, aber was sollten wir tun? Draußen herrschten schlimme Verhältnisse. Mein Gefährte war offensichtlich viel schwächer als ich …

[6. Januar] Mertz schien deprimiert und versank nach dem kurzen Mahl wieder in seinem Schlafsack, ohne viel zu sagen. Gelegentlich fragte ich ihn im Laufe des Tages, wie es ihm ging, oder wir kamen auf das alte Thema Essen zurück. Wir kamen überein, dass Mertz bei unserer Ankunft an Bord der *Aurora* Pinguinomelettes machen sollte, denn wir hatten die hervorragende Qualität der Omelettes, die wir kurz vor dem Verlassen der Hütte gegessen hatten, nicht vergessen … Die Haut schälte sich von unseren Körpern und es blieb nur ein sehr schlechter Ersatz, der schnell aufsprang und sich an vielen Stellen wund scheuerte. Da wir unsere Kleider nie auszogen, wanderten die abgeblätterten Haare und Hautteile von unseren Körpern hinunter in unsere Unterhosen und Socken, die wir regelmäßig ausleerten.

Am Abend des 6. machte ich in meinem Tagebuch den folgenden Eintrag:

„Eine lange und ermüdende Nacht. Wenn ich nur weiter könnte; aber ich muss mit Xavier hier bleiben. Er scheint sich nicht zu erholen, und unser beider Chancen schwinden jetzt.“

7. Januar. – Um 10 Uhr morgens stehe ich auf, um Xavier anzuziehen und Essen zuzubereiten, aber er hat gerade eine Art Anfall. Als ich einige Minuten später erneut nach ihm

sehe, wechselt er ein paar Worte mit mir und scheint nicht einmal zu bemerken, dass etwas geschehen war. Offensichtlich können wir heute nicht weitermarschieren … Im Laufe des Nachmittags hatte er noch einige weitere Anfälle, dann fiel er ins Delirium und redete unzusammenhängend bis Mitternacht, als er in einen friedlichen Schlummer hinüberzugleiten schien. Also knebelte ich den Schlafsack fest und kroch erschöpft in meinen eigenen. Nach einigen Stunden, in denen ich keine Bewegung meines Gefährten gespürt hatte, streckte ich einen Arm nach ihm aus und merkte, dass er steif war … Ich schien allein an den weiten Küsten der Welt zu stehen – und mit welch kleinem Schritt ich die unbekannte Zukunft betrat! Mein körperlicher Zustand war so schlecht, dass ich mich fühlte, als würde ich jeden Moment zusammenbrechen. Das Nagen im Bauch hatte sich zu einer permanenten Schwäche entwickelt, sodass es mir unmöglich war, mich in bestimmten Positionen aufrecht zu halten. Mehrere meiner Zehen begannen in der Nähe der Zehenspitzen schwarz zu werden und zu eitern, und die Nägel lösten sich. Draußen war die Schüssel des Chaos bis zum Rand mit Schneetreiben gefüllt, und ich fragte mich, wie ich ganz allein das Lager abbrechen und aufschlagen sollte. Es schien wenig Hoffnung zu geben, die Hütte zu erreichen. Es war einfach, im Schlafsack weiterzuschlafen, und das Wetter draußen war grausam …

[9. Januar] Ich habe heute Nachmittag die Trauerfeier für Xavier gehalten. Da es wenig Hoffnung gibt, dass ich lebend menschliche Hilfe erreiche, bedaure ich zutiefst, dass es mir

im Moment nicht möglich ist, die Details der Küstenlinie zu beschreiben, die wir auf unseren Reisen über 300 Meilen gesehen haben, und Beobachtungen von Gletscher- und Eisformationen usw.; der Großteil davon ist natürlich in meinem Kopf abgelegt. Der ungefähre Ort des Lagers ist bei 68°2' südlicher Breite und 145°9' östlicher Länge. Nach Besteckrechnung, da die Theodolitbeine schon seit einiger Zeit nicht mehr in Gebrauch sind, sondern zu Zeltstützen zusammengeschient wurden … Am 11. Januar – einem schönen, ruhigen Tag voll Sonne – machte ich mich über eine gute Oberfläche mit leichtem Gefälle auf den Weg. Von Anfang an fühlten sich meine Füße klumpig und wund an. Nach einer Meile schmerzten sie so sehr, dass ich beschloss, sie auf der Stelle zu untersuchen, während ich in der Sonne auf meinem Schlitten saß. Der Anblick meiner Füße war ein rechter Schock für mich, denn die verdickte Haut der Sohlen hatte sich jeweils in einer vollständigen Schicht gelöst, und eine Menge wässriger Flüssigkeit war in die Socken gesickert. Die neue Haut darunter war stark abgeschürft und wund. Ich tat, was mir unter den Umständen das Beste erschien, beschmierte die Haut mit Wollfett, von dem es genug Vorrat gab, und band die Hautsohlen mit Bandagen wieder an ihrem Platz fest, da sie beim Kontakt mit den wunden Stellen bequem und weich waren. Über die Bandagen zog ich sechs Paar dicke Wollsocken, Pelzstiefel und Steigeisen-Überschuhe aus weichem Leder. Dann zog ich den Großteil meiner Kleidung aus und badete in der herrlichen Wärme der Sonne …

Am 17. Januar herrschte wieder trübes Wetter, und es fiel Schnee. Jeder Aufschub bedeutete eine Verringerung der Ration, die ohnehin schon klein genug war, und so konnte ich nichts tun, als weiterzulaufen … Dies geschah meinem Tagebuch zufolge:

„Als ich einen langen, recht steilen Hang hinaufging, der von tiefem, weichem Schnee bedeckt war, brach ich durch den Deckel einer Gletscherspalte, fing mich aber in Oberschenkelhöhe wieder, kroch heraus, legte 50 Meter in Richtung Norden zurück und versuchte, den Verlauf der Spalte zu überqueren, da es an dieser Stelle keinen Hinweis auf sie gab; einige Augenblicke später hing ich fünf Meter tiefer am Ende des Seils in der Spalte – der Schlitten kroch auf die Öffnung zu – hatte noch Zeit, bei mir zu denken: „Das ist also das Ende", erwartete jeden Moment, dass der Schlitten mir auf den Kopf fiel und ich mit ihm zum unsichtbaren Grund stürzen würde – dachte dann an die nicht gegessene Nahrung auf dem Schlitten; aber als der Schlitten anhielt und ich nicht hinabstürzte, glaubte ich, die Vorsehung würde mir noch eine Chance geben. Die Chance war sehr klein angesichts meiner schwachen Kondition. Die Spalte war etwa zwei Meter breit, also hing ich frei herunter und drehte mich langsam um mich selbst. Mit großer Anstrengung erreichte ich einen Knoten im Seil, und nach einem Augenblick Erholung konnte ich mich hochziehen und einen weiteren erreichen. Dann, als ich vorsichtig an die Oberfläche kletterte, gab ein weiteres Stück des Schneedeckels nach und schleuderte mich erneut um die volle Seillänge in die Tiefe.

Erschöpft, schwach und steif gefroren … hing ich dort in der Überzeugung, dass alles vorbei war, bis auf das Ableben. Unter mir ein schwarzer Abgrund; in nur einer Minute könnte ich aus dem Geschirr schlüpfen, dann wäre alle Qual und Mühsal vorüber …

Meine Stärke versiegte rasch; in wenigen Minuten wäre es zu spät. Es war die Gelegenheit für einen letzten Versuch. Neue Kraft schien mich zu durchfluten, als ich mir selbst eine letzte, gewaltige Anstrengung befahl. Diesmal kam ich mit den Füßen voran hinaus, während ich mich immer noch am Seil festhielt, und drückte mich der Länge nach ausgestreckt auf den Schnee – auf festen Boden. Dann kam die Reaktion und ich konnte eine ganze Stunde lang gar nichts tun.

D. Mawson, *The Home of the Blizzard.*

ERNEST SHACKLETON 1874–1922

Überlebenswille in der Antarktis

EINE ZEIT LANG, WÄHREND des ersten Jahrzehnts des 20. Jahrhunderts, galt Shackleton als aussichtsreichster Kandidat für die Eroberung des Südpols. Er bereiste die Antarktis erstmals von 1901 bis 1904 mit Scott und führte anschließend von 1908 bis 1909 eine eigene Expedition. Mit dem Erreichen des magnetischen Südpols, der Erstbesteigung des Erebus und einem Marsch von Shackleton, der ihn bis auf 160 Kilometer an den Pol selbst heranbrachte, war sie unerhört erfolgreich. Als Scott und Amundsen den Pol 1912 eroberten, bereitete Shackleton sich auf die nächste Herausforderung vor: „Es blieb nur noch ein großes Ziel für eine Antarktisreise – das Überqueren des Südpolkontinents von Meer zu Meer." Das Ergebnis war die Imperial-Trans-Antarctic-Expedition von 1914. Eine Mannschaft sollte sich an Bord der Endurance vom Weddellmeer aus auf den Weg machen, während eine zweite Gruppe vom Ross-Schelfeis auf der anderen Seite des Kontinents aus Nahrungsdepots anlegte. Die Endurance wurde allerdings vom Eis zerdrückt, und Shackleton war gezwungen, das Schiff zu evakuieren. Mehrere Monate lang überlebten er und seine Männer auf dem Eis, bevor sie einen abgelegenen Felsbrocken mit Kieselstrand namens Elephant Island (Elefanteninsel) erreichten, von wo er in einem kleinen Boot, der James Caird, lossegelte, um Hilfe aus Südgeorgien zu holen. Er landete an der falschen Seite der Insel und nahm zwei Männer zu einem mühevollen Aufstieg über unbekannte Berge zur Walfangstation Stromness mit. Die Gruppe auf der Elefanteninsel wurde gerettet, ebenso die Männer auf dem Ross-Schelfeis, die ihr Schiff und mehrere Männer verloren hatten. Die Expedition kehrte nach zweijähriger Abwesenheit 1916 nach Großbritannien zurück und traf auf Desinteresse. Im Chaos des Ersten Weltkriegs interessierten sich nur noch wenige Menschen für tollkühne Polarreisen.

Obwohl er unzweifelhaft einen großen Expeditionsleiter abgab, war Shackleton ein schlechter Planer, dessen Ehrgeiz seine Fähigkeiten überstieg. Nach dem Krieg führte er eine letzte Expedition in die Antarktis. Sie hatte kein klares Ziel. Er starb 1922 an Herzversagen – wahrscheinlich verursacht durch die vorangegangenen Anstrengungen – und wurde in der Walfangstation Grytviken auf Südgeorgien begraben.

DIE REISE AN BORD DER JAMES CAIRD VON DER ELEFANTENINSEL NACH SÜDGEORGIEN. Wirklich ausruhen konnten wir uns nicht. Die ständige Bewegung des Bootes machte das Ruhen unmöglich; wir waren durchgefroren, uns tat alles weh, und wir hatten Angst. Wir bewegten unsere Hände und Knie im Halbdunkel des Tages unter Deck … Wir besaßen einige Kerzenstummel, die sorgfältig aufbewahrt wurden, damit wir zum Essen Licht hatten. Es gab einen recht trockenen Platz im Boot, … und es gelang uns, einen Teil unserer Kekse vor dem Salzwasser zu schützen; aber ich glaube, niemand von uns bekam den Salzgeschmack während unserer Reise aus dem Mund …

Die Schwierigkeit, sich im Boot zu bewegen, wäre ganz komisch gewesen, wenn sie uns nicht so viele Schmerzen und Beschwerden bereitet hätte. Wir mussten unter den Ruderbänken hindurch kriechen, um uns auf dem Boot zu bewegen, und unsere Knie litten dabei beträchtlich … Die Felsblöcke, die wir als Ballast mitgenommen hatten, mussten ständig verschoben werden, um das Boot in die richtige Lage zu bringen und um den Zugang zur Pumpe frei zu halten, die oft mit Haaren von Schlafsäcken und

Fellschuhen verstopft war. Die vier Schlafsäcke aus Rentierhaut verloren reichlich Haare, weil sie ständig nass waren, und sahen bald recht kahl aus. Das Bewegen der Felsblöcke war eine beschwerliche und schmerzhafte Arbeit ... Ein weiteres unserer Probleme, das einer Erwähnung wert ist, war das Aufscheuern unserer Beine durch die nasse Kleidung, die wir nun seit sieben Monaten nicht mehr gewechselt hatten. Die Innenseiten unserer Oberschenkel waren wund gerieben, und die eine Tube Hazeline-Feuchtigkeitscreme in unserem Medizinkoffer linderte unsere Schmerzen nicht sehr, die durch das beißende Salzwasser noch verstärkt wurden. Wir glaubten damals, dass wir niemals schliefen. Tatsächlich dösten wir unbequem ein und wurden schnell wieder von einem neuen Schmerz oder einer weiterer Anstrengung geweckt. Mein eigener Anteil an den allgemeinen Unannehmlichkeiten wurde noch durch einen heftigen Ischiasanfall verstärkt. Diese Krankheit hatte mich schon mehrere Monate zuvor auf dem Treibeis heimgesucht.

Unsere Mahlzeiten fanden trotz der Stürme regelmäßig statt. Es war sehr wichtig, auf diesen Punkt zu achten, da die Bedingungen der Reise von uns zunehmend einen Tribut an Lebenskraft forderten. Das Frühstück um 8 Uhr morgens bestand aus einem Becher heißer „Hoosh" aus Fleischextrakt aus der Schlittenration, zwei Keksen und einigen Klumpen Zucker. Das Mittagessen wurde um 13 Uhr serviert und bestand aus Fleischextrakt, den wir roh aßen, und einem Becher heißer Milch für jeden. ... Zum Tee um 17 Uhr stand dasselbe auf dem Speiseplan. Während der Nacht tranken wir dann etwas Heißes, gewöhnlich Milch. Die Mahlzeiten waren die hellen Leuchtfeuer an diesen kalten und stürmischen Tagen. Der Widerschein von Wärme und Gemütlichkeit durch das Essen und Trinken machte uns alle zu Optimisten. Wir hatten zwei Büchsen Virol [Stärkungsmittel aus Knochenmark], die wir für den Notfall aufbewahrten; aber als wir eine Öllampe brauchten, um unseren Vorrat an Kerzen zu strecken, leerten wir eine der Büchsen auf die Weise, die uns am meisten zusagte, und versahen sie mit einem Docht, den wir aus etwas zerrissenem Segeltuch herstellten. Mit Öl gefüllt, verströmte diese Lampe eine gewisse Lichtmenge, obwohl sie leicht ausging, und war uns in der Nacht eine große Hilfe ...

Unser Boot fuhr in den meisten Gewässern mehr oder weniger rückwärts. Trotzdem wogten die Wellenkämme häufig direkt über uns, und wir nahmen eine Menge Wasser auf, was unablässiges Ausschöpfen und Pumpen erforderlich machte. Wenn wir querab schauten, sahen wir oft einen tunnelartigen Hohlraum, der sich formte, wenn die Krone einer großen Welle in die anschwellenden Wassermassen stürzte. Tausendmal schien es, als müsse die James Caird verschlungen werden; aber das Boot hielt durch ...

In der zehnten Nacht konnte Worsley seinen Körper nach seiner Schicht an der Ruderpinne nicht mehr strecken. Er war vollkommen verkrampft, und wir mussten ihn unter Deck ziehen und ihn massieren, bevor er sich entspannen und in einen Schlafsack kriechen konnte. Ein schwerer Sturm aus Nordwesten zog am elften Tag auf und verlagerte sich am späten Nachmittag nach Südwesten. Der Himmel war bewölkt, und gelegentliche Schneeböen verstärkten die Unannehmlichkeiten der Kreuzsee – die schlimmste, dachte ich, die wir je erlebt hatten. Um Mitternacht war ich an der Pinne und bemerkte plötzlich einen Streifen klaren Himmels zwischen Süd und Südwest. Ich rief den anderen Männern zu, dass der Himmel aufklarte, und erkannte einen Moment später, dass ich

Die Endurance *gefangen im Weddellmeer. Frank Hurley, der dieses Foto aufnahm, schrieb: „Es ist selbst für uns fast unbegreiflich, dass wir uns auf einem riesigen Eisfloß befinden, mit nur fünf Fuß Eis unter uns, die uns von 2 000 Faden Ozean trennen, und mit den Launen von Wind und Strömung Gott weiß wohin treiben."*

keinen Riss in der Wolkendecke gesehen hatte, sondern den weißen Kamm einer riesigen Welle. In meinen 26 Jahren auf dem Meer in all seinen Stimmungen war ich noch keiner so gigantischen Wogen, begegnet. Es war eine mächtige Erhebung des Ozeans, etwas ganz anderes als die großen, weiß bekronten Seen, die seit vielen Tagen unsere unermüdlichen Feinde waren. Ich schrie: „Um Gottes willen, haltet euch fest!" Dann folgte ein Moment der Spannung, der sich Stunden hinzuziehen schien. Weiß wallte der Schaum der brechenden See um uns herum. Wir spürten, wie unser Boot angehoben und wie ein Korken in der brechenden Brandung vorwärts geschleudert wurde. Wir befanden uns in einem schäumenden Chaos von gepeinigtem Wasser; aber irgendwie überstand es das Boot, halb voll Wasser, unter der schweren Last durchsackend und unter

Percy Blackborrow mit Mrs Chippy, der Katze des Zimmermanns. Mit 19 war Blackborrow das jüngste Expeditionsmitglied und der Einzige, der nicht persönlich von Shackleton ausgewählt wurde: Er war als blinder Passagier in Buenos Aires an Bord gekommen. Blackborrow überlebte die Reise, aber Mrs Chippy leider nicht: Nach dem Sinken der Endurance *befahl Shackleton, sie zu töten, um Lebensmittel zu sparen. Der Zimmermann verzieh ihm das nie.*

LINKS
Leonard Hussey, das kleinste Expeditionsmitglied, rauft mit Samson, dem größten Hund. Als die Endurance *eingeschlossen dalag, wurden die Hunde vom Oberdeck in „Hunde-Iglus" auf dem Eis verfrachtet. Als jedoch klar wurde, dass das Schiff nicht mehr frei kommen konnte, wurden sie ordnungsgemäß getötet und zu „Hunde-Pemmikan" verarbeitet. „Diese Aufgabe fiel mir zu und war die schlimmste Arbeit, die ich in meinem Leben je verrichten musste", schrieb Frank Wild. „Ich kannte viele Menschen, die ich lieber erschossen hätte als den schlechtesten der Hunde."*

dem Schlag erzitternd. Wir schöpften es mit der Energie von Männern aus, die um ihr Leben kämpfen, schütteten das Wasser mit jedem Behältnis über Bord, das uns in die Hände kam, und nach zehn unsicheren Minuten spürten wir, wie das Boot unter uns wieder zum Leben erwachte. Es wurde wieder flott und hörte auf, trunken und wie benommen vom Angriff der See zu schlingern. Wir hofften ernstlich, dass wir nie wieder so einer Welle begegnen würden.

E. SHACKLETON, *South, 1919.*

ANKUNFT SHACKLETONS IN STROMNESS NACH DER ÜBERFAHRT NACH SÜDGEORGIEN.
Vorsichtig machten wir uns auf den Weg den Hang hinunter, der zur Wärme und Gemütlichkeit führte. Die letzte Etappe der Reise erwies sich als außerordentlich schwierig. Vergebens suchten wir nach einem sicheren oder halbwegs sicheren Weg hinunter vom steilen, eisbedeckten Berghang. Der einzig mögliche Pfad schien ein Kanal zu sein, den ein Wasserlauf vom Hochland her in den Berg geschnitten hatte. Durch das eisige Wasser folgten wir dem Lauf dieses Baches nach unten. Wir waren bis zur Hüfte nass, zitterten, uns war kalt, und wir waren müde. Bald nahmen unsere Ohren ein unwillkommenes Geräusch wahr, das unter anderen Umständen wie Musik geklungen hätte. Es war das Rauschen eines Wasserfalls, und wir waren auf der falschen Seite. Als wir seine Oberkante erreicht hatten, spähten wir vorsichtig hinüber und entdeckten, dass es sieben bis zehn Meter in die Tiefe ging. Mit unpassierbaren Eisklippen zu beiden Seiten. Wieder aufzusteigen war in unserem vollkommen erschöpften Zustand kaum vorstellbar. Der Weg

hinab führte durch den Wasserfall selbst. Wir befestigten ein Ende unseres Seils unter einigen Schwierigkeiten, da die Felsen vom fließenden Wasser glattgeschliffen worden waren, an einem Felsblock. Dann ließen Worsley und ich Crean hinunter, der am schwersten von uns war. Er verschwand vollkommen im herabstürzenden Wasser und kam am Boden nach Luft schnappend wieder heraus. Ich rutschte als Nächster am Seil hinunter und Worsley, das leichteste und behändeste Mitglied der Gruppe, kam als Letzter. Am Boden des Wasserfalls standen wir wieder auf trockenem Boden. Das Seil konnten wir nicht retten. Wir hatten das Breitbeil von der Kante des Wasserfalls hinuntergeschleudert, ebenso das Logbuch, und den Kocher, in eins unserer Hemden gewickelt. Das war außer unserer nassen Kleidung alles, was wir aus der Antarktis mitbrachten, die wir vor anderthalb Jahren mit einem guten Schiff, vollständiger Ausrüstung und großen Hoffnungen betreten hatten ...

Zitternd vor Kälte, aber mit leichten und frohen Herzen, brachen wir zur Walfangstation auf, die nun nicht mehr als anderthalb Meilen entfernt lag. Die Beschwerlichkeiten der Reise lagen hinter uns. Wir versuchten, uns etwas gerader zu halten, denn der Gedanke, dass es auf der Station vielleicht Frauen gäbe, machte uns unsere unzivilisierte Erscheinung schmerzhaft bewusst. Unsere Bärte waren lang und unsere Haare verfilzt. Wir waren ungewaschen, und die Kleider, die wir seit fast einem Jahr ununterbrochen getragen hatten, waren zerlumpt und fleckig. Man hätte sich schwerlich drei noch unerfreulicher aussehende Strolche vorstellen können. Worsley holte mehrere Sicherheitsnadeln irgendwo aus seiner Kleidung und nahm einige provisorische Reparaturen vor, die eher ihren allgemein erbärmlichen Zustand unterstrichen. Wir eilten hinab und trafen in unmittelbarer Nähe der Station auf zwei kleine Jungen, etwa zehn oder zwölf Jahre alt. Ich fragte diese Burschen, wo das Haus des Verwalters stand. Sie antworteten nicht. Sie sahen uns an – ein alles erfassender Blick, der nicht wiederholt werden musste. Dann rannten sie davon, so schnell ihre Beine sie trugen. Wir erreichten den Rand der Station und gingen durch das „Kochhaus", in dem es dunkel war. Als wir am anderen Ende herauskamen, trafen wir auf einen alten Mann, der uns anstarrte, als hätte er den Teufel persönlich gesehen, und uns keine Zeit ließ, Fragen zu stellen. Er eilte fort. Das war keine freundliche Begrüßung. Dann kamen wir zum Kai, wo der Diensthabende an seiner Station ausharrte. Ich fragte ihn, ob Mr. Sorlle (der Verwalter) sich in diesem Haus befände.

„Ja", sagte er, während er uns anstarrte.

„Wir würden ihn gerne sprechen", sagte ich. „Wer sind Sie?", fragte er.

„Wir haben unser Schiff verloren und sind über die Insel gekommen", antwortete ich.

„Sie sind über die Insel gekommen?", fragte er in einem völlig ungläubigen Ton.

Der Mann ging zum Haus des Verwalters, und wir folgten ihm. Später erfuhr ich, dass er zu Mr. Sorlle sagte: „Draußen sind drei komisch aussehende Männer, die sagen, sie seien über die Insel gekommen, und sie kennen Sie. Ich habe sie draußen stehen lassen." Von seinem Standpunkt aus eine durchaus notwendige Vorsichtsmaßnahme.

Mr. Sorlle kam zur Tür und sagte: „Nun?"

„Erkennen Sie mich nicht?", fragte ich.

„Ich kenne Ihre Stimme", erwiderte er skeptisch. „Sie sind der Maat der *Daisy*."

„Mein Name ist Shackleton", sagte ich.

Sofort streckte er seine Hand aus und sagte: „Kommen Sie herein. Kommen Sie herein." „Sagen Sie, seit wann ist der Krieg vorbei?", fragte ich.

„Der Krieg ist nicht vorbei", antwortete er. „Millionen werden getötet. Europa ist ein Irrenhaus. Die Welt ist ein Irrenhaus." E. Shackleton, *South, 1919.*

Die Besatzungsmit-
glieder, die Shackleton
auf der Elefanteninsel
zurückließ, während er
nach Südgeorgien
segelte. Sie überlebten
monatelang unter zwei
umgedrehten Booten,
und kochten Essen auf
einem Tranofen, dessen
Qualm ihre Kleidung
mit einer schwarzen
Fettschicht überzog. Die
Bedingungen auf der
Elefanteninsel waren
überaus erbärmlich.
Fotograf Frank Hurley
beschrieb die Männer
als den „kunterbun-
testen Haufen, der je
auf Platte gebannt
wurde."

GEORGE MALLORY 1886–1924

Mysterium auf dem Everest

SEIT 1852, als britische Landvermesser den Mount Everest (Gipfel XV auf ihren Karten) als höchsten Berg der Welt anerkannten, hatten Bergsteiger ihn im Visier. Erst 1921 jedoch begann der Angriff richtig. Vier Jahre lang ramponierten britische Gruppen die Hänge, und jeder Streifzug kam näher an den Gipfel als der vorhergehende. Mitglieder kamen und gingen, aber keiner war beharrlicher als ein Lehrer namens George Mallory. Er galt als einer der erfahrensten Bergsteiger seiner Zeit und war berühmt für seine Geschicklichkeit – er war aber auch ein gebildeter Mann, ein Liebling von Londons lite-rarischer Elite. Bei jeder Besteigung stellte er neue Höhenrekorde auf, und 1924, nachdem er das Lager in einer größeren Höhe aufgeschlagen hatte als jemals ein Mensch zuvor, war er bereit für die letzte Anstrengung. In Begleitung eines kräftigen, aber unerfahrenen Jungen namens Sandy Irvine brach er am Morgen des 8. Juni zum Gipfel auf. Mallory war zuversichtlich, dass sie ihn vor Einbruch der Nacht erreichen und wieder zurückkehren könnten – diese Ansicht teilte auch ein Expeditionsmitglied, das die beiden nur 250 Meter vor dem Ziel in rascher Bewegung entdeckte. Die beiden Männer kehrten nie zurück. Ihr Schicksal blieb ein Rätsel, bis eine amerikanische Expedition 1999 Mallorys mumifizierte Leiche entdeckte. Er war abgestürzt, aber es war unmöglich zu sagen, ob er vor oder nach Erreichen des Gipfels gestorben war. Irvines Leiche wurde nie gefunden, auch nicht die Kodak-Vestpocket-Kamera, die Mallory bei sich hatte. Bis zu ihrer Entdeckung bleibt die Frage offen.

VOM EVEREST GESENDETE NIEDERSCHRIFTEN BESCHREIBEN DIE DREI VERSUCHE IM JAHR 1924, DEN GIPFEL ZU ERREICHEN. DIE SCHREIBER SIND DER VORKLETTERER „TEDDY" NORTON, HOWARD SOMERVELL UND NOEL ODELL.

NORTON: Lager III. Ost-Rongbuk-Gletscher. 8. Juni. Ich diktiere die achte Botschaft aus Lager III. Ich sage diktieren, weil ich nicht schreiben kann, da ich mich gerade von einem akuten Anfall von Schneeblindheit erhole … Geoffrey Bruce, der Hansdampf in allen Gassen, ist mein Sekretär. Nachdem wir beide schon in große Höhen aufgestiegen sind, denken wir nun, dass diese Arbeit im Moment genau das Richtige für uns ist.

Über uns ragt der Everest auf, leicht gepudert mit frischem Schnee, ruhig und windstill und halb gehüllt in diese feuchten, klebrigen Wolken, die zu dieser Jahreszeit mit Sicherheit die Ankunft des eigentlichen Monsuns ankündigen. Jedes Augenpaar im Lager ist der letzten Pyramide zugewandt. Die Erwartungen sind hoch, denn irgendwo entscheidet der letzte Versuch unausweichlich in diesem Augenblick über Erfolg oder Niederlage der Expedition von 1924 …

Das Fortkommen auf dem Nordkamm des Everest lässt sich kaum beschreiben. Es ist ein Kampf gegen Wind und Höhe, in der Regel auf Fels, manchmal auf Schnee, bei einer durchschnittlichen Steigung von 45°. Es ist reizvoll für alle, die je das Bergsteigen in Höhen über 7 000 Meter versucht haben. Lager V sollte auf der östlichen, geschützten Seite des Kamms bei etwa 7 700 Metern aufgeschlagen werden. Bei etwa 7 600 Metern begann die Ausdauer der Träger zu erlahmen, und von acht erreichten nur vier Lager V aus eigener Kraft. Die Übrigen legten ihre Last nieder und konnten nicht weitergehen. Während Mallory sich daranmachte, das Lager zu organisieren, gingen Bruce und einer

der Lobsangs, den man mit Fug und Recht als einen der Anführer der „Tiger" bezeichnen kann, zweimal vom Lager aus zurück und holten die fehlenden Lasten auf ihrem eigenen Rücken. Weiße können in diesen Höhen nicht straflos solche Lasten tragen, und so ist es kaum verwunderlich, dass Bruces Herz sich bei dieser großartigen Leistung vorübergehend überanstrengte.

SOMERVELL: Die Höhe machte sich langsam ernsthaft bei uns bemerkbar. Bei etwa 8 400 Metern gab es eine fast abrupte Veränderung. Etwas weiter unten konnten wir noch bequem laufen, mit drei bis vier Atemzügen pro Schritt, aber jetzt waren sieben, acht oder zehn vollständige Atemzüge für jeden Schritt vorwärts nötig. Selbst bei diesem langsamen Tempo mussten wir alle 20 bis 30 Meter eine Pause von ein oder zwei Minuten einlegen. Tatsächlich gelangten wir langsam an den Rand dessen, was wir ertragen konnten … Wir kamen zögerlich überein, dass das Spiel aus war … So drehten wir mit schweren Herzen, die über 180-mal pro Minute schlugen, um und gingen auf demselben Weg zurück; aber langsam, denn jede Abwärtsbewegung ist in dieser Höhe eine recht schwere und atemlose Arbeit, und wir beide brauchten häufige Pausen, um wieder zu Atem zu kommen und Kraft zu schöpfen.

Der Ausblick vom höchsten Punkt, den wir erreichten, und eigentlich auf dem gesamten Aufstieg, ist in seiner Weite und Herrlichkeit kaum zu beschreiben. Die Aussicht war in der Tat unbeschreiblich, und man schien einfach über allem in der Welt zu

Auf dem letzten Foto, das die beiden Männer lebend zusammen zeigt, stellen Mallory und Irvine ihre Sauerstoffflaschen ein, während sie zum Nordsattel aufbrechen. Dass sie beim Sturm auf den Gipfel starben, ist sicher; ob sie ihr Ziel erreichten, ist weiterhin unbekannt. Norton, der Vorkletterer, schrieb eine gefühlvolle Nachrufnotiz nieder: „Zusammen gingen diese beiden Männer zum letzten Mal den Berg hinauf, höher als je ein Mensch zuvor gestiegen war. Sie wurden ein letztes Mal gesehen, wie der eine dem anderen die Hand zur Hilfe reichte, und danach nie wieder. Könnte einer von ihnen sich einen besseren Freund gewünscht haben, um sich beim Übergang in das unbekannte jenseitige Land die Hand zu halten?"

schweben und einen Eindruck vom Blick Gottes auf die Dinge zu bekommen. ...Wir warten nun auf Nachricht von Mallory und Irvine, die heute einen weiteren Versuch unternehmen, in der Hoffnung, dass sie die schwache Gipfelluft mit künstlichem Sauerstoff verstärken und dadurch die Hauptschwierigkeit auf dem Weg zum Gipfel überwinden können. Möge der Geist aus der Stahlflasche ihnen helfen! Wir alle hoffen, dass er das tut, denn niemand verdient den Gipfel mehr als Mallory, der Einzige von uns, der es schon drei Jahre versucht.

ODELL: Am 6. Juni, nach einem zeitigen Frühstück aus gebratenen Sardinen, das freudig begrüßt und mäßig genossen wurde, verließen Mallory und Irvine das Lager am Nordsattel in Richtung Lager V ... [Am 7. Juni] Die Träger, die in dieser Nacht von Mallory [aus Lager VI] zurückkamen, brachten eine optimistische Botschaft in Form einer Notiz, dass sie bis 8 200 Meter nur ein Minimum an Sauerstoff verbraucht hatten und dass die Wetterbedingungen ideal seien. Letzteres konnte ich gut einschätzen, denn als ich an jenem Abend von dem kleinen Felsvorsprung, auf dem das Zelt in Lager V aufgeschlagen war, Ausschau hielt, bemerkte ich, dass das Wetter für den nächsten Tag in der Tat höchst vielversprechend zu sein schien.

Der Platz des Lagers war einzigartig und der Ausblick imposant. Im Westen lag ein grobes, wildes Durcheinander von Gipfeln, der höchste davon der Ch Uyo, rund 8 150 Meter, eingetaucht in die erlesensten Rosa- und Gelbtöne. Direkt gegenüber lagen die öden Klippen des Everest-Nordgipfels, der einen Teil des weiten nördlichen Horizonts mit seinem leuchtenden Schillern versperrte ... Im Osten schien der schneebedeckte Gipfel des Kanchenjunga in der dünnen Luft zu schweben, und schließlich tauchte dort die wunderschön abwechslungsreiche entlegene Gyangkar-Bergkette auf. Der Sonnenuntergang und die Zeit danach waren in dieser Höhe ein überirdisches Erlebnis, das man nie vergessen würde.

Am frühen Morgen des 8. Juni war es klar und nicht übermäßig kalt für diese Höhe. Die beiden Träger, die ich mit zum Lager V gebracht hatte, klagten über Übelkeit und Kopfschmerzen, und alles in allem war ich nicht undankbar für den Vorwand, sie ins Lager IV am Nordsattel zurückschicken zu können, da ich besonders während eines Aufstiegs frei sein wollte ... Bald nachdem ich meine Aufgabe angegangen war, begannen sich Wolkenbänke zu bilden, die mich immer wieder in Dunkelheit hüllten, aber der Wind blieb recht leicht für einen so ungeschützten Grat. Ab und zu brachte er Schneeregen und leichten Schneefall. Über mir konnte ich während dieser Böen häufig einen Lichtschein erkennen, was darauf hindeutete, dass es in größerer Höhe klar war, und ich hoffte, dass Mallory und Irvine über dem Nebel waren.

Um 12.50 Uhr, kurz nachdem ich in Jubel ausgebrochen war, weil ich das erste eindeutige Fossil auf dem Everest entdeckt hatte, klarte die Atmosphäre plötzlich auf, und der gesamte Gipfelkamm und die höchste Spitze des Everest wurden enthüllt. Meine Augen blieben an einem winzigen schwarzen Punkt hängen, der sich gegen einen kleinen Schneekamm unter einer Felsstufe im Grat abhob, und der schwarze Punkt bewegte sich. Ein weiterer schwarzer Punkt tauchte auf und bewegte sich über den Schnee zum anderen Punkt auf dem Grat ... Dann näherte sich der erste der großen Felsstufe und kam kurz darauf an der Spitze heraus; der zweite tat es ihm nach ... dann verschwand der ganze faszinierende Anblick hinter Wolken ...

Es gab nur eine Erklärung. Es waren Mallory und sein Gefährte, die sich, wie ich selbst auf diese große Entfernung sehen konnte, mit beträchtlicher Munterkeit bewegten.

NORTON: Rongbuk-Basislager, 14. Juni. Ohne Zweifel hat der Berg seine Feindseligkeiten wieder aufgenommen. Jeder der Bergsteiger hat sein Pulver verschossen. Vor mir liegt ein medizinischer Bericht, der zeigt, dass jeder von uns ein mehr oder weniger erweitertes Herz hat, neben verschiedenen kleineren Gebrechen. Die Beschwerden werden in der geringeren Höhe, in die wir zurückkehren werden, von selbst zurückgehen, würden jedoch wahrscheinlich chronisch werden, wenn wir weitere Aufstiegsversuche unternähmen ...

Wir gehen schweren Herzens hier fort. Wir konnten keinen Erfolg verbuchen, denn wer wird jemals wissen, ob die verschollenen Bergsteiger vor dem Unfall, der wahrscheinlich ihren Tod verursachte, den Gipfel erreichten? ... Der Preis steht in keinem Verhältnis zu den Ergebnissen ... Mallory war drei Jahre lang die treibende Kraft beim Kampf um den Everest. Ich glaube, das war etwas Persönliches für ihn, und letztendlich war es für ihn etwas anderes als für den Rest von uns ... Das Feuer in ihm verlieh ihm Flügel, denn es brachte seinen Geist ständig dazu, seinen Körper so weit zu beherrschen, dass ich, mir kaum vorstellen kann, dass er jemals erschöpft sein könnte ...

Unser einer freier Tag hier, bevor wir dieses Basislager voll widerstreitender Erinnerungen endgültig verlassen, so kahl und unwirtlich nach den sonnigen Ebenen von Tibet, so wohnlich und gemütlich nach den noch viel kahleren Gletscherlagern, ist vollkommen ausgefüllt. Jeder Mann, den wir aufbringen können, arbeitet an der Verteilung der Ladungen für den morgigen Marsch oder hilft beim Errichten eines Denkmals auf einem der großen konischen Moränenhügeln, die das Basislager überragen, um an die Namen derjenigen zu erinnern, die ihr Leben auf den drei Expeditionen auf den Mount Everest verloren haben.

The Mount Everest Dispatches, The Geographical Journal, Vol. LXIV, No 2, 1924

UMBERTO NOBILE 1885–1978

Zeppeline auf dem Dach der Welt

Ein Besatzungsmitglied der Norge mit Flaggen, die über dem Pol abgeworfen werden sollten. Amundsen und Ellsworth ließen getreu der Anweisung, das Gewicht auf einem Minimum zu halten, nur bescheidene Wimpel fallen. Nobile jedoch brachte eine riesige italienische Flagge zum Vorschein, die in einem schweren Eichenkasten aufbewahrt worden war, und stieß sie unter den begeisterten Hochrufen seiner Landsleute durch das Bullauge. Aufgebracht kommentierte Amundsen, dass seine winzige norwegische Flagge daneben wie ein Taschentuch aussah.

UMBERTO NOBILE, EIN ITALIENSCHER LUFTSCHIFF-KONSTRUKTEUR, *war (zusammen mit Roald Amundsen und Lincoln Ellsworth) Kommandant der* Norge *auf ihrem Flug 1926 von Spitzbergen über den Nordpol nach Alaska. Angespornt durch seinen Erfolg, unternahm er eine Reihe von Flügen, um die unbekannten Sektoren der Arktis kartografisch zu erfassen. 1928 jedoch zerbarst sein Luftschiff* Italia *auf dem Eis vor Spitzbergen: Sieben der 16 Besatzungsmitglieder wurden getötet, und ein achter starb unter mysteriösen Umständen, als er eine Gruppe über das Packeis führte, um Hilfe zu holen. Eine internationale Rettungsmannschaft, bestehend aus 18 Schiffen, 22 Flugzeugen und 1 500 Mann, wurde zusammengestellt. Einem der Flugzeuge gelang es, Nobile zu befreien, es verunglückte jedoch auf der Heimreise, sodass der Pilot sich den Schiffbrüchigen anschließen musste. Mehrere andere Flugzeuge stürzten ebenfalls ab, was dazu führte, dass mehr Menschen bei dem Versuch ums Leben kamen, die Überlebenden der* Italia *zu retten, als auf der* Italia *selbst gestorben waren.*

Bei seiner Rückkehr nach Italien sah sich Nobile mit Gerüchten über Kannibalismus und dem Vorwurf der Verantwortungslosigkeit konfrontiert, weil er zugelassen hatte, dass er vor dem Rest der Mannschaft evakuiert wurde. Da er in seinem Heimatland gemieden wurde, zog er in die Sowjetunion, wo er an Stalins größenwahnsinnigem Projekt mitarbeitete, das weltgrößte lenkbare Luftschiff zu bauen. Später emigrierte er in die USA, bevor er sich schließlich in Spanien niederließ.

DIE STEUERKABINE DER ITALIA RISS BEIM AUFPRALL AB, UND NOBILE UND MEHRERE ANDERE WURDEN AUF DAS EIS GESCHLEUDERT. BEFREIT VON SEINER LAST, STIEG DAS LUFTSCHIFF MIT NOCH SECHS MANN AN BORD WIEDER IN DIE LÜFTE.

Ich öffnete die Augen und fand mich auf dem Eis liegend wieder, inmitten eines erschreckenden Haufens. Mir war sofort klar, dass die anderen mit mir herausgestürzt waren.

Ich blickte zum Himmel auf. Zu meiner Linken trieb das Luftschiff, die Nase in der Luft, vor dem Wind davon. Um die Steuerkabine herum war es furchtbar aufgerissen. Aus dem Loch hingen zerrissene Stoffstreifen, Seile, Metallteile der Mechanik. Die linke Kabinenwand war am Schiff geblieben. … [Ich sah] ihm wie gebannt nach, bis das Luftschiff im Nebel verschwand und nicht mehr zu sehen war.

Erst jetzt spürte ich meine Verletzungen. Mein rechtes Bein und mein rechter Arm waren gebrochen und pochten; ich hatte mich im Gesicht und oben am Kopf verletzt, und in meiner Brust schien vom gewaltigen Aufprall alles durcheinandergeworfen zu sein. Ich glaubte, das Ende sei nah …

Hier und da waren Wrackteile zu erkennen – trostlose graue Flecken vor dem Weiß des Schnees. Vor mir zeigte ein Streifen von leuchtendem Rot, wie Blut aus einer riesigen Wunde, den Punkt an, wo wir aufgeprallt waren. Es war Flüssigkeit aus den Glaskugeln [des Höhenmessers] … Rechts neben mir saß Malmgren noch immer still an derselben Stelle und strich über seinen rechten Arm. Auf seinem Gesicht, finster und aschfahl, etwas geschwollen vom Sturz, lag ein Ausdruck blanker Verzweiflung. Seine blauen Augen starrten unverwandt nach vorn, wie ins Leere. Er war in Gedanken versunken … stand auf. Er konnte nicht aufrecht stehen, sondern musste sich wegen seiner verletzten Schulter

gebeugt halten … Er drehte sich zu mir um und sagte auf Englisch: „General, ich danke Ihnen für die Reise … ich gehe ins Wasser!"

Mit diesen Worten drehte er sich weg. Ich hielt ihn auf: „Nein, Malmgren! Wir werden sterben, wenn Gott es beschließt. Wir müssen warten. Bitte bleiben Sie hier."

Ich werde nie den Blick vergessen, mit dem er mich in diesem Moment ansah. Er schien überrascht. Vielleicht beeindruckte ihn mein sanfter Ton und mein teilnahmsvoller Ernst. Einen Augenblick lang stand er still, wie unentschlossen. Dann setzte er sich wieder …

Sobald das Zelt aufgeschlagen war, trug man mich hinein. Der Transport war schmerzhaft … Dann trugen sie Cecioni herein und legten ihn neben mich … Anschließend berichteten sie mir von Pomellos Tod. Sie hatten ihn sitzend auf dem Eis gefunden, in der Nähe des Wracks seines Motorboots. Er hatte einen seiner Lederschuhe ausgezogen. Auf seinem Gesicht deutete nichts darauf hin, dass er gelitten hatte – keine sichtbare Verletzung …

Nachdem wir ein wenig über den Verbleib der anderen sechs spekuliert hatten, legten wir uns zum Schlafen hin. Neun Männer, die sich in diesem beengten Raum zusammendrängten. Ein Gewirr menschlicher Gliedmaßen. Draußen heulte der Wind, und man hörte die Zeltplane in schwermütigem Rhythmus flattern. Cecioni faselte weiter, bis ihn die Erschöpfung überkam. Auch mich überwältigte sie, und ich schlief ein.

U. NOBILE, *My Polar Flights, 1961.*

DREI MÄNNER – MALGREM, MARIANO UND ZAPPI – MELDETEN SICH FREIWILLIG FÜR DEN MARSCH ÜBER DAS EIS, UM HILFE AUS SPITZBERGEN ZU HOLEN. MALGREM, DER BEIM ABSTURZ SCHWER VERWUNDET WORDEN WAR, STARB BALD. ZAPPIS BERICHT, HANDELT VON DER RETTUNG DER BEIDEN.

Mariano – es war der vierte Tag, an dem wir nichts gegessen hatten – flehte mich noch einmal an, ihn zurückzulassen, damit ich das Festland erreichen konnte. Es war zu spät. Ohne Nahrung und in meiner schwachen Verfassung ging ich davon aus, dass der Versuch nicht die geringste Aussicht auf Erfolg haben würde. Und so fanden wir uns damit ab zu sterben … Diese Qual dauerte zwölf Tage …

Am 10. Juli gegen Abend hörten wir plötzlich das frische Brummen von Motoren. Ich stolperte aus unserer Eishöhle und winkte wild mit einem Tuchfetzen, der uns als Flagge gedient hatte. Überrascht sah ich, dass der Pilot mich gesehen hatte, und ein Freudenschrei entrang sich meinen Lippen. Und tatsächlich begann die Maschine weite Kreise über unseren Köpfen zu ziehen. Fünfmal rauschte sie über unserem Gefängnis vorbei. Ich wedelte weiter mit der Flagge, bis die Maschine im Nebel verschwunden war …

Die Verzweiflung schlug wieder über uns zusammen. Am Morgen des 12. ließ der schrille Ton einer Sirene uns beide heftig zusammenfahren. Zu diesem Zeitpunkt lagen wir in die durchnässte Decke eingewickelt. Ich sprang hastig auf, sah aber zunächst nichts. Ich glaubte, der Ton wäre von der Bewegung des Eises verursacht worden, und legte mich wieder hin. Aber dann schien ich plötzlich eine Rauchspur erkennen zu können. Ich kletterte auf den höchsten Punkt unseres Hügels. … Ich nahm meine letzten verbleibenden Kräfte zusammen und winkte wie wild mit dem Fetzen. Ein weiteres Sirenensignal. Alle Zweifel lösten sich auf. Der [Eisbrecher] hatte uns gesehen.

„Wir sind gerettet, Mariano. Wir werden unsere Familien wiedersehen. wir werden unser geliebtes Land wiedersehen."

Eine weitere halbe Stunde voller Anspannung verstrich, und dann drehte das Schiff energisch seinen Bug in Richtung unserer Eisscholle. Die Hochrufe der Mannschaft klangen in unseren Ohren wie ein Lied, das uns wieder im Leben willkommen hieß.

D. GIUDICI, *The Tragedy of the Italia, 1929.*

Besatzungsmitglieder der Norge erleben, was Amundsen „die Faszination des Unbekannten" nannte. Die Leute trugen Fellschuhe, um zu verhindern, dass Funken die Wasserstoffzellen entzündeten. Amundsen, der sich als der Leiter der Expedition sah, gefiel die Anwesenheit von Nobile auf dem Luftschiff überhaupt nicht. Der Konstrukteur und Pilot war in seinen Augen nur ein „exentrischer Chauffer" und „aufgeblasener Emporkömmling.

AUGUST COURTAULD 1904–59

Allein auf der Eiskappe Grönlands

Ein dreckverkrusteter Courtauld kommt aus der Höhle hervor, in der er fünf Monate verbracht hat. Über seine Rettung schrieb er: „Der Primus tat seinen letzten Atemzug, als ich Wasser für das Frühstück schmolz. Ich lag nach der so genannten Mahlzeit aus etwas Pemmikan und Margarine in meinem Schlafsack … als plötzlich ein erschreckendes Geräusch ertönte, wie ein vorbeifahrender Bus, gefolgt von wirrem Schreien. Ich fuhr vor Schreck fast aus der Haut. Stürzte das Haus schließlich doch ein? Eine Sekunde später dämmerte mir die Wahrheit. Es war jemand, eine echte menschliche Stimme, der durch das Belüftungsrohr rief. Es war ein ganz wunderbarer Moment. Ich wusste nicht, was ich tun oder sagen sollte. Ich rief einige gestotterte Bemerkungen zurück, die für diese Gelegenheit recht sinnlos schienen."

Courtauld, Sohn eines millionenschweren Industriellen, *heuerte bei der British Arctic Aero Expedition an. Ihr Bestimmungsort war Grönland; ihr Ziel bestand darin, den Einfluss der Arktis auf europäische Wettersysteme zu studieren, und ihr Leiter war Gino Watkins, ein Mann mit einer Leidenschaft, die von seinen Gefährten mit der von Shackleton und Scott verglichen wurde. Als sie im Winter festsaßen, weigerte sich Watkins, Hilfe herbeizurufen in der Hoffnung, dass diese Erfahrung ihnen wertvolle meteorologische Informationen liefern würde. Courtauld meldete sich freiwillig dafür, eine der abgelegeneren Wetterstationen zu besetzen. Außer Funkreichweite und nur mit dem Nötigsten ausgestattet, wartete er darauf, dass der Winter vorüberging. Schnee bedeckte sein Zelt und zerdrückte die Iglus, die seine Vorräte enthielten. Stoisch zündete er seine Pfeife an: „Es gibt nichts zu beklagen", schrieb er, „außer der Plage, alle drei Stunden in den kalten Wind hinausgehen zu müssen, um das Wetter zu beobachten." Er unternahm einen eher symbolischen Versuch, Nahrung zu rationieren, gab das aber auf: „Ich esse meinen Kuchen lieber, als ihn zu besitzen. Carpe diem." Schließlich ging die Nahrung zur Neige. Ebenso sein Tabak, woraufhin er Teeblätter rauchte. Als ihm auch noch der Brennstoff ausging, rauchte er im Dunkeln. Der Schnee fiel und fiel, bis das einzige Zeichen seiner Anwesenheit einige Zentimeter eines Lüftungsrohrs waren, das aus den Schneewehen hervorragte. Seine Eltern organisierten mehrere Luftexpeditionen, um ihn zu retten, aber zu Hilfe kamen ihm schließlich Watkins und zwei andere Männer auf dem Schlitten. Courtauld war zuerst erleichtert und dann wütend, dass so viel Geld und Mühe aufgewandt worden waren. Seine Drangsale seien, doch „sehr läppisch" gewesen.*

Courtauld sinnt über seine einsame Existenz nach.

Warum kommen Menschen an solche Orte? So viele Gründe wurden dafür schon genannt. Früher dachte man, es sei das Schatzsucherfieber, aber es gibt keine Schätze mehr, und immer noch suchen die Menschen. Dann nannte man es Abenteuerlust. Es liegt herzlich wenig Abenteuer darin, mit dem Schlitten über eine Eiskappe zu fahren oder darauf zu sitzen. Ist es Neugier, eine Sehnsucht, hinter den Schleier zu schauen auf die Geheimnisse und die Einsamkeit der Natur an ihren verlassensten Orten? Vielleicht, aber das ist nicht alles. Warum lassen wir alle zurück, die wir lieben, alle guten Freunde, alle leiblichen Genüsse, alle geistigen Anregungen, um ein wenig akademisches Wissen über diese unsere seltsame Welt zu sammeln? Was gewinnen wir dabei? …

Begraben wir uns tatsächlich moralisch, indem wir der Welt entfliehen? Heißt es für uns einfach verrotten oder kraftvoll wachsen, wie eine Pflanze, die über die Gartenmauer geworfen wird? Oder kommen wir der Wirklichkeit näher, sehen wir den großen Zweck hinter allem klarer, indem wir unsere Seelen des Schutzes unserer Freunde berauben und der Freuden des Leibes entsagen? Wie gering die Sorgen der Welt einem in einer Lage wie dieser erscheinen; wie groß und furchtbar die Dinge, die hier sind …

Diese Vergnügungen hätte ich am liebsten, wenn Wünschen etwas nützen würde. Erstens, vor dem Abendessen vor einem Feuer in einem Sessel zu sitzen und Mollie [der Verlobten] beim Spielen und Singen zuzuhören. Zweitens: 8 Uhr an einem schönen Sommermorgen auf dem Meer, am Steuer eines kleinen Bootes, eine frische Brise weht, alle

Segel gesetzt, und Mollie, die zusammen mit dem Duft von Frühstück heraufkommt, um mir einen guten Morgen zu wünschen. Drittens: gerade ins Bett geschlüpft zu sein, mit sauberen Laken und Pyjama. Viertens: an einem strahlenden Herbstmorgen im Garten vor dem Frühstück ... einen Apfel zu essen. Fünftens: in ein heißes Bad zu steigen ...

Je mehr Monate ohne Hilfe vorübergingen, umso überzeugter war ich vor ihr. Als ich schließlich eingeschneit war, hatte ich keinen Zweifel mehr daran ... Zwar war ich nicht imstande, mir selbst zu helfen, aber irgendeine Kraft von außen arbeitete für mich, und mein Schicksal sah nicht vor, dass ich sterben sollte.

N. WOLLASTON, *The Life of August Courtauld*, 1980.

UMSEITIG
Kajakfahrer in einer Bucht voller Eisberge. Zwar gehörte zur Ausrüstung ein Flugzeug, aber die Expedition verbrachte einen Großteil der Zeit damit, es überhaupt zum Laufen zu bringen.

AUGUSTE PICCARD 1884–1962

In die Stratosphäre

Wie der Inbegriff des verrückten Wissenschaftlers sieht Piccard (ganz rechts) aus, als er sich von den Freunden und Zuschauern verabschiedet, die ihn am 27. Mai 1931 zum Start seines Ballons begleiten. Nach dem Beweis, dass seine Kugel der luftlosen Stratosphäre standhalten konnte, erforschte er mit derselben Technologie den Ozean. 1953, als Hillary und Tensing den Everest bestiegen, stellte Piccard ihrem Rekord über dem Meeresspiegel einen eigenen Rekord unter Wasser entgegen.

AM 27. MAI 1931 *hob ein Ballon von Augsburg ab. Unter ihm drängten sich in einer Druckkapsel aus Aluminium, die er nach eigenen Entwürfen gebaut hatte, Piccard und sein Physikerkollege Paul Kipfer. Der Ballon erreichte eine Höhe von 16 142 Metern und war damit das erste bemannte Luftfahrzeug, das die Stratosphäre erreichte, bevor es auf dem Obergurgl-Gletscher in Österreich landete. Piccard schlug seinen eigenen Höhenrekord 1932 und unternahm in der Folge noch 27 weitere Fahrten, bevor er sich der Meeresforschung zuwandte. Mithilfe derselben Technologie, die ihn beinahe bis ins All gebracht hatte, baute er den Bathyskaph* Trieste *und stieg 1953 auf eine Rekordtiefe von 3 139 Metern hinab. Sieben Jahre später lenkte sein Sohn Jacques die* Trieste *auf 10 917 Meter – also fast 11 Kilometer unter dem Meeresspiegel. Piccards Zwillingsbruder Jean machte sich ebenfalls einen Namen als Höhenballonfahrer und sein Enkel Bertrand folgte später der Familientradition und wurde der erste Mensch, der im Ballon um die Erde flog.*

ÜBER DEN UNTERSCHIED ZWISCHEN HIMMEL UND ALL.

Wir leben in der Troposphäre. Hier finden alle meteorologischen Phänomene statt. Das Meerwasser verdunstet; von der Sonne aufgesogen, rauscht es in den Himmel und wird dort von den Winden erfasst. In ihren rasenden Wirbeln tragen sie es über die Meere, über Kontinente; niemals kommt es zur Ruhe. Früher oder später kondensiert das Wasser,

Piccard (rechts) und Kipfer setzen ihre zweifach verwendbaren Lufthelme auf. In den Körben wurden Instrumente verstaut, und die Kissen erleichterten die unbequeme Lage in der gusseisernen Kugel. Im Falle atmosphärischer „Hüpfer" ließ sich beides zu einem Kopfschutz zusammensetzen.

bildet Wolken, Regen, Schnee oder Hagel, und ein jäher Sturz beendet seine Luftreise. Die Winde setzen derweil ihre ziellosen Wanderungen fort – manchmal als sanfte Brisen, manchmal als Hurrikans, als Tief aufsteigend, als Hoch absteigend, wirbelnd nach rechts, nach links. Nie wird eine stabile Position erreicht; es ist ein endloser Kreislauf. Hier müssen wir leben: in der Troposphäre …

Darüber liegt die Stratosphäre. Hier hat aller Kampf aufgehört: Es gibt keine vertikalen Bewegungen. Jeder Teil der Luft ist zufrieden mit der Position, die er eingenommen hat; ohne seine Höhe zu ändern, setzt er seine Reise fort, den Winden ausgeliefert. Keine senkrechte Bewegung bringt Feuchtigkeit hinein, es gibt keine Kondensierung. Nichts stört die Klarheit der Stratosphäre, kein Nebel, keine Wolke. Hier herrscht unveränderlich schönes Wetter, ein ewiger Friede. Die helle Sonne steigt über den Horizont und zieht ihre Bahn in der unbefleckten Herrlichkeit eines purpurnen Himmels. Sobald sie abends untergegangen ist, leuchten Sterne auf und funkeln, in einer Weise, die ein irdischer Betrachter noch niemals gesehen hat.

Dieses Land der Träume, dieses Paradies ist die Stratosphäre. Zwanzig Minuten, eine halbe Stunde Aufstieg in einem freien Ballon trennen uns von ihr. Mehr nicht; aber das ist sehr viel.

A. PICCARD, *Between Earth and Sky, 1950.*

PETER FLEMING 1907–71

Abenteuer in Brasilien

1932 sah Fleming, damals Literatur-Redakteur des Spectator, eine Anzeige in der Times, in der Freiwillige für eine Suchexpedition nach Oberst Percy Fawcett gesucht wurden, der kurz zuvor im Mato Grosso verschwunden war. Er antwortete darauf und wurde angenommen. Die Gruppe fand Fawcett nicht, verschaffte Fleming aber Material für ein Buch, Brasilianisches Abenteuer, *das auf dem Gebiet der Forschungsliteratur Neuland erschloss. Später bereiste er Tibet, China, die Mongolei und den Kaukasus und beschrieb jede Reise mit Witz und Esprit, die zu seinem Markenzeichen wurden. Hinter seiner Fassade des unbekümmerten Amateurs verbarg sich eine stählerne Entschlossenheit. Ein Begleiter schrieb: „Ich schätzte Peters brillante Intelligenz, seine Fähigkeit, alles essen und überall schlafen zu können, und auch sein sicheres Erfassen des Kerns jeder Situation, des Wesentlichen in jedem Argument."*

Rekrutierung für Flemings Brasilien-Expedition.
Roger [Pettiward] lief die Gower Street entlang. Er war an der Fakultät für Tropenhygiene vorbeigegangen. Er hatte die Königliche Akademie für Schauspielkunst passiert. In einer Minute, in weniger als einer Minute, würde er die Slade erreicht haben; würde den Nachmittag damit verbringen, Blau und Gelb zu Grün zu mischen (oder was Künstler sonst so tun); hätte niemals von der Expedition gehört, denn Roger ist ein unregelmäßiger Leser der *Times*.

Durch einen dieser Zufälle, die (wie Romanschriftsteller stets betonen) in einem Roman kaum durchgehen würden, kam ich in großer Eile genau in dem Moment aus meinem Büro auf der anderen Seite der Gower Street, als Roger vorbeiging. In Eton und Oxford kannte ich ihn nur vom Sehen. In den letzten drei Jahren war ich ihm dreimal begegnet. Aber da lief ein prächtiger großer Bursche mit Sinn für Komik; also rief ich ihm über die Straße zu: „Roger, komm mit nach Brasilien."

„Was?", sagte Roger; ich wage zu behaupten, um Zeit zu gewinnen.

„Du solltest mitkommen nach Brasilien", sagte ich, während ich in ein Auto einstieg.

„Warum?", fragte Roger vorsichtig (oder vielleicht unvorsichtig) und stieg ebenfalls ins Auto. Wir fuhren die Gower Street hinunter; an der Königlichen Akademie für Schauspielkunst vorbei; an der Fakultät für Tropenhygiene vorbei. Ich redete schnell. Am Ende der Gower Street stieg Roger aus.

„Ich gebe dir am Montag Bescheid", sagte er. Aber sein Schicksal war besiegelt.

Reiner Zufall ist ein seltenes Gut. Etwa drei Monate später saß ich über einem Feuer inmitten einer frostigen, mondlosen Nacht. Ein kleiner Fluss rauschte leise an unserer Sandbank vorüber. Bäume – zu viele Bäume – ragten überall um uns empor. Kein Weißer war je zuvor an diesen Ort gekommen, und wahrscheinlich würde keiner es jemals wieder tun. Allgemein gesprochen, waren wir so weit von allem entfernt, wie es nur möglich war. In seiner Höhle, gegen die Moskitos mit Zweigen geschützt, schnarchte ein einäugiger Brasilianer mit der ganzen Leidenschaft des Südens. Roger war die einzige andere anwesende Person. Auch er schlief.

Als ich ihn betrachtete, kam mir plötzlich in den Sinn, dass er das perfekte, das vollendete Beispiel für einen reinen Zufall war.

Mit Gewehren beladen, schreitet Fleming durch den Fluss Tapirape. Nach ihrer Trennung von der Hauptgruppe standen er und seine Gefährten ohne Boot da. Weil es einfacher war, im Flussbett zu laufen, als sich durch den Dschungel an seinen Ufern zu kämpfen, verbrachten sie zwei volle Tage im Wasser.

Wenn der Engel der Gerechtigkeit beim Sammeln von Daten über die Fortschritte der Menschen für seine Akten plötzlich zwischen den dürren Zweigen heruntergefahren wäre, Roger geweckt und zu ihm gesagt hätte: „Erklären Sie mir bitte Ihr Verhalten. Ich sehe, dass Sie neben einem Fluss schlafen – nicht sehr fest, wegen der Moskitos –, der auf keiner Karte verzeichnet ist, in einem der größten unerforschten Gebiete der Welt. Ich habe gehört, dass Sie nach Spuren eines vollkommen Fremden suchen, von dem Sie annehmen, dass er vor über sieben Jahren verschwunden ist. Würden Sie mir bitte sagen, warum Sie das tun – was ist der wichtigste und fundamentale Grund dafür, dass Sie in einer so unwahrscheinlichen Situation stecken?" – wenn ihm diese Frage gestellt worden wäre, hätte Roger nur eine Antwort geben können. Er hätte sagen müssen: „Ich bin im Grunde hier, weil ich am vergangenen 20. Mai zu einer bestimmten Zeit die Straße hinunterging. Wäre ich eine Minute früher oder später dort gewesen – hätte ich nicht angehalten, um mir die Abendzeitung zu kaufen, oder wäre mein Schnürsenkel gerissen –, wäre ich jetzt nicht hier. Etwas Fundamentaleres kann man nicht verlangen. Ich hoffe, Sie sind

zufrieden." Und der Engel der Gerechtigkeit, zu häufig in Verlegenheit gebracht durch eine Fülle von Motiven, ein Übermaß an mitverursachenden Umständen, wäre sehr zufrieden mit einem so einfachen und klaren Fall weggeflogen. So stellte ich es mir jedenfalls vor, während die Moskitos über das Opfer des Zufalls triumphierten.

Für mich machte die Aufnahme von Roger die ganze Expedition sofort mehr oder weniger plausibel. Mehr, weil es endlich ein Mitglied mit einer technischen Qualifikation für die bevorstehende Aufgabe gab. (Roger hatte einige Kenntnisse im Landvermessen.) Weniger, weil zwei Köpfe besser als einer die Verrücktheit unseres Unternehmens und die kindische Unzulänglichkeit (bis dahin) unserer Methoden beurteilen konnten. Denn trotz unseres offiziellen Plans war zu diesem Zeitpunkt klar, dass niemand wirklich wusste, wo wir hinfuhren oder warum wir dort hinfuhren oder ob es nicht vielleicht besser gewesen wäre, stattdessen woanders hinzufahren.

P. FLEMING, *Brazilian Adventure*, 1933.

EIN BUSCHFEUER.

Wie gewöhnlich war das offene Gelände auf der anderen Seite [des Flusses] weniger offen, als es den Anschein hatte. Die verstreuten Bäume und das hohe Gras bildeten eine Wand, in die das Auge nicht weit eindringen konnte. Ewa 360 Meter landeinwärts lag ein recht dichter Gürtel von niedrigen Büschen, und an seinem Rand stand ein Baum mit einem breiten, aber merkwürdig verdrehten Stamm. Diesen bestieg ich.

Ich blieb eine halbe Stunde oben, und in dieser halben Stunde veränderte sich die Welt unter mir. Ein Wind begann in den spärlichen Blättern um meinen Beobachtungsposten herum zu singen. Der Himmel verdunkelte sich. Zusammengeballte schwarze Wolkenkohorten sammelten sich im Westen und zogen auf flatternden Schwingen über den Himmel. Der Wind erhob sich, bis seine Stimme ein Brüllen war; große Striemen erschienen im aufrechten Gras, und im Dickicht blitzten die Unterseiten der Blätter hell und panisch zitternd auf. Mein Baum ächzte und bog sich und bebte. Der Himmel wurde noch dunkler.

Die Erde stand in Flammen. Das Feuer, das die Indianer entzündet hatten, raste unter den stampfenden Wolken vorwärts, und hinter mir, auf der anderen Seite des Flusses, sprang eine lange Kampflinie von Flammen über den Campo, den wir an jenem Morgen angezündet hatten. Große Rauchwolken stürmten gegen den Wind an, sich windende, gequälte Fahnen von Gelb und Schwarz und Grau. Die Luft war voll von verbrannten Fetzen. Der Funkenfall entfachte kleine Feuergeplänkel vor der großen Flammenwand. Ein toter Baum in meiner Nähe ging brüllend in Flammen auf ...

Es lag etwas Bösartiges in seinem schnellen Vorankommen. Das Licht verdichtete sich und wurde gelb; der bedrohliche Himmel war versengt und gespenstisch. Wenn es eine Hölle auf Erden geben könnte, dachte ich, dann würde sie so aussehen. Ich erinnerte mich mit seltsamer Deutlichkeit an ein Bild, das in meiner Kindheit einen großen Eindruck auf mich gemacht hatte: ein grobes, altmodisches Bild eines Präriefeuers in einem Abenteuerbuch. Während ich zwischen den gestikulierenden Zweigen meines Baumes vor und zurück geschaukelt wurde, sah ich in meiner Erinnerung wieder jedes Detail dieses Bildes: das lange, vom Wind flach gedrückte Gras, das wilde, übertrieben grelle Leuchten des herannahenden Feuers; und im Vordergrund eine Pferdeherde in panischer Flucht ... Überrascht stellte ich fest, wie nahe das Bild der Wirklichkeit gewesen war, die sich nun vor mir befand, und wie seltsam die Faszination, die von dem Bild ausging, die Faszination ahnen ließ, die die Wirklichkeit nun auf mich ausübte.

Es lag in der Tat eine Art furchtbarer Schönheit in der Szene. Eine Furie war auf die Welt gestürzt. Alle Geräusche, alle Farben drückten dämonische Wut aus. Die schweren, tintenschwarzen Wolken, die mutwillig voranstürmenden Flammen, das ungezügelte Brüllen des Windes, das finstere gelbe Licht – alles zusammen schuf die Atmosphäre eines monströsen, elementaren Unglücks ...

Das Feuer hatte mich nun fast erreicht, aber mein Rückweg zum Fluss war offen und sicher. Flammen, im Wind niedergedrückt und sich windend, züngelten in den Buschgürtel neben meinem Baum; große Hitzeböen wallten von unten herauf und trafen mich. Kleine Vögel – warum so spät, fragte ich mich – flohen kreischend in die Bäume am Flussufer. Zwei große Rotmilane suchten achtsam die Grenzen des Feuers ab, doch sah ich keinen von ihnen herabstoßen. Bald kam einer von ihnen heran und setzte sich auf einen Ast unter mir ... Ich fühlte mich ihm seltsam freundlich verbunden, wie vielleicht einer Küstenwache im Sturm; seine Unerschütterlichkeit, seine Miene, als hätte er so etwas schon oft in seinem Leben gesehen, waren tröstlich. Aber dann traf ein Funke meinen nackten Rücken und ich fluchte. Der Rotmilan sah mich missbilligend an und ließ sich mit dem Wind zum nächsten Baum treiben.

Dann brach der Sturm los. Er eröffnete zunächst ein zielloses Feuer aus großen, eisigen Tropfen. Ich sah, dass uns noch Schlimmeres bevorstand, und kletterte vom Baum herunter; nicht ohne Bedauern, denn ich hatte einen herrlichen, interessanten Anblick genossen und hätte gern noch länger zugesehen ...

Dort brach ein Regen los, wie ich ihn noch nie erlebt hatte. Er fiel in grimmigen Strömen. Er war eiskalt. Sein Hämmern verwandelte den friedlichen Fluss in einen brodelnden Eintopf. Die Welt verdunkelte sich; Donner sprang hervor und krachte vom Himmel ... Der Donner machte einen solchen Lärm am Himmel, als würde bald das Gewebe des Universums reißen ... Auf sichere Bedeutungslosigkeit geschrumpft, so klein geworden, dass wir nicht mehr zu existieren schienen, spielten wir keine Rolle in diesem Aufruhr. Roger und ich lächelten uns mit steifen, eingefrorenen Gesichtern an.

P. FLEMING, *Brazilian Adventure*

Mit der Pistole im Anschlag hält Fleming Ausschau nach Alligatoren. Es war das Privileg der Besatzung des führenden Bootes, auf alles zu schießen, was sie sah; jeder Treffer wurde mit „dem heulenden und ironischen Schrei ‚Viva o Brasil!‘ quittiert. Das war einer der Expeditionsscherze, der seine Wirkung bei den Männern nie verfehlte.“ Niemand, auch nicht Fleming, war in der Lage, etwas mit der Pistole zu treffen, aber er war ein Könner am Gewehr Kaliber 22. Als sie gezwungen waren umzukehren, schoss er ärgerlich auf einen vorbeischwimmenden Alligator. „Das war wahrscheinlich das phänomenalste Ergebnis, das je mit einer Krähenflinte erzielt wurde“, schrieb er. „Der friedliche Fluss brodelte. Der Alligator warf im Todeskampf seinen Kopf von einer Seite zur anderen. Dann, als die winzige Kugel ... sein Gehirn erreichte, bäumte er sich auf dem entfernteren Ufer auf und lag dort, getötet von einem Krümel Blei. ...Wir ließen ihn dort ausgestreckt liegen ... Wenn die Indianer in unser Lager kamen, waren sie hoffentlich von diesem auf so mysteriöse Weise umgekommenen Monster angemessen beeindruckt.“

FREYA STARK 1893–1993

Zu Fuß durch Arabien

IM ALTER VON FÜNF JAHREN beherrschte Stark bereits drei Sprachen. Mit zwölf verlor sie ein Ohr und einen Großteil ihrer Kopfhaut, als sich ihre Haare in einer Maschine verfingen. Mit zwanzig arbeitete sie nach einem Literaturstudium an der Universität von London für die Baghdad Times, überstand eine geplatzte Verlobung, diente im Ersten Weltkrieg an der italienischen Front als Krankenschwester und lernte Arabisch. Dieser vielseitige Bildungsweg verlieh ihr ein Gespür für das eigene Ich, wenn nicht gar einen Sinn für Spiritualität. Sie erklärte einmal: „Psychologen sagen uns, dass der Geschlechtstrieb die wesentliche treibende Kraft in dieser Welt ist, und vielleicht sind wir es ein wenig satt, das so oft zu hören. Aber es gibt zwei Impulse, die stärker sind als das Verlangen, tiefer als die Liebe von Mann oder Frau, und unabhängig davon – der Hunger des Menschen nach Wahrheit und Freiheit. Für diese beiden Dinge werden größere Opfer gebracht als für die Liebe zu irgendeiner Person; gegen sie kann sich nichts durchsetzen, denn die Liebe und das Leben selbst haben sich im Vergleich als leichter erwiesen ... Als Folge von öffentlichen Vorträgen, Schulpflicht und der Überzeugung, dass man gebildet ist, wenn man lesen und schreiben kann, vergessen wir manchmal diesen Hunger unserer Seele." Ihre erste Expedition führte sie mit 30 Jahren durch das „verbotene Gebiet" von Syrien. Ein weiterer Marsch durch den Irak und Iran festigte ihren Ruf als Forscherin. Später bereiste sie ganz Südarabien auf Routen, die seit Jahrhunderten in Vergessenheit geraten waren. Sie reiste stets allein, nahm nur gelegentlich einen Diener mit, überlebte Gefangennahme und Krankheiten und wurde zu einer der einfühlsamsten Reiseschriftstellerinnen ihrer Zeit.

AUF DEM WEG IN DIE ALAMUT-SCHLUCHT.

Der Pfad war schmal und rot, an der Flussseite von Überschwemmungen und Regenfällen abgetragen, wenn er sich nicht zu sumpfigen Reisfeldern verbreitete ... Das fruchtbare, wunderschöne Tal lag wie eine eigene Welt da, eingeschlossen durch die Bergkette von der Qazvin-Ebene her. Kaum erkennbare blaue Hügel begrenzten seinen flachen Horizont im Westen. In Richtung Osten drangen wir in die salzigen Flächen von Rudbar zu unserer Linken ein, ein Land so unbewohnt und leblos wie der Mond. Der Ma'dan Rud, ein unfreundlicher Wasserlauf wie der Acheron, fiel vor uns von den Salzsümpfen durch das Ödland ab. Wir überquerten ihn und kamen zu einem so engen Teil des Weges, dass Ismail das Gepäck abladen und die Maultiere einzeln um die Ecke schaffen musste, während er ihnen die erschütterndsten Dinge über ihre Abstammung an den Kopf warf und seine Ausführungen von hinten mit Stockschlägen unterstrich. Ich saß inzwischen da, den Kopf in den Händen, schaute auf den Fluss unter uns und fragte mich, was in meinem Inneren los war, dass ich mich so krank fühlte.

Vor uns sahen wir die ersten Gipfel der Alamut-Schlucht, nackter Fels, vom Wetter abgeschliffen, ohne einen Grashalm darauf. Die meisten Brücken waren weggespült worden, aber wir fanden eine, die zwar in der Mitte durchsackte, aber sonst recht stabil war, und kamen ans Südufer des Shah Rud unter einem Dorf namens Kandichal.

Hier gab es kein Salz in der Erde, und die Natur erschien freundlicher; wir ritten an einer überhängenden Klippe entlang, hoch über dem braunen Schneewasser. Aber nun

fühlte ich mich zu krank, um weiterzureiten. Wir kamen zu einem kleinen, einsamen Kar, wo ein gekalkter Imamzadeh-Schrein friedlich vor einigen abfallenden Maisfeldern ruhte. In einer Senke gab es einen Bach und einige verfilzte Obstbäume. Ein graubärtiger Priester, gekleidet in blaue Bauerntracht und mit einem schwarzen Käppchen, erlaubte uns zu bleiben; und Ismail schlug mein Bett im Freien unter einem Birnbaum und einem Sanjidbaum in der Nähe des Baches auf.

Beinahe eine Woche lang lag ich dort, ohne Hoffnung auf Erholung, und starrte leere Tage hindurch auf die öden Rudbar-Hügel auf der anderen Seite des Flusses, wo die Schatten der Wolken Muster warfen, die einzige Bewegung in diesem stillen Land. Auf diese Nacktheit zu schauen war wie eine Vorbereitung auf die größere Nacktheit des Todes, sodass mein Geist nach und nach die Furcht ablegte und sich mit Nüchternheit und Frieden füllte.

Ich lebte von Eiklar und Sauermilch und ließ Gerste in meinem Wasser kochen, damit der Geschmack mir verriet, ob es wirklich abgekocht war, denn der kleine Bach, der vom Dorf auf dem Hügel herunterkam, war wahrscheinlich nicht so sauber, wie er aussah. Es war eine unglaubliche Anstrengung, sich in diesem Zustand zu versorgen, wenn man auf Ismail und die Frauen von Kandichal angewiesen war, die einen unverständlichen Dialekt sprachen. Eine von ihnen mit Namen Zora sah für ein Vierpencestück am Tag nach mir. In ihren Lumpen, die ihr in Fetzen vom Leib hingen, hatte sie das schönste und traurigste Gesicht, das ich je gesehen habe. Sie saß mit angezogenen Knien still im Gras neben meinem Bett, schaute mit schweren Lidern ins Tal unter uns und zu den Hängen weiter weg, wo die Schatten wanderten, wie eine Heilige, deren Ewigkeit durch die entfernte Stimme des Leides in der Welt verdunkelt wird. Ich fragte mich immer, was sie wohl

dachte, aber ich war zu schwach zum Fragen und glitt von einem Koma ins nächste; wenn ich erwachte, sah ich Reihen von Frauen, die mit Kindern in den Armen um mein Bett herum hockten und auf Chinin hofften ...

Am dritten Tag ging es mir nicht besser, und mein Herz begann, mir Schwierigkeiten zu machen. Ich beschloss, Ismail und eins der Maultiere über die Bergkette zu schicken, um Medizin von einem Arzt in Qazvin zu besorgen. Das tat er und kam am Nachmittag des nächsten Tages mit einer Flasche Digitalis und einem Brief auf Englisch von einem unbekannten Gönner zurück, der „hoffte, dass mir nun die Schwere meiner Situation bewusst würde und ich die närrische Idee aufgeben würde, ohne Schutz durch Persien zu wandern." Ich hätte in der Tat das Wandern beinahe ganz aufgegeben und blickte unter dem Schatten von Sitt Zeinabars Grab der Ewigkeit ins Auge.

F. STARK, *The Valleys of the Assassins*, 1934

IN HADRAMAUT.

An einen Mann erinnere ich mich besonders gut. Nachdem er sich in den Sand neben seine Kamele gehockt hatte, um Arme, Beine, Kopf und Mund zu waschen, stand er zum Beten auf ... Er stand da in einer anmutigen und sicheren Pose, sein Bart, seine Haare und die mageren Gliedmaßen hoben sich gegen das Meer ab – nichts weiter als ein Mann, umgeben von einer unbeschreiblichen Würde reiner Männlichkeit. Und wenn er sich hinuntergebeugt hatte, um seine Stirn auf den Boden zu legen, kam er mit einer Elastizität seines Körpers wieder hoch, als wäre er aus Stahl gemacht.

Inzwischen schlich sich die Dunkelheit herunter; das letzte Rot des Sonnenuntergangs und das erste Lagerfeuer brannten in derselben Farbe; die herumwandernden Gruppen im Tal und an der Küste wurden weniger; die Stämme kamen für die Nacht in den Kreis, den ihre Kamele bildeten ...

Im Gästehaus des Sultans kümmerte man sich reizend um mich ... Als der Abend anbrach und die schrillen Schreie der Rotmilane, die den Tag erfüllen, verklangen, erschien ʿAwiz mit drei Paraffinlaternen, die er an verschiedenen Stellen auf dem Boden verteilte, und ging nach Hause, nachdem er mir mein Abendessen gereicht hatte. Das Lager mit seinen grauen Mauern ... wurde unter der Stille des Mondes grenzenlos und wunderschön. Das Stadttor war nun geschlossen; ein schwacher Schein zeigte sich dort, wo die Posten sich im Wachhaus ihre Schicht mit einer Wasserpfeife vertrieben; in mehr oder weniger stündlichen Abständen schlugen sie einen zwischen Pfosten aufgehängten Gong und riefen so die volle Stunde aus. Und wenn ich müde wurde, verließ ich die Veranda, sammelte die überflüssigen Laternen ein, blies sie aus und zog mich in mein Zimmer zurück. Keine der Türen ging leicht zu, daher machte ich mir nicht die Mühe, sie abzuschließen; ich hatte das Angebot abgelehnt, eine Wache auf meiner Schwelle schlafen zu lassen, weil die Vorsichtsmaßnahme so offensichtlich unnötig war. Als ich meine Augen in dieser Sicherheit und Stille schloss, dachte ich an die arabischen Küsten, die sich zu beiden Seiten erstreckten: 300 Meilen bis Aden, wie viele Hundert nach Muscat in die andere Richtung? Der Indische Ozean vor mir, die Inlandwüsten hinter mir: Innerhalb dieser gigantischen Barrieren war ich in diesem Augenblick die einzige Europäerin. Ein undeutliches kleines Gefühl wand sich durch meine schläfrigen Sinne an die Oberfläche; ich fragte mich eine Sekunde lang, was es war, bevor ich es erkannte: Es war Glück, rein und körperlos, unabhängig von Zuneigung und Emotionen, die ätherische Essenz des Glücks, eine so seltene und unpersönliche Freude, dass sie kaum irdisch erscheint, wenn sie auftritt.

F. STARK, *The Southern Gates of Arabia*, 1936.

Stark machte dieses Foto einer Karawane im Wadi Hadramaut während ihres zweiten Besuchs im Jemen 1937. Die Fotos und Reiseberichte, die sie von ihren Expeditionen mitbrachte, machten sie berühmt; aber sie waren nur eine Ergänzung zu dem, was sie als Hauptzweck des Reisens sah. Dazu notierte sie: „Die Verlockung zählt und nicht das Klicken des Schnappschlosses; und das ganze Leben hindurch enthält der eigentliche Moment ... noch immer diese Freude, wenn die ganze Welt ... über einem zusammenschlägt."

WILLIAM BEEBE 1877–1962

Erforschung der Tiefen

ALS NATURFORSCHER *war Beebe schon immer von den Lebensformen der Tiefsee fasziniert. Da seine Studien durch die Tatsache behindert wurden, dass die meisten Exemplare
entweder platzten oder zu Gelee wurden, wenn man sie an die Oberfläche brachte,
beschloss er, sie in ihrem eigenen Lebensraum aufzusuchen. Ihm zu Hilfe kam Otis
Barton, ein reicher Erfinder, der 1929 etwas entwickelt hatte, das er als „Bathysphäre"
(Tiefseetauchkugel) bezeichnete. Die Bathysphäre, kaum mehr als ein vergrößerter
Taucherhelm, der an einem Kabel von einem Mutterschiff hinabgelassen wurde, war unge-
mütlich, eng und kalt. Nichtsdestotrotz war die Kugel stabil genug, um ihre Besatzung in
noch nie erreichte Tiefen zu bringen. In den 1930er-Jahren verwendeten Beebe und Barton
sie für zahlreiche Tauchgänge und brachten sensationelle Bilder mit – wie die Garnele, die
zur Selbstverteidigung „explodierte", und Fische mit eigener Laterne. 1934 durchbrachen
sie die Halbmeilengrenze, ein Unterwasserrekord, der 15 Jahre lang nicht geschlagen
werden sollte. Damals warfen Kollegen Beebe fehlende wissenschaftliche Genauigkeit vor;
inzwischen ist er als einer der großen Pioniere der Meeresforschung anerkannt.*

BARTON UND BEEBE UNTERNAHMEN IHREN ERSTEN ABSTIEG 1930.

*Beebe späht durch ein
Glas-„Auge", das dem
Druck einer halben
Tonne pro Quadratzoll
standhalten konnte. Die
Bathysphäre hatte
massive Stahlwände von
45 Zentimetern Stärke
und drei winzige Bull-
augen, eins davon mit
einem Scheinwerfer
ausgerüstet. Seinem
Erfinder zufolge sah sie
„nach einem riesigen
aufgeblasenen und leicht
schielenden Ochsen-
frosch" aus. Mit zwei
Menschen, einem
Scheinwerfer, wissen-
schaftlicher Ausrüstung
und einem Luftauf-
bereitungsapparat an
Bord war die 121
Zentimeter breite Kugel
„so voll wie eine
Sardinenbüchse". 1949
entwickelte Barton ein
verbessertes Modell, das
„Benthoskop", in dem
er fast 1524 Meter unter
den Meeresspiegel sank.*

Wir waren nun sehr weit von jeder
Berührung durch Mutter Erde entfernt; 16
Kilometer südlich der Küste von Bermuda
und 2,5 Kilometer über dem Meeresgrund.
Bei 90 Meter schrie Barton plötzlich auf; ich
drehte die Lampe zur Tür und sah ein
kleines Rinnsal Wasser. Etwa ein halber
Liter hatte sich bereits am Boden der Kugel
gesammelt. Ich wischte das Rinnsal weg,
aber es floss nach ...

Wir beobachteten das Rinnsal. Ich
wusste, dass die Tür stabil genug war – eine
Masse von 180 Kilo Stahl – und ich wusste,
dass der Druck nach innen mit jedem Fuß
Tiefe ansteigen würde. Also gab ich das Signal zum raschen Abstieg. Danach richtete ich
die Taschenlampe während unseres Abstiegs noch ein Dutzend Mal auf die Türschwelle,
aber das Bächlein wurde nicht größer.

Zwei Minuten später wurden „400 Fuß" [ca. 120 Meter] ausgerufen, 500 und 600
Fuß [ca. 150 und 180 Meter] kamen und blieben über uns, dann 700 Fuß [ca. 210 Meter],
wo wir uns eine Weile aufhielten.

Seit den Anfängen der Menschheitsgeschichte, als die Phönizier es als Erste wagten, das
offene Meer zu besegeln, hatten Tausende und Abertausende von Menschen die Tiefe
erreicht, in der wir nun hingen, und waren in größere Tiefen vorgestoßen. Aber alle waren
tot gewesen, ertrunkene Opfer von Krieg, Sturm oder höherer Gewalt. Wir waren die
ersten lebenden Menschen, die in das merkwürdige Licht hinausspähten: Und es war
merkwürdiger, als irgendwer sich hätte vorstellen können. Es war ein undefinierbares

durchscheinendes Blau, anders als alles, was ich in der oberen Welt je gesehen hatte, und es erregte unsere Sehnerven auf höchst verwirrende Weise. Wir grübelten immer weiter darüber nach und nannten es leuchtend, und wieder und wieder nahm ich ein Buch auf, um die Schrift zu lesen, und bemerkte jedes Mal, dass ich den Unterschied zwischen einer leeren Seite und einer Farbtafel nicht erkannte. Ich suchte nach einer plausiblen Erklärung dafür ... und versuchte, vernünftig über eine vergleichbare Farbe nachzudenken, und es misslang mir gründlich. Ich knipste die Taschenlampe an, die mir wie das Gelbste erschien, das ich je gesehen habe, und sog das Licht mit den Augen auf; dennoch war es in dem Moment, in dem es ausgeschaltet wurde, wie das längst verschwundene Sonnenlicht – als hätte es nie existiert –, und die Bläue des Blaus, in unserer Kugel und draußen, schien körperlich durch das Auge bis in unser tiefstes Wesen einzudringen. Dies alles ist sehr unwissenschaftlich und würde zu Recht von einem Optiker oder Physiker höhnisch verlacht werden, aber es war da ... Ich habe merkwürdige Fluoreszenzen und ultraviolette Beleuchtung in den Laboratorien von Physikern gesehen; ich erinnere mich an die seltsamen Farbverschiebungen durch entfernte Schneekristalle auf dem hohen Himalaya, und ich hatte mich beeindrucken lassen vom gespenstischen Licht während einer totalen Sonnenfinsternis. Aber dies war jenseits und außerhalb all dieser Erfahrungen. Ich glaube, wir erlebten beide eine vollkommen neue Art der Wahrnehmung von Farbeindrücken ... Nach einigen Minuten schickte ich einen Befehl nach oben, und ich wusste, dass wir wieder sanken. Das Dämmerlicht (dieses Wort schien inzwischen absurd, aber mir fiel kein anderes ein) wurde schwächer, aber wir sprachen noch immer von seinem Leuchten. Es schien mir wie das letzte fantastische Aufleuchten einer Flamme, bevor sie erlischt. Ich bemerkte, wie wir beide erwarteten, dass es jeden Moment ausgeblasen würde und wir eine Zone absoluter Dunkelheit betreten würden. Aber nur indem ich meine Augen schloss und wieder öffnete, konnte ich die schreckliche Langsamkeit des Wechsels von Dunkelblau nach Schwarzblau wahrnehmen. Auf der Erde kann ich mir nachts im Mondschein immer das Gelb des Sonnenlichts vorstellen, das Scharlachrot unsichtbarer Blüten, aber hier waren Gelb und Orange und Rot undenkbar ...

Wir sprachen jetzt sehr selten. Barton untersuchte den tropfenden Boden, maß die Temperatur, beobachtete und korrigierte den Sauerstofftank und fragte ab und zu: „Welche Tiefe jetzt?" – „Ja, alles in Ordnung." – „Nein, das Leck wird nicht größer." – „Es leuchtet immer noch wie zuvor."

Und wir beide wussten, dass es nicht so leuchtete wie zuvor, aber unsere Augen befahlen uns, dies weiterhin zu behaupten. Es schien mir sogar eine Leuchtkraft und Intensität zu haben, die dem Sonnenschein fehlte; der Sonnenschein, heißt das, wie ich ihn vor Jahren zuletzt gesehen hatte, so schien es.

„800 Fuß" [ca. 240 Meter], kam es jetzt über das Kabel, und ich befahl anzuhalten. Es schien keinen Grund zu geben, warum wir nicht bis 1000 Fuß [ca. 300 Meter] weiter sinken sollten ... und doch sagte mir eine Vorahnung – irgendein mentales Warnsystem, das bisher in einem halben Dutzend kritischer Momente in meinem Leben angesprungen war –, dass wir diese Reise hier beenden sollten ... Die Oberfläche zu erreichen und sie zu durchbrechen war wie gegen eine harte Decke zu fahren – ich duckte mich unwillkürlich und wappnete mich gegen den Aufprall, aber es folgten nur eine Unmenge Schaum und Blasen, und der Rest war Himmel.

W. BEEBE, *Half Mile Down*, 1935.

1934 UNTERNAHMEN BARTON UND BEEBE IHREN BIS DATO TIEFSTEN TAUCHGANG.
Um 11.12 Uhr kamen wir sanft bei 3000 Fuß [ca. 910 Meter] zum Stehen, und ich wusste, dass dies meine ultimative Untergrenze war; das Kabel auf der Winde war fast vollkommen abgerollt. Vor einigen Tagen hatte das Wasser bei 2500 Fuß [ca. 760 Meter] schwärzer ausgesehen, als man sich vorstellen konnte, und doch erschien es ebendieser Vorstellung nun schwärzer als schwarz. Es sah aus, als könnten alle zukünftigen Nächte in der Oberwelt nur noch als relative Abstufungen von Dämmerlicht betrachtet werden. Ich würde das Wort SCHWARZ nie wieder mit Überzeugung benutzen können.

Ich sah hinaus und beobachtete, wie ab und zu ein Licht vorbeizog, und zum ersten Mal wurde mir klar, wie vollkommen die so genannte Phosphoreszenz fehlte, die uns an der Oberfläche vertraut war. Wenn dort ein gewöhnlicher Fisch vorbeizieht, leuchtet er durch die Reflektion von Lichtern der Myriaden von winzigen Tieren und Pflanzen. Hier ist jedes Licht etwas Einzelnes, häufig kontrolliert durch den Besitzer ...

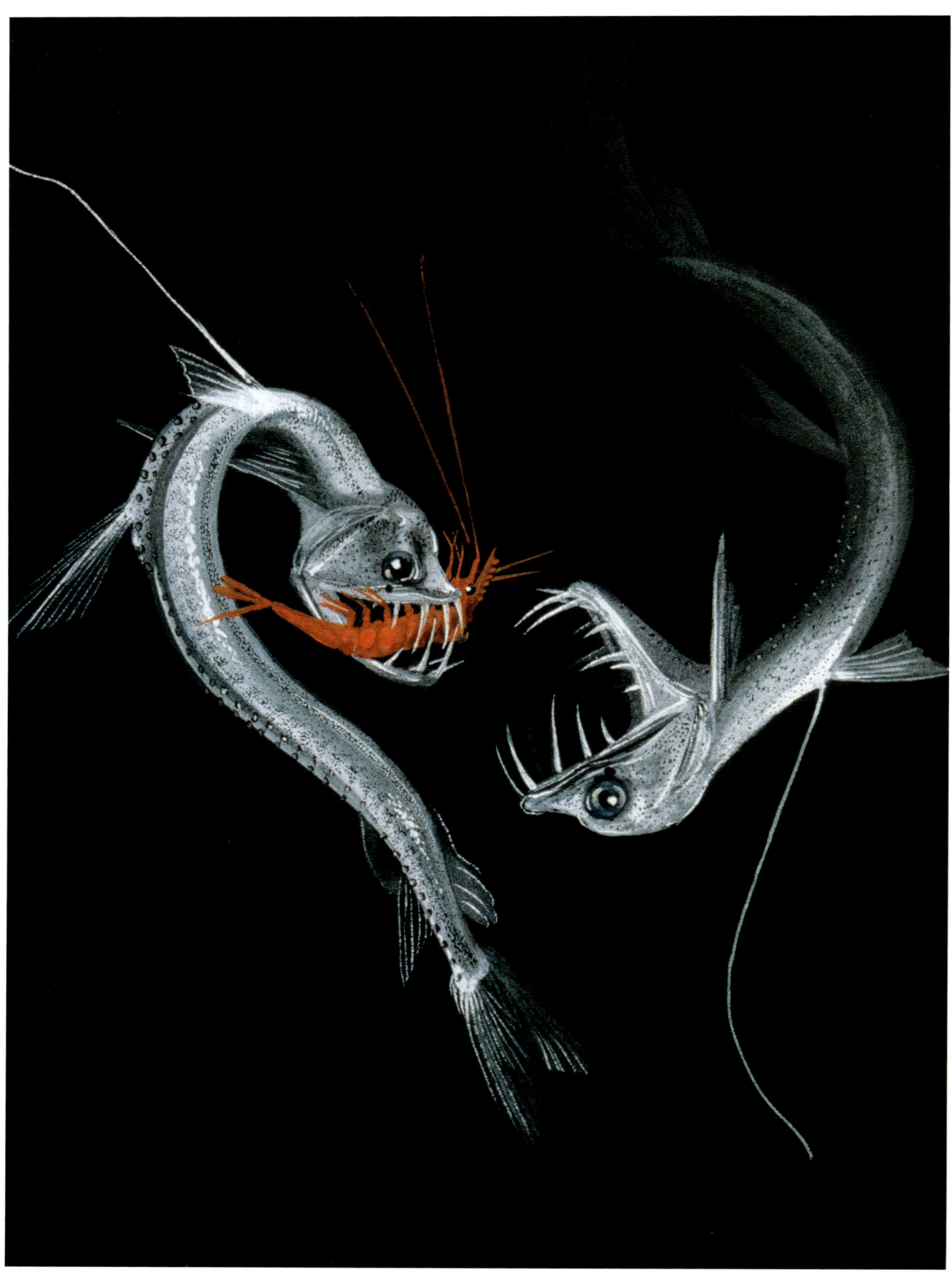

Meine Augen gewöhnten sich in diesen Tiefen so sehr an die Dunkelheit, dass keine Möglichkeit des Irrtums bestand; die Tintenschwärze des Wassers wurde nur durch Funken und Blitze und stetig leuchtende Lichter von nennenswertem Durchmesser durchbrochen, in unterschiedlichen Farben und von unendlicher Vielfalt, was Größe und Anordnung betraf. Aber sie wurden nie gedämpft …

Ein zweiter Gedanke, der mir in den Sinn kam, als ich zusammengekauert in der Bathysphäre saß, in mehr als einer halben Meile Tiefe, betraf die Tatsache, dass unser kräftiger Lichtstrahl keine Organismen irgendeiner Art anzog. Manche flohen bei seinem Anblick, andere schienen völlig unbeteiligt, aber nicht ein einziger Ruderfußkrebs, Wurm oder Fisch begab sich absichtlich zu ihm oder zum Steuerbordfenster, aus dem er kam … Selbst in dieser extremen Dunkelheit spürte ich die Reinheit des Wassers, das Fehlen von Sedimenten und Trübungen … es gab keine Streuung des Lichts, keinen Schweif, keine Brechung. Wenn Funken oder größere Lichter sich bewegten, waren sie so deutlich, als wären sie bewegungslos … Ab und zu spürte ich eine leichte Vibration und ein offensichtliches Lockern des Kabels. Ich hörte, dass eine Kreuzdünung aufgekommen war, und als das volle Gewicht der Bathysphäre und des Kabels die Winde traf, hatte Kapitän Sylvester ein paar Zoll hinuntergelassen, um die Belastung zu verringern. Es waren nur noch etwa ein Dutzend Kabelwindungen auf der Rolle und eine ganze Hälfte der Trommel zeigte ihr nacktes, hölzernes Herz. Wir schwangen bei 923 Meter hin und her, und ob wir wieder aufsteigen wollten? Wir wollten …

Bevor wir mit dem Aufstieg begannen, musste ich aufhören, eigene Notizen zu machen, so taub waren meine Finger von dem kalten Stahl der Fensterbank, und von meinem Kissen auf den Metallboden zu wechseln war wie auf einem Stück Eis Platz zu nehmen. Von der Schwärze des Wassers draußen habe ich bereits zu viel geschrieben. Was den Druck angeht … Ich dachte an eine Gondel in der Stratosphäre, in 60 000 Fuß Höhe [ca. 18 000 Meter], mit einem Druck von einem Pfund pro Quadratzoll. Und dann erfuhren wir durch das Telefon, dass wir in diesem Moment einem Druck von 1360 Pfund oder gut einer halben Tonne pro Quadratzoll ausgesetzt waren. Jedes Fenster hielt über 19 Tonnen Wasser zurück, während insgesamt 70 126 Tonnen aus allen Richtungen auf die Bathysphäre selbst drückten. Ja, wir hatten genau verstanden, wir waren bereit zum sofortigen Aufstieg!

Bei 2929 Fuß [893 Meter] hörte ich einen scharfen metallischen Ton durch das Telefon, fragte, was das war, und bekam eine zurückhaltende Antwort. Später fand ich heraus, dass eins der Verankerungsseile zum Aufspulen des eingefahrenen Kabels plötzlich mit einem fürchterlichen Knall nachgegeben hatte – ein entsetzlicher Schock für alle an Deck, bis ihnen klar wurde, dass es nur ein Seil war und nicht das Kabel. Wir in der Bathysphäre hatten es wirklich am besten.

Immer wenn ich unter die letzten Lichtstrahlen sinke, stürzen Vergleiche auf mich ein. In diesem Bericht habe ich bewusst die Unmengen von „als ob" weggelassen, die mir in den Sinn kamen. Je fremder die Situation, desto zwingender scheint es nötig, Vergleiche zu ziehen. Der ewige, der würdigste, der einem nicht mehr aus dem Kopf geht, der einzige andere Ort, der mit diesen wunderbaren unteren Regionen vergleichbar wäre, muss sicherlich das nackte All selbst sein, weit jenseits der Atmosphäre, zwischen den Sternen, wo das Sonnenlicht sich nicht am Staub und Abfall der Planetenluft festhalten kann, wo die Schwärze des Raums, die leuchtenden Planeten, Kometen, Sonnen und Sterne der Lebenswelt ähnlich sein müssen, wie sie in den Augen eines ehrfürchtigen Menschen erscheint, im offenen Meer, eine halbe Meile tief.

W. BEEBE, *Half Mile Down*.

Zu den Kuriositäten aus der Tiefe gehören der Teleskopaugenfisch (oben rechts), den Beebe mit einem Pavian im Wasser verglich, und der scheinbar grinsende Leuchtzahn-Anglerfisch (unten rechts).

RICHARD BYRD 1888–1957

Im Flugzeug zu den Polen

ALS ER WEGEN SEINER BEINVERLETZUNGEN aus dem aktiven Dienst in der US-Marine entlassen wird, wendet sich Kommandant Byrd den Lüften zu. Er erklärte später: „Meine einzige Chance, einem Leben in Untätigkeit zu entfliehen, lag darin, fliegen zu lernen." Am 9. Mai 1926 unternahm er den Versuch, den Nordpol aus der Luft zu erreichen. Er behauptete, erfolgreich gewesen zu sein, aber spätere Beweise deuten darauf hin, dass er bestenfalls auf 240 Kilometer an sein Ziel herangekommen war und im schlimmsten Fall einfach Kreise geflogen war, sobald er sich außer Sichtweite befand. Im November 1929 jedoch war er ohne Zweifel der erste Mensch, der zum Südpol flog. Fünf Jahre später führte er eine Expedition in die Antarktis, gesponsert vom Automagnaten Edsel Ford. Zwei Aspekte machten diese Expedition bemerkenswert: ihre umfassende Vermessung großer Gebiete der unbekannten Eiskappe und Byrds Beharren darauf, allein auf der antarktischen Hochebene zu überwintern. Theoretisch sollte er die meteorologische Ausrüstung der Bolling-Advance-Station benutzen, aber seine Absichten reichten weiter: „Ich wollte mich in eine philosophische Gedankenwelt vertiefen … Da draußen an der Südpolargrenze, in so vollkommener Kälte und Dunkelheit wie in der Zeit des Pleistozäns, würde ich Zeit haben, alles aufzuholen, zu studieren und zu denken und dem Grammophon zu lauschen; und während vielleicht sieben Monaten, fern von allem außer den einfachsten Ablenkungen, würde ich genau so leben können, wie ich es wollte, keinen Notwendigkeiten folgend außer denen, die durch Wind und Nacht und Kälte aufgestellt wurden, und nach niemandes Gesetzen außer meinen eigenen."

Innerhalb weniger Monate erlitt er allerdings eine Kohlenmonoxidvergiftung durch einen schlecht belüfteten Generator. Die Krankheit dauerte an, und er musste schließlich um Hilfe funken. Ihm war klar, dass er durch das Herbeirufen von Hilfe vor dem Ende des Winters Menschenleben aufs Spiel setzte. Auch seinen Rettern war dies bewusst; sie brachen mehrere Missionen ab, bevor sie ihn endlich befreiten. „Dass ich mich verrechnet hatte", schrieb Byrd später, „wird durch die Tatsache belegt, dass ich beinahe mein Leben verlor. Und doch bereue ich es nicht, aufgebrochen zu sein. Denn ich las meine Bücher – wenn auch nicht so viele, wie ich geplant hatte – und lauschte meinen Grammo-phonplatten – selbst wenn sie mein Leiden nur zu verschlimmern schienen – und medi-tierte – wenn auch nicht immer so frohgemut, wie ich gehofft hatte. All das war gut, und es gehört mir. Ich hatte aber nicht mit der Erfahrung gerechnet, wie nah ein Mensch dem Tode kommen kann, ohne zu sterben oder sterben zu wollen. Auch das gehörte mir, und auch das war gut. Denn diese Erfahrung klärte Verhältnisse und Beziehungen für mich, wie kein anderes Erlebnis das gekonnt hätte; und es ist überraschend, wie wenig man im Herannahen der letzten Erleuchtung wirklich weiß und wie wenige Überzeugungen einem bleiben."

IN DER BOLLING-ADVANCE-BASIS, MIT HILFE IN REICHWEITE.
An jenem Donnerstagabend wurde mir wirklich klar, wie tief ich gesunken war. Ich schrieb in mein Tagebuch: „Diese [Funk-]Termine am frühen Morgen sind die Hölle. Hinterher habe ich keine Kraft mehr, um den Tag zu überstehen. Wahnsinnig schwierig, auch nur ein wenig zu schlafen. Ich spüre merkwürdige bohrende Schmerzen in meinen

UMSEITIG
Ein Eskimokind spielt
Mundharmonika für
einen amerikanischen
Kameramann. Die
MacMillan-Expedition
von 1925 nach
Grönland – bei der
Byrd die Flotteneinheit
befehligte –, gefördert
von der National
Geographic Society,
sammelte wertvolle
Daten und Proben und
lieferte außerdem den
ersten Film über das
Leben der Eskimos.

Blick über die Antarktis, aufgenommen auf Byrds Expedition 1933–35. Byrd soll angeblich große Flugangst gehabt haben. Man sagte ihm auch nach, ein starker Trinker zu sein, und dass sein Flug 1929 zum Südpol nur mit der Hilfe einer Flasche möglich war. Seine Ein-kerkerung in der Bolling-Advance-Basis wurde von einigen als Reklametrick gesehen – und von anderen als Vorwand, sich noch einmal richtig zu betrinken und anschließend einen Entzug mitzumachen. Dennoch war er für die meisten ein Nationalheld.

Armen, Beinen, Schultern und in der Lunge ... Ich tue alles Mögliche, um durchzuhalten. Könnte ich nur lesen, dann schienen die Stunden nicht halb so lang, die Dunkelheit nicht halb so erdrückend und meine kleinen Schicksalsschläge nicht halb so gewaltig.

Auf der anderen Seite des Raums, in den Schatten jenseits der Reichweite der Sturmlaterne, standen Bücher in Reihen, viele davon großartige Bücher, in denen die Erfahrungen menschlichen Lebens niedergelegt waren. Aber ich konnte sie nicht lesen. Die Schmerzen in meinen Augen ließen es nicht zu. Das Grammophon stand da, aber die Energie, es anzukurbeln, musste für das Überleben aufgespart werden. Jeder kleine Anblick in der Hütte zeugte von meiner Schwäche: die flackernde, rauchende Flamme in der Laterne und die schlaffen Umrisse der Kleidung an den Wänden; die gefrorenen Büchsen mit Essen auf dem Tisch, die glatten Eisflecken auf dem Boden, die dunkleren Flecken verschütteten Kerosins und die gelblichen Stellen, an denen ich mich übergeben hatte; der umgestürzte Stuhl neben dem Ofen, den ich mir nicht aufzuheben die Mühe gemacht hatte, und das Buch – *Lord Timothy Dexter of Newburyport* von John Marquand, das aufgeschlagen auf dem Tisch lag.

8. Juni. – Ich bemühe mich, Tag für Tag mein Leben weiterzuführen. Ich halte mich standhaft an eine Routine, die mir die beste Chance verschaffen soll durchzuhalten. Obwohl schon der Gedanke an Nahrung mir widerwärtig ist, zwinge ich mich zum Essen – einen Bissen nach dem anderen. Ich brauche zwei oder drei Minuten, um auch nur einen einzigen Bissen zu schlucken. Hauptsächlich esse ich Trockengemüse – getrocknete Limabohnen, Reis, Rübenblätter, Mais und Dosentomaten –, das die nötigen Vitamine enthält – gelegentlich kaltes Getreide mit Milchpulver. Wenn ich mich kräftig genug fühle, koche ich frisches Robbenfleisch.

Die Unsicherheit meiner Existenz erwächst aus der Erkenntnis beim abendlichen Ausblasen der Kerzen, dass mir am Morgen die Kraft fehlen könnte aufzustehen. In meinen stärkeren Momenten befülle ich den Öltank, der den Ofen versorgt. Ich benutze jetzt nur noch Kerosin. Seine Dämpfe scheinen weniger schädlich zu sein als die des Lösungsmittels. Ich trage den Tank jetzt nicht mehr in den Tunnel wie am Anfang. Mein einziger Behälter fasst nur eine Gallone, und ich muss viermal in den Tunnel kriechen, um den Tank zu füllen und meine Laterne mit Brennstoff zu versorgen. Ich krieche ein wenig, dann ruhe ich mich ein wenig aus – heute Morgen habe ich über eine Stunde nur für diese Arbeit gebraucht. Ich habe mir dabei recht schlimme Erfrierungen an der Hand zugezogen.

Nach und nach habe ich die Nahrungsvorräte auf den Regalen in Reichweite meiner Koje aufgefüllt. Das ist mein Notlager. Bevor ich mich hinlege, überprüfe ich zuletzt noch einmal, ob die Laterne voll mit Öl ist. Wenn ich an einem Morgen nicht mehr aus der Koje komme, habe ich genug Nahrung und Licht in Reichweite, um noch eine Weile durchzuhalten.

Es verwirrt mich, dass ich überhaupt keine Kraftreserven habe. Wenn ich auf der Leiter nach oben klettere, muss ich mich auf jeder zweiten Sprosse ausruhen. Die Temperatur lag heute nur bei 40° unter Null; aber obwohl ich in Felle gehüllt war, schien die Kälte meine Knochen schrumpfen zu lassen. Der Wind bläst recht stetig von Südosten, und ich scheine die Wärme nicht in der Hütte halten zu können. Nachts plagen mich die Schmerzen in meinem Körper ohne Unterlass. Schlaf brauche ich am dringendsten, aber er kommt selten. Ich drifte in eine Lethargie ab, die von furchtbaren Alpträumen erhellt wird. Morgens ist es ein hartes Stück Arbeit, mich aus dem Schlafsack zu schälen. Ich fühle mich wie unter Drogen. Aber ich sage mir immer und immer wieder, wenn ich nachgebe – wenn ich zulasse, dass diese Stumpfheit mich erfasst –, wache ich vielleicht nie mehr auf.

R. Byrd, *Alone*, 1938.

THOR HEYERDAHL 1914–2002

Mit der Kon-Tiki über den Pazifik

AUF EINER ANTHROPOLOGISCHEN EXPEDITION *auf die Marquesas-Inseln im Jahr 1937 fiel Heyerdahl auf, dass polynesische und südamerikanische Kulturen eine gewisse Ähnlichkeit miteinander haben. Könnte es nicht sein, dass der südpazifische Raum von Amerika aus besiedelt worden ist? Er beschloss, diese Theorie zu testen. Gemeinsam mit fünf Begleitern ging Heyerdahl 1947 in Peru an Bord des Balsaholz-Floßes* Kon-Tiki *und legte ab. 101 Tage und 6920 Kilometer später landeten sie auf der Insel Tuamotu – ein triumphaler Erfolg. 1970 überquerte Heyerdahl den Atlantik mit der* Ra II, *einem Schiff aus Papyrus, um zu beweisen, dass die alten Mittelmeerkulturen Amerika lange vor Kolumbus erreicht haben könnten. Später zeigte er an Bord der* Tigris, *dass diese primitiven Schiffe auch gegen den Wind segeln und somit Strecken in beiden Richtungen befahren konnten. Heyerdahl ging nur mit dem Allernötigsten an Ausrüstung auf seine Forschungsreisen, und er reiste auf Schiffen, die aus einfachsten Materialien gebaut waren. Seine Reisen sind nicht nur für sich genommen bemerkenswert, sie führten auch zu neuen Erkenntnisse über die frühesten Entdeckungsreisen des Menschen auf unserem Planeten.*

IM TIEF GELEGENEN ACHTERSCHIFF DER KON-TIKI *LERNTE DIE MANNSCHAFT DIE MEERESBEWOHNER DES PAZIFIKS HAUTNAH KENNEN.*

Erst als Torstein eines Morgens beim Aufwachen eine Sardine auf seinem Kopfkissen fand, wurde ihm unsere intime Nachbarschaft mit dem Meer voll bewusst. In der Kajüte war so wenig Platz, dass Torstein mit seinem Kopf im Eingang lag, und wenn einer von uns nachts mal rausmusste und ihm dabei versehentlich aufs Gesicht trat, biss er ihn ins Bein. Er packte die Sardine am Schwanz und vertraute ihr an, dass sich alle Sardinen seiner ungeteilten Sympathie erfreuten. Wir zogen pflichtschuldigst unsere Beine an, damit Torstein in der nächsten Nacht mehr Platz hatte, aber dann passierte etwas, das ihn veranlasste, sich einen Schlafplatz oben auf den Küchenutensilien in der Radioecke zu suchen.

Es war ein paar Nächte später. Es war bewölkt und stockfinster, und Torstein hatte die Paraffinlampe direkt neben seinen Kopf gestellt, damit die Nachtwachen sehen konnten, wohin sie traten, wenn sie über seinen Kopf rein- und rauskrochen ... Um 4 Uhr morgens wachte Torstein davon auf, dass die Lampe umfiel und ihm etwas Kaltes und Nasses um die Ohren klatschte. „Ein fliegender Fisch," dachte er und tastete im Dunkeln nach dem Etwas, um es wegzuschleudern. Er bekam etwas Langes, Nasses zu fassen, das sich wie eine Schlange wand – und ließ sofort los, als hätte er sich verbrannt. Der unsichtbare Besucher schlängelte sich zu Herman hinüber, während Torstein versuchte, die Lampe wieder anzuzünden ... Als wir die Lampe endlich angezündet hatten, saß Herman triumphierend da, in der Faust den Hals eines langen dünnen Fisches, der sich in seinen Händen wie ein Aal wand. Der Fisch war über einen Meter lang, dünn wie eine Schlange, hatte stumpfe, schwarze Augen und eine lange Schnauze mit einem furchtbaren Gebiss voller langer, scharfer Zähne. Die Zähne waren messerscharf und konnten zum Gaumen hochgeklappt werden, damit sie nicht im Weg waren, wenn der Fisch eine Beute hinunterschluckte. Unter Hermans Griff würgte der Raubfisch plötzlich einen etwa 20 Zentimeter langen, großäugigen, weißen Fisch aus dem Magen hoch und spuckte ihn aus, und wenig später kam noch ein zweiter von derselben Art. Es waren eindeutig zwei Tiefseefische,

denen die Zähne des Räubers ziemlich zugesetzt hatten. Die dünne Haut des Schlangenfisches war bläulich violett auf dem Rücken und stahlblau auf der Unterseite und löste sich unter unseren Händen in Fetzen ab.

Als von all dem Lärm schließlich auch Bengt aufgewacht war, hielten wir ihm die Lampe und den langen Fisch unter die Nase. Er setzte sich benommen in seinem Schlafsack auf und sagte dann würdevoll: „Nein, so einen Fisch gibt's überhaupt nicht."

Damit drehte er sich seelenruhig auf die andere Seite und schlief wieder ein.

Bengt lag mit seiner Behauptung gar nicht mal so falsch. Es stellte sich später heraus, dass wir sechs, die wir in der Bambus-Kajüte im Kreis um die Lampe herumsaßen, die ersten Menschen waren, die diesen Fisch jemals lebend gesehen hatten. Nur das Skelett eines solchen Fisches war ein paar Mal an den Küsten Südamerikas und der Galapagos-Inseln gefunden worden; Ichthyologen nannten ihn Gempylus oder Schlangenmakrele, und weil ihn noch niemand lebend gesehen hatte, nahmen sie an, dass er wohl in großer Tiefe am Meeresgrund leben musste ...

Eine Woche, nachdem der seltene Fisch in Torsteins Schlafsack gelandet war, hatten wir noch einmal Besuch. Wieder war es 4 Uhr morgens; wir hatten Neumond, es war dunkel, aber sternenklar. Das Floß war leicht auf Kurs zu halten, und als meine Schicht vorüber war, drehte ich noch eine Runde auf dem Floß, um nachzusehen, ob für den Wachwechsel alles tipptopp in Ordnung wäre. Ich hatte ein Seil um meine Taille geknotet, wie wir es auf Wache immer taten, und balancierte mit der Paraffinlampe in der Hand vorsichtig auf dem äußersten Stamm um den Mast herum. Der Stamm war nass und glitschig. Plötzlich packte zu meinem Ärger jemand das Seil hinter mir und zog ruckartig daran ... Wütend drehte ich mich mit meiner Lampe um, aber keine Menschenseele war zu sehen. Wieder ruckte das Seil, und da sah ich, dass sich etwas Glänzendes auf dem Deck wand. Es war ein neuer Gempylus; er hatte seine Zähne so tief in das Tau gegraben, dass ein paar davon abbrachen, als wir ihn vom Seil lösten ...

Für jemanden, dessen Fußboden auf gleicher Höhe mit dem Wasserspiegel liegt und der sich langsam und lautlos dahintreiben lässt, ist das Meer voller Überraschungen. Ein Jäger, der sich geräuschvoll seinen Weg durch den Wald bahnt, erzählt hinterher womöglich, der Wald sei wie ausgestorben. Ein anderer setzt sich vielleicht auf einen Baumstumpf und wartet einfach ab, und dann setzt oft ein Rascheln und Knistern ein, und neugierige Augen spähen hervor. So ist es auch auf dem Meer. Meistens pflügen wir mit brüllenden Motoren durchs Wasser, dass die Gischt nur so um den Bug schäumt. Dann kommen wir zurück und erzählen, auf dem Meer draußen gebe es nichts zu sehen.

Als wir übers Meer trieben, verging kein Tag, ohne dass wir von neugierigen Gästen besucht wurden, die um uns herumzappelten und -schlängelten ... Wenn die Nacht angebrochen war und die Sterne am dunklen Tropenhimmel funkelten, blitzte um uns das Meeresleuchten mit den Sternen um die Wette, und manche leuchtenden Planktonorganismen erinnerten so verblüffend an runde, lebende Kohlen, dass wir unwillkürlich unsere nackten Beine anzogen, wenn die glühenden Bröckchen auf das Achterdeck und um unsere Füße gespült wurden. Wenn wir sie fingen, konnten wir sehen, dass es kleine, hell leuchtende Shrimps waren. In solchen Nächten bekamen wir es manchmal mit der Angst zu tun, wenn zwei runde, leuchtende Augen plötzlich direkt neben dem Floß aus dem Meer auftauchten und uns unverwandt mit hypnotischem Blick anstarrten ... Diese teuflisch grünen Augen, die im Dunkeln wie Phosphor leuchteten, gehörten oft zu großen Tintenfischen, die heraufkamen und sich an der Oberfläche treiben ließen. Aber manchmal waren es auch die Leuchtaugen von Tiefseefischen, die nur nachts heraufkamen und dann im Wasser lagen und fasziniert das Licht vor sich anstarrten. Als das Meer ruhig war, passierte es ein paar Mal, dass das schwarze Wasser um das Floß plötzlich voller runder Köpfe war, einen halben oder einen Meter im Durchmesser, die reglos dalagen und uns mit großen leuchtenden Augen anstarrten. In anderen Nächten konnten wir unter uns im Wasser Leuchtkugeln mit einem Meter Durchmesser aufblitzen sehen wie elektrische Lampen, die jemand für einen Moment angeknipst hat.

T. Heyerdahl, *The Kon-Tiki Expedition*, 1950.

UMSEITIG
Die Ra II schaukelt bedenklich im Atlantik. Südamerikanische Indios vom Titicaca-See hatten das Schiff nach traditionellen Methoden gebaut, aber nun sank es entmutigend schnell, um zehn Zentimeter pro Tag. „Gegen Abend läuft die See hoch auf und wird kabbelig,“ schrieb Heyerdahl, „die Sturmböen peitschen weiße Wellenkämme an uns vorbei. Die See dringt von allen Seiten, von vorne und hinten gleichzeitig ein ... Wir liegen schon viel tiefer im Wasser als ich erwartet hatte. Die Situation sieht ziemlich trostlos aus.“ Doch nach fünf Wochen Fahrt nahm der Schilfrumpf kein weiteres Wasser mehr auf. Das Schiff war zwar vollgesaugt, hielt sich aber immer noch über Wasser und beendete erfolgreich seine Reise.

WILFRED THESIGER 1910–90

Reisen im südlichen Arabien

THESIGER WURDE IN ADDIS ABEBA GEBOREN und brachte den größten Teil seines Lebens damit zu, der westlichen Zivilisation zu entfliehen. Er reiste von Afghanistan bis Marokko in der ganzen islamischen Welt umher, und er war der erste Europäer, der das Leere Viertel Arabiens ganz bereist hat. Am besten hat er seine Lebenseinstellung auf einer Reise durch die Sahara formuliert: „Dieses Gefühl von Weite, die Stille und die jungfräuliche Reinheit des Sandes hatten etwas Erhebendes für mich. Ich fühlte mich im Einklang mit der Vergangenheit, denn ich reiste genauso, wie Männer seit unzähligen Generationen durch die Wüsten gereist sind: Ihr Überleben hing allein von der Ausdauer ihrer Kamele und von ihren eigenen angeborenen Fähigkeiten ab." Von 1968 bis 1994 lebte er bei den Samburu im nördlichen Kenia, bevor sein nachlassendes Augenlicht ihn zwang, nach England zurückzukehren. Er lehnte den Verbrennungsmotor in jeder Form ab; in seinen eigenen Worten war er selbst „der letzte Forschungsreisende in der Tradition der Vergangenheit". Seine lebendig geschriebenen, poetischen Tagebücher werden noch bereichert durch die hervorragenden Schwarzweiß-Fotos, die er auf seinen Reisen gemacht hat.

UNTERWEGS IN ARABIEN.

Unser Mehl war verbraucht, aber abends holte Musallim aus seinen Satteltaschen ein paar Handvoll Mais, die wir rösteten und aßen. Es sollte unsere letzte Mahlzeit sein, bevor die anderen drei Tage später aus Liwa zurückkehrten. Diese drei Tage und Nächte wollten einfach kein Ende nehmen.

Ich war fast überzeugt, dass ich dem Hungertod geweiht sei, aber es war mir gleichgültig. Schließlich hatte ich ja schon seit Wochen ständig Hunger, und sogar wenn Mehl da gewesen war, hatte ich wenig Appetit auf die verkohlten oder durchweichten Klumpen gehabt, die Musallim gekocht hatte. Das Herunterschlucken meiner Ration fand ich meistens noch unbefriedigender als etwas später das Ausscheiden. Natürlich dachte ich unentwegt an Essen und sprach ständig davon, aber etwa in der Art, wie ein Gefangener über die Freiheit spricht: Ich war mir bewusst, dass die saftigen Braten, die Berge von Reis und die Schüsseln voll dampfender Soße, die mich verfolgten, nur in meinen Gedanken existierten ...

Am ersten Tag war mein Hunger nur ein besonders hartnäckiges Gefühl vertrauter Leere; etwas, das ich – wie Zahnschmerzen – teilweise mit Willenskraft überwinden konnte. Ich wachte im Morgengrauen mit einer Gier nach Essen auf, aber wenn ich mich auf den Bauch legte und mich fest gegen den Boden drückte, konnte ich mir einen Anflug von Erleichterung verschaffen. Wenigstens hatte ich es warm. Später, wenn die Sonne aufging, trieb mich die Hitze aus dem Schlafsack. Ich warf meinen Umhang über einen Busch, legte mich in den Schatten und versuchte weiterzuschlafen. Wenn ich döste, träumte ich von Essen; wenn ich wach war, dachte ich an Essen. Ich trank, so viel ich konnte, aber von dem bitteren Wasser, das ich nicht mochte, wurde mir schlecht. Endlich wurde es Abend. Wir setzten uns zusammen ums Feuer, sagten immer wieder „morgen sind sie zurück" und dachten dabei an den Proviant, den Bin Kabina mitbringen würde, und an die Ziege, die wir essen würden. Aber auch der nächste Tag schleppte sich bis zum Sonnenuntergang hin, ohne dass sie zurückkehrten.

Thesigers Trupp durchquert 1948 das Leere Viertel von Saudi-Arabien. „Für mich", schrieb Thesiger, „sind Forschungsreisen ein persönliches Abenteuer. Ich bin nicht in die arabische Wüste gegangen, um Pflanzen zu sammeln oder Karten zu erstellen: Solche Dinge haben sich nebenbei ergeben ... Ich bin dorthin gegangen, um Frieden in der Gesellschaft der Wüstenvölker zu finden."

Mir stand eine weitere Nacht bevor, und die Nächte waren schlimmer als die Tage. Jetzt war mir kalt, und ich fand immer nur für wenige Minuten Schlaf. Ich beobachtete die Sterne; einige – den Orion, die Plejaden und den Großen Bären – kannte ich mit Namen, andere nur vom Sehen. Langsam wanderten sie über den Himmel und tauchten Richtung Westen unter; dazu heulte der eisige Wind zwischen den Dünen. Ich dachte daran, wie ich einmal während meines ersten Schuljahres hungrig aufgewacht war und weinte: Ich musste an ein Stück Schokoladenkuchen denken, das ich zwei Tage zuvor, als mich meine Mutter zum Nachmittagskaffee mitgenommen hatte, nicht mehr aufessen konnte, weil ich schon bis obenhin voll gestopft war. Jetzt wurde ich halb verrückt, wenn ich an die Brotrinden dachte, die ich im Uruq Al Shaiba weggegeben hatte ...

Am nächsten Morgen sah ich Mabkhaut zu, wie er die Kamele auf die Weide führte. Als ich sie frei und unbeschwert davontrotten sah, merkte ich, dass auch sie in meinen Augen nur noch etwas Essbares waren. Ich war froh, als sie außer Sicht waren ...

Wir hatten die Hoffnung schon aufgegeben, als sie endlich doch noch zurückkehrten. Ich sah auf den ersten Blick, dass sie keine Ziege dabei hatten. Mein Traum von einem großen, heißen Eintopf war dahin. Wir tauschten die üblichen Begrüßungsformeln und stellten die üblichen Fragen nach Neuigkeiten. Dann halfen wir ihnen dabei, unser einziges Packkamel abzuladen. Bin Kabina sagte müde: „Wir haben nichts bekommen ... Wir haben zwei Packen verdorbene Datteln und ein bisschen Weizen ...“

Die vergangenen drei Tage waren eine Qual gewesen – für die anderen noch mehr als für mich, denn wenn ich nicht gewesen wäre, hätten sie zu den nächstgelegenen Zelten reiten und sich satt essen können. Aber wir hatten uns wenigstens nicht mit Zweifeln herumgequält. Wir hatten gewusst, dass die anderen uns etwas zu essen bringen würden. Wir hatten an dieses Essen gedacht, hatten von diesem Essen geträumt, von einem Festmahl mit saftigem, köstlichem Fleisch als Belohnung für unsere Ausdauer. Aber jetzt hatten wir nichts weiter als das hier: ein paar verhutzelte, sandige Datteln und einen unappetitlichen Klumpen aus gekochten Körnern ... Wir mussten den Rückweg quer durch Arabien schaffen, wir mussten so unauffällig wie nur möglich reisen, und wir hatten genug Essen für zehn Tage, wenn wir es gut einteilten. Ich hatte an diesem Abend zwar etwas gegessen, aber ich war immer noch ausgehungert. Ich fragte mich, wie lange ich wohl mit dieser Kost durchhalten würde. Wir mussten unbedingt mehr zu essen auftreiben ...

Als wir unsere Kamele einen steilen Dünenhang hinunterführten, nahm ich plötzlich ein leises vibrierendes Summen wahr, das immer lauter wurde, bis es schließlich so klang, als würde ein Flugzeug dicht über unsere Köpfe hinwegfliegen. Die verängstigten Kamele machten wilde Bocksprünge, zerrten an ihren Strickhalftern und stierten zu dem Hang hinter uns zurück. Der Ton verstummte, als wir am Fuß des Hangs angekommen waren. Das war „der Gesang des Sandes“. Die Araber beschreiben ihn als Brüllen – was wohl das anschaulichere Wort dafür ist. In den fünf Jahren, in denen ich in diesem Gebiet unterwegs war, hörte ich dieses Geräusch nur ein halbes Dutzend Mal. Ich glaube, es entsteht, wenn eine Sandschicht über eine andere hinweggleitet. Einmal stand ich auf einem Dünenkamm und konnte den Ton hören, sobald ich auf den Steilhang trat. Damals stellte ich fest, dass ich den Ton nach Belieben anstimmen oder verstummen lassen konnte, je nachdem ob ich meinen Fuß auf diesen Gleithang setzte oder ihn wieder zurückzog.

In der Nähe von Rabadh sprang Musallim plötzlich von seinem Kamel, griff in einen Bau dicht unter der Erdoberfläche und zog ein Kaninchen heraus ... Der Nachmittag schleppte sich dahin, bis wir zu einem Gebiet voller kleiner, aufeinanderfolgender Dünen kamen, die dieser Sandfläche den Namen Rabadh gegeben haben. Es gab ausreichend Weideflächen, also machten wir im Randbereich der Dünen Rast. Wir beschlossen, den Rest unseres Mehls zu essen, und Musallim zauberte drei Zwiebeln und ein paar Gewürze aus seinen Satteltaschen hervor. Wir setzten uns in einem hungrigen Kreis nieder, sahen Bin Kabina zu, wie er das Kaninchen kochte, und gaben ihm schlaue Ratschläge. Das Wasser lief uns schon im Mund zusammen, denn es war über einen Monat her, dass wir zum letzten Mal Fleisch gegessen hatten ... Wir kosteten die Suppe und beschlossen, sie noch ein bisschen länger köcheln zu lassen. Dann sah Bin Kabina plötzlich auf und stöhnte: „Oh Gott! Gäste!“

Drei Araber kamen über den Sand auf uns zu ... Wir begrüßten sie, fragten nach Neuigkeiten, kochten ihnen Kaffee und dann ... richteten wir das Kaninchen und das Brot an, stellten es vor sie hin und sagten mit gespielter Aufrichtigkeit, dass sie unsere Gäste seien, dass Gott sie zu uns geschickt habe, dass heute ein gesegneter Tag sei und eine Reihe ähnlicher Bemerkungen. Sie baten uns, doch mit ihnen zu essen, aber wir lehnten ab und wiederholten, sie seien unsere Gäste. Ich konnte nur hoffen, dass man mir nicht ansah, wie mordlustig mir zumute war, als ich ihnen versicherte, Gott habe sie an diesem Glückstag zu uns gesandt.

W. THESIGER, *Arabian Sands*, 1959.

UMSEITIG
Der große Sturm von 1954 biegt die Palmen in den Sümpfen des südlichen Irak. Der Sturm war so heftig, dass die Wüste Richtung Westen zwei Meter hoch unter Wasser stand und Bagdad selbst in Gefahr war. Inmitten dieses Fiaskos, das über den größten Teil des Irak hereinbrach, ging das Leben in den Sümpfen seinen gewohnten Gang. (Vielleicht stand die Gegend ja auch unter göttlichem Schutz: Einige Fachleute sind der Meinung, dass hier einmal der Garten Eden war.) In seinen Reisebeschreibungen des Mittleren Ostens schreibt Thesiger: „Niemand geht unverändert aus diesem Leben hervor. Er wird das Zeichen der Wüste tragen – und sei es noch so schwach –, das auch die Nomaden auszeichnet; und er wird sich innerlich danach sehnen zurückzukehren ... Denn dieses grausame Land kann einen mehr in seinen Bann ziehen als irgendein Landstrich der gemäßigten Breiten.“

MAURICE HERZOG GEB. 1919

Der Gipfel des Annapurna

SCHON 1939, ALS HERZOG NOCH *ein Teenager war, galt er in der weltweiten Kletterszene als besonders wagemutig. Aber erst nach dem Zweiten Weltkrieg wurde ihm voll bewusst, was in ihm steckte. 1950 leitete er eine Expedition zum zehnthöchsten Berg der Welt, dem Annapurna, der bis dahin weder kartografisch erfasst noch bestiegen worden war und der so unzugänglich lag, dass Herzog zwei Monate brauchte, um ihn überhaupt zu finden. Er erreichte den Gipfel am 3. Juni um 2 Uhr nachmittags in Begleitung von Louis Lachenal; damit hatte er als Erster einen Achttausendergipfel bestiegen. Die beiden Männer und ihre Begleiter Gaston Rebuffat und Lionel Terray mussten auf dem Rückweg Schreckliches durchmachen. Herzog verlor seine Handschuhe und holte sich Erfrierungen an beiden Händen; danach bekam er auch noch an beiden Füßen Frostschäden. Lachenal ging es ähnlich. Beide Männer waren nach diesem Erlebnis für den Rest ihres Lebens verkrüppelt, keiner von beiden ging auf Klettertouren jemals wieder bis an die eigene Grenze. Die Expedition wurde als Beispiel für außergewöhnlich gute Teamarbeit und Beharrlichkeit und als Meilenstein in der Geschichte der Bergsteigerei bejubelt. Herzogs Tagebuch wurde sofort zum Bestseller, er selbst stieg zum internationalen Star auf. Als seine Kletterkarriere schließlich zu Ende war, wurde er französischer Sportminister.*

BEIM ABSTIEG VOM GIPFEL WAREN HERZOGS MÄNNER GEZWUNGEN, EINE NACHT AN DEN HÄNGEN DES ANNAPURNA ZU VERBRINGEN.

Wir hatten jedes Zeitgefühl verloren. Die Nacht brach herein, und wir hatten schreckliche Angst, aber keiner von uns beklagte sich. Rebuffat und ich fanden einen Weg, der uns bekannt vorkam, aber die extreme Steilheit des Hanges machte ein Weitergehen unmöglich; im Nebel sah er aus wie eine senkrechte Wand. Am nächsten Tag mussten wir feststellen, dass wir in diesem Augenblick fast oberhalb des Camps gewesen waren. Im Schutz genau dieser Wand standen unsere Zelte, die unsere Rettung gewesen wären ...

Plötzlich war es Nacht, und wir mussten dringend eine Entscheidung treffen, ohne noch eine Minute zu vergeuden; wenn wir auf dem Hang blieben, wären wir noch vor Tagesanbruch tot. Es blieb uns nichts anderes übrig als zu biwakieren. Unter welchen Umständen das ablaufen würde, konnten wir uns vorstellen, denn wir alle wussten, was es bedeutete, oberhalb von 7000 Metern zu lagern ...

[Es war reines Glück, dass sie eine Gletscherspalte entdeckten.] In der beißenden Kälte dieser winzigen Grotte kauerten wir uns so eng wie möglich zusammen. Die Wände rundum waren feucht, und der Boden war mit einem Teppich aus Neuschnee bedeckt; wenn wir uns eng aneinanderdrückten, war für uns vier gerade genug Platz. Eiszapfen hingen von der Decke; wir brachen einen Teil ab, um mehr Platz für unsere Köpfe zu haben, und saugten an ein paar Eisstückchen: Es war lange her, dass wir zum letzten Mal etwas getrunken hatten.

Das also war unser Unterschlupf für die Nacht. Wenigstens würden wir hier wohl vor dem Wind geschützt sein, und die Temperatur würde einigermaßen konstant bleiben; die Feuchtigkeit allerdings war höchst unangenehm. Wir richteten uns im Dunkeln ein, so gut es ging. Wie immer in einem Biwak zogen wir unsere Stiefel aus; diese Vorsichtsmaßnahme war wichtig, denn die Enge im Stiefel hätte sofort zu Erfrierungen geführt. Terray rollte den Schlafsack aus, den er in weiser Voraussicht mitgenommen hatte, und konnte es sich darin relativ bequem machen. Wir zogen alles Warme an, das wir bei uns hatten; ich setzte mich auf die Filmkamera, um direkten Kontakt mit dem Schnee zu vermeiden ...

Keiner von uns machte den Mund auf; Zeichensprache war weniger anstrengend als Worte. Jeder zog sich in sich selbst zurück und suchte Zuflucht in seiner inneren Welt. Terray massierte Lachenal die Füße; auch Rebuffat fühlte, wie seine Füße eiskalt wurden, aber er hatte noch genug Kraft, um sie selbst warmzureiben. Ich saß reglos da und starrte ins Leere. Meine Füße und Hände wurden immer kälter, aber was konnte ich schon dagegen tun? Ich

versuchte, diese Quälerei und die verrinnende Zeit zu vergessen, versuchte die nagende und betäubende Kälte nicht zu fühlen, die heimtückisch von uns Besitz ergriff ...

Terray versuchte großzügig, mir einen Teil seines Schlafsacks zu überlassen. Er hatte begriffen, wie ernst mein Zustand war und wusste, warum ich nichts sagte und ziemlich passiv blieb. Er merkte, dass ich mich völlig aufgegeben hatte. Er massierte mich fast zwei Stunden lang. Vielleicht hatten auch seine Füße Erfrierungen, aber anscheinend dachte er nicht weiter darüber nach. Es machte mir schon Mut, einfach nur über seine Selbstlosigkeit nachzudenken; er gab sich solche Mühe mir zu helfen, dass es undankbar von mir gewesen wäre, nicht weiter um mein Leben zu kämpfen. Obwohl mein Herz ein Eisklumpen war, fühlte ich seltsamerweise keine Schmerzen. Es war, als sei alles Materielle um mich herum abgefallen. Anscheinend war ich im Kopf ziemlich klar, und doch schwebte ich in einer Art friedlicher Glückseligkeit. Ein Hauch Leben war noch in mir, aber es schwand unaufhaltsam dahin, während die Stunden verstrichen ...

[Bei Tagesanbruch.] Ein gespenstisches Licht breitete sich in unserer Grotte aus, und wir konnten knapp die Umrisse unserer Köpfe ausmachen. Ein seltsames Geräusch drang von weither zu uns herunter – eine Art langgezogenes Zischen. Das Geräusch schwoll an. Plötzlich war ich begraben, geblendet, eingehüllt in eine Lawine aus Neuschnee. Der eisige Schnee breitete sich in der Höhle aus und drang in jede Ritze unserer Kleidung. Ich drückte den Kopf zwischen meine Knie und legte die Arme darüber zusammen. Unaufhörlich floss der Schnee weiter. Es war totenstill. Wir waren nicht ganz mit Schnee bedeckt, aber überall um uns war Schnee. Vorsichtig standen wir auf, um uns nicht die Köpfe an der Eisdecke anzustoßen und versuchten, alles abzuschütteln. In Strümpfen standen wir im Schnee. Als Erstes mussten wir unsere Stiefel wiederfinden.

Rebuffat und Terray begannen zu suchen – und merkten sofort, dass sie schneeblind waren. Gestern hatten sie ihre Brillen abgesetzt, um uns talwärts zu führen, und jetzt

Herzog steht die erste von vielen ambulanten Not-Operationen durch. „Jeden Tag", schrieb er, „wurden ein oder zwei Finger- oder Zehenglieder entfernt. Das alles wurde ohne Narkose im Freien durchgeführt, wann und wie es gerade möglich war." Auf der Zugreise durch Indien schnitten Ärzte immer noch totes Fleisch weg – nicht nur von Herzogs Gliedmaßen, sondern auch von denen seiner Begleiter. Die abgenommenen Zehen wurden aus dem Waggon gefegt, wenn der Zug gerade hielt.

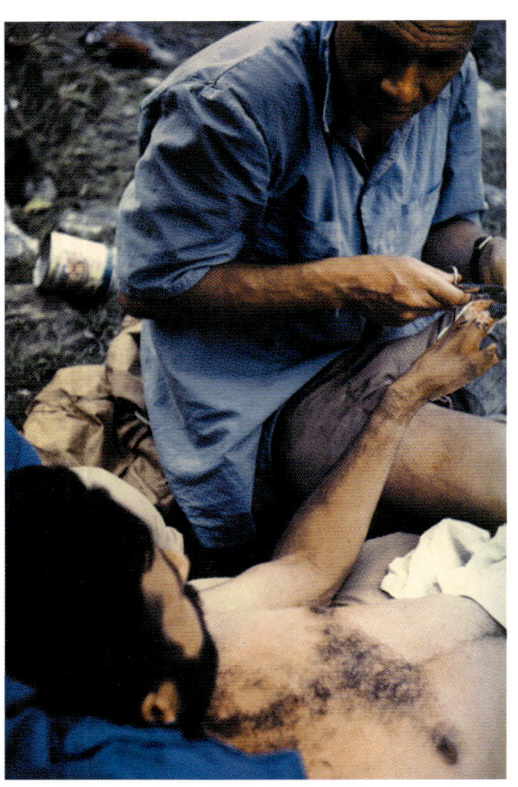

mussten sie dafür büßen. Lachenal war der erste, der ein Paar Stiefel entdeckte ...

Wir tasteten immer noch nach unseren Sachen. Terray fand seine Stiefel und zog sie unbeholfen an, denn er konnte ja nicht sehen, was er tat. Lachenal half ihm, aber er war mit den Nerven völlig am Ende und war schrecklich ungeduldig – ganz im Gegensatz zu mir in meiner Starre. Pustend und schnaufend kletterte Terray dann den Eiskanal hoch und erreichte schließlich die Außenwelt. Er wurde von fürchterlichen Windböen empfangen ...

Am Grund der Gletscherspalte suchten wir beide immer noch nach unseren Stiefeln. Lachenal stocherte wie wild mit einem Eispickel herum. Ich war ruhiger und versuchte, rationaler vorzugehen. Wir zogen zwar Steigeisen und einen Pickel aus dem Schnee, aber immer noch keine Stiefel.

Gut, dann würde diese Höhle wohl unsere letzte Ruhestätte werden! Es war sehr eng; wie waren zusammengekauert wie Klappmesser und waren uns gegenseitig ständig im Weg. Lachenal beschloss schließlich, ohne Stiefel hinaufzusteigen. Mit einem wilden Schrei zog er sich am Seil hoch, bohrte seine Zehen Halt suchend in die Schneewände, schlängelte sich nach oben. Und Terray zerrte von außen, so fest er nur konnte. Ich sah ihn davonziehen; er wurde schneller und verschwand ...

Ich durchsuchte weiter die Höhle. Die Stiefel mussten um jeden Preis gefunden werden, oder Lachenal und ich wären erledigt. Auf allen Vieren, mit nichts an meinen Händen und Füßen, durchstöberte ich den Schnee, wühlte mal hier, mal dort und hoffte inständig, jeden Augenblick auf etwas Hartes zu stoßen. Ich konnte nicht mehr denken – ich benahm mich nur noch wie ein Tier, das um sein Leben kämpft.

Endlich fand ich einen Stiefel! Der andere war darangeknotet – ein Paar! Nachdem ich die ganze Höhle durchpflügt hatte, fand ich auch das andere Paar. Aber wie sehr ich mich auch abmühte, ich konnte die Kamera nicht finden und gab schließlich verzweifelt auf. Es war ein Ding der Unmöglichkeit, die Stiefel anzuziehen: Meine Hände waren wie Holzstücke, und ich konnte nichts zwischen meinen Fingern halten. Zudem waren meine Füße ungeheuer angeschwollen; ich würde es nie schaffen, Stiefel darüber zu ziehen. So gut ich konnte, schlang ich das Seil um die Stiefel und rief die Eisrinne hinauf: „Lionel ... Stiefel!"

Es kam keine Antwort, aber er musste mich gehört haben, denn mit einem Ruck schossen die kostbaren Stiefel nach oben. Kurz darauf kam das Seil wieder herunter. Ich war an der Reihe. Ich schlang das Seil um mich; weil ich es nicht stramm ziehen konnte, machte ich eine Reihe kleiner Knoten. Mit vereinten Kräften, so hoffte ich, würden sie mich halten können. Ich hatte nicht genug Kraft, noch einmal zu rufen; ich ruckte einmal kräftig am Seil, und Terray verstand.

Beim ersten Schritt musste ich als Halt für meine Zehen eine Kerbe in den harten Schnee treten. Weiter oben, wo ich mich im Eiskanal festkeilen konnte, würde ich wohl leichter vorankommen. Ich schlängelte mich ein paar Meter in dieser Art vorwärts und versuchte dann, meine Hände und Füße in die Wand zu bohren. Meine Hände waren bis zu den Handgelenken steif und hart und meine Füße waren bis zu den Knöcheln völlig gefühllos; die Gelenke waren unbeweglich, und das behinderte mich erheblich ...

Mein Herz raste, als würde es gleich platzen; ich musste eine Pause einlegen. Dann gab mir ein neuer Energieschub die Kraft, bis nach oben zu kriechen. Ich bekam Terrays Beine zu fassen und zog mich daran hinaus. Er war völlig erledigt, und ich war im letzten Stadium der Entkräftung. Terray war ganz dicht bei mir, und ich flüsterte: „Lionel, ich sterbe!"...

Ich wusste, dass ich dem Ende nahe war, aber es war ein Ende, das sich alle Bergsteiger wünschen – ein Ende im Einklang mit ihrer alles beherrschenden Passion. Ich war den Bergen ganz bewusst dankbar, dass sie für mich an diesem Tag so schön waren. In ihrer Stille empfand ich eine Ehrfurcht, als wäre ich in einer Kirche. Ich spürte keine Schmerzen und machte mir um nichts Sorgen. Meine vollkommene Ruhe war alarmierend ...

In diesem Augenblick schrie Lachenal: „Hilfe! Hilfe!"

Offenbar wusste er nicht mehr, was er tat ... Oder doch? Er war der Einzige von uns Vieren, der Camp II unter uns sehen konnte. Vielleicht würde man seine Schreie hören. Es waren verzweifelte Schreie, die mich tragisch an ein paar Kletterer erinnerte, die sich im Mont-Blanc-Massiv verirrt hatten und für deren Rettung ich alle Kräfte eingesetzt hatte. Jetzt waren wir dran. Das Gefühl übermannte mich: Wir hatten uns verirrt.

Ich rief mit den anderen zusammen: „Eins ... zwei ... drei ... Hilfe!" Wir versuchten, alle gemeinsam zu schreien, aber ohne viel Erfolg; unsere Stimmen trugen wohl kaum weiter als drei Meter. Was ich von mir gab, was eher ein Flüstern. Terray bestand darauf, dass ich meine Stiefel anziehen müsse, aber meine Hände waren tot ... Da zog Terray resolut sein Messer heraus und schlitzte mit zittrigen Händen die Oberseite meiner Stiefel vorne und hinten auf. Zweigeteilt, wie sie jetzt waren, konnte ich sie anziehen, aber es war nicht leicht und gelang mir erst nach mehreren Versuchen. Ich wurde mutlos – wozu das alles, wenn ich ja doch bleiben würde, wo ich war? Aber Terray zerrte mit aller Kraft und schaffte es schließlich. Er schnürte meine jetzt monströs aufgeblähten Stiefel zu, indem er einfach die Hälfte der Haken ausließ ...

Ich blieb im Schnee sitzen. Langsam gab ich innerlich auf; warum sollte ich kämpfen? Ich würde mich einfach treiben lassen. Ich sah Bilder von schattigen Hängen und friedlichen Wegen vor mir und roch den Duft von Harz. Es war alles so friedlich und schön, ich würde in meinen Bergen sterben. Mein Körper fühlte nichts, alles war erstarrt.

„Aah ... aah!"

War das ein Stöhnen oder ein Ruf? ... Etwa 200 Meter von uns entfernt kam Marcel Schatz langsam über den Hang auf uns zu. Ich fand diese Vision eines starken und unbesiegbaren Erlösers unsagbar bewegend. Ich hatte grenzenloses Zutrauen zu ihm. Diese starke Erschütterung gab mir offenbar den Rest. Der Tod griff nach mir, und ich gab mich einfach auf.

Als ich wieder zu Bewusstsein kam, kehrte der Lebenswille zurück, und ich erlebte einen mächtigen Gefühlsumschwung. Es war noch nicht alles verloren! Während Schatz näherkam, ließ ich ihn keine Sekunde aus den Augen – zwanzig Meter – zehn Meter – er kam genau auf mich zu. Warum? Wortlos beugte er sich über mich, drückte mich an sich, umarmte mich, und sein warmer Atem hauchte mir wieder Leben ein.

Ich konnte mich nicht bewegen, ich war wie aus Marmor. Mein Herz war von so gewaltigen Gefühlen überschwemmt, und doch blieben meine Augen trocken.

„Gut gemacht, Maurice. Einfach phantastisch!"

M. Herzog, *Annapurna*, 1952.

EDMUND HILLARY GEB. 1919
TENZING NORGAY 1914–86

Die Eroberung des Everest

IM JAHR 1953 STARTETE DIE BRITISCHE Everest-Expedition unter der Leitung von John Hunt zum Angriff auf den höchsten Gipfel der Welt. Das Team der Gipfelstürmer bestand aus einer Hand voll Kletterer, die den Berg paarweise von einem Camp am Südsattel aus angehen sollten. Unter ihnen waren auch Hillary und Tenzing. Hillary war ein Imker aus Neuseeland, der 1951 zum ersten Mal im Himalaya gewesen war und seither elf Besteigungen von Bergen über 6000 Meter absolviert hatte. Tenzing war ein nepalesischer Scherpa, der schon 1935 einen Vorstoß auf den Everest unternommen und danach an vier Expeditionen teilgenommen hatte; auf einer davon im Jahr 1952 war er bis auf 300 Meter an den Gipfel herangekommen. Nachdem das erste Zweierteam gescheitert war, brachen am Morgen des 29. Mai Hillary und Tenzing vom Camp auf. Um 11.30 Uhr vormittags hatten sie den Gipfel erreicht. Die Neuigkeit erreichte England zur allgemeinen Begeisterung am Krönungstag von Königin Elisabeth II. Später gab es erbitterte Auseinandersetzungen darüber, wer als Erster auf dem Gipfel gestanden hatte, wer wem über diverse schwierige Passagen weggeholfen hatte und ob der Everest im Namen von England, Indien oder Nepal bezwungen worden war. Norgay war ein großmütiger Sieger: „Meine Gedanken waren bei all denen, die vor uns gegangen sind – Sahibs und Sherpas, Engländer und Schweizer –, bei all den großen Kletterern, den tapferen Männern, die 33 Jahre lang von diesem Berg geträumt und ihn herausgefordert hatten, die gekämpft hatten und gescheitert waren, und deren Bemühungen, Wissen und Erfahrung unseren Sieg erst möglich gemacht haben." Hillary war unverblümter, was den Berg anging: „Na, dem Mistkerl haben wir's aber gezeigt!"

HILLARYS SCHILDERUNG DER EROBERUNG.
Der Grat zog sich weiter gleichförmig hin. Riesige Wächten rechts, steile Felsabbrüche links. Ich hackte weiter Stufen auf dem schmalen Schneestreifen. Der Grat schwenkte nach rechts ab; wir hatten keine Ahnung, wo der Gipfel war. Wenn ich um einen Buckel herum Stufen schlug, kam ein anderer, noch höherer in Sicht. Die Zeit verstrich, und der Grat schien kein Ende zu nehmen ... Allmählich wurde ich ein bisschen müde. Zwei Stunden lang hatte ich pausenlos Stufen gehackt, und auch Tenzing kam nur sehr langsam voran. Als ich wieder mal um eine Biegung herum Stufen in den Schnee hieb, fragte ich mich etwas benommen, wie lange wir das wohl noch durchhalten konnten. Mittlerweile war unsere anfängliche Begeisterung ziemlich verpufft, und das Ganze artete eher in einen verbissenen Kampf aus. Dann merkte ich, dass der Grat vor uns nicht mehr weiter monoton anstieg, sondern scharf abfiel. Unter uns konnte ich den Nordsattel und den Rongbuk-Gletscher sehen, oberhalb von uns führte ein schmaler Schneekamm zu einem schneebedeckten Gipfel hinauf. Noch ein paar Schläge mit dem Eispickel in den festgebackenen Schnee, und wir standen ganz oben.

Anfangs empfand ich nur Erleichterung – Erleichterung darüber, dass wir keine Stufen mehr hacken, keine Grate mehr überqueren mussten und dass keine Buckel mehr vor uns lagen, die uns zuerst Hoffnung machten und uns dann doch irreführten. Ich sah Tenzing an, und obwohl die eiszapfenverkrustete Kapuze, Gletscherbrille und Sauerstoffmaske

sein Gesicht versteckten, war sein ansteckendes Grinsen nicht zu übersehen, mit dem er sich begeistert nach allen Seiten umsah. Wir schüttelten uns die Hände, und dann fiel mir Tenzing um den Hals, und wir klopften einander auf den Rücken, bis wir fast keine Luft mehr bekamen. Es war 11.30 Uhr. Der Grat hatte uns zweieinhalb Stunden gekostet, aber uns kam es vor wie eine Ewigkeit. Ich drehte die Sauerstoffflasche zu und nahm meine Ausrüstung ab. Meine Kamera mit einem eingelegten Farbfilm hatte ich unter meinem Hemd mitgenommen, wo sie vor Kälte geschützt war. Jetzt holte ich sie heraus und bat Tenzing, für mich auf dem Gipfel zu posieren und den Eispickel zu schwenken, an dem eine Schnur mit den Flaggen der Vereinten Nationen, von England, Nepal und Indien hing. Dann wandte ich meine Aufmerksamkeit dem weiten Land zu, das sich unter uns nach allen Richtungen ausdehnte. Meinem Gefühl nach war das wichtigste Foto eine Aufnahme vom Nordgrat, auf der der Nordsattel und die alte Route zu sehen waren, die durch die Kämpfe der großen Bergsteiger aus den 20er- und 30er-Jahren so berühmt geworden ist. Ich machte mir zwar keine großen Hoffnungen, dass die Fotos besonders beeindruckend sein würden, denn ich konnte die Kamera in meinen klobigen Handschuhen kaum ruhig halten, aber ich dachte mir, dass sie zumindest ein nützliches Dokument abgäben ... Unterdessen hatte Tenzing ein kleines Loch in den Schnee gebohrt und ein paar kleine Esswaren hineingelegt – einen Schokoladenriegel, ein Päckchen Kekse und eine Handvoll Lutscher. Zwar waren das wirklich nur kleine Gaben, aber immerhin ein symbolisches Geschenk an die Götter, von denen alle frommen Buddhisten glauben, dass sie auf diesem erhabenen Gipfel ihren Wohnsitz haben. Zwei Tage zuvor, als wir zusammen auf dem Südsattel waren, hatte Hunt mir ein kleines Kruzifix gegeben und mich gebeten, es zum Gipfel mitzunehmen. Auch ich bohrte ein Loch in den Schnee und platzierte das Kruzifix neben Tenzings Geschenken.

Ich überprüfte noch einmal unseren Sauerstoff und berechnete, wie lange wir damit auskommen würden. Wir mussten schneller vorankommen, um rechtzeitig unsere lebensrettende Reserve unterhalb des Südgipfels zu erreichen. Nach 15 Minuten machten wir uns auf den Rückweg ... Wir fühlten uns beide ein bisschen müde, denn die Folgen der Strapazen machten sich bemerkbar, und wir mussten schnellstens vom Berg herunter. Ich kletterte vom Gipfel und zu unseren Stufen zurück. Zügig folgten wir auf Steigeisen unserer Spur ...

Vom Gipfel bis hierher nur ein Stunde! Wir erfrischten uns mit einem Schluck süßer Limonade und wandten uns dann wieder talwärts. Auf der ganzen Tour quälte uns eine nagende Angst vor unserem Rückweg über den großen Schneehang, und als ich voranging, packte ich in jeden Schritt so viel Sorgfalt, als hinge unser Leben davon ab – was ja wohl auch der Fall war. Wenn wir direkt auf den Kangshung-Gletscher hinuntersahen, der immer noch 3000 Meter unter uns lag, packte uns ein unheimliches Gefühl ...

Als wir auf Camp IV zukamen, tauchten winzige Gestalten aus den Zelten auf und schoben sich langsam die Spur hinauf. Wir gaben ihnen kein Zeichen, wir stapften nur müde in unserer Spur auf sie zu. Dann, als wir nur noch etwa 50 Meter von ihnen entfernt waren, machte Lowe mit seinem Enthusiasmus das „Daumen-hoch"-Zeichen und winkte mit seinem Eispickel Richtung Gipfel. Schlagartig war die Szene wie elektrisiert; unsere Teamkollegen vergaßen ihre Schwäche und rannten über den Schnee auf uns zu. Unsere Begrüßung fiel vielleicht ein bisschen emotional aus, und stärker als je zuvor erfüllte mich ein Gefühl von Freundschaft und Zusammengehörigkeit ...

Wie aufregend das war, ihnen berichten zu können, dass sich die ganze Quälerei im Chaos des Khumbu-Eisbruchs, das aufreibende Eintauchen in das Schneeinferno des Westkars, die technisch schwierige Eisarbeit an der Lhotse-Flanke und die verbissene und nervenzerfetzende Plackerei über den Südsattel voll und ganz gelohnt hatten und dass wir auf dem Gipfel gewesen waren.

Wie sich reine Freude auf dem müden, abgespannten Gesicht unseres tapferen und energischen Expeditionsleiters ausbreitete – das zu sehen war für mich schon Lohn genug.

E. Hillary, zitiert in J. Hunt, *The Ascent of Everest*, 1953.

Hunts Darstellung von Hillarys und Tenzing Norgays Rückkehr.
Es war 2 Uhr nachmittags, und gerade hatten die indischen Radionachrichten die Welt offiziell darüber informiert, dass wir gescheitert waren, als am oberen Rand des Flachtales, etwa 500 Meter oberhalb des Camps, fünf Männer auftauchten. Ein paar von uns machten sich sofort auf den Weg, Mike Westmacott und ich voran. Unsere Sherpas scharten sich unterdessen vor ihrem Kuppelzelt zusammen; sie waren nicht weniger gespannt als wir alle, das Ergebnis zu erfahren. Aber die näherkommenden Bergsteiger gaben kein Zeichen, sie trotteten nur niedergeschlagen auf uns zu ... Das konnte nur Scheitern bedeuten; jetzt mussten wir an unseren dritten und letzten Versuch denken.

Plötzlich hob der Anführer der Gruppe – es war George Lowe – seinen Eispickel, deutete unmissverständlich auf den fernen Gipfel des Everest und machte ein paar lebhafte Bewegungen. Die anderen hinter ihm machten jetzt ebenso eindeutige Zeichen. Das war alles andere als Scheitern, DAS WAR'S! Sie hatten es geschafft!! Unkontrollierbare Gefühle überschwemmten mich jetzt, während ich meinen Schritt beschleunigte; die Kraft, einfach loszurennen, konnte ich immer noch nicht aufbringen, und Mike Westmacott war jetzt ein gutes Stück voraus. Jetzt quollen sie alle aus ihren Zelten; Beifallsrufe,

Beschwipst vom Rum hören sich Hillary (zweiter von links) und andere Team-Mitglieder die Radiosendung von Queen Elisabeths Krönung an. „Nüchtern betrachtet war das keine große Sache", schrieb James Morris, Korrespondent der Times, der die Expedition begleitete. „Die Geografie wurde durch diese Leistung nicht weitergebracht, der wissenschaftliche Fortschritt wurde kaum beschleunigt, und nichts Neues wurde entdeckt. Und doch gingen die Namen Hillary und Tenzing in allen Sprachen sofort als die Namen von Helden ein, teils weil sie wirklich Heldennaturen waren, vor allem aber deshalb, weil sie so zwingend den Geist ihrer Zeit verkörperten."

Freudenschreie waren zu hören. Einen Augenblick später war ich bei ihnen, schüttelte dem siegreichen Paar die Hände – und umarmte sie sogar, wie ich verlegen zugebe. Tenzing hatte eine besondere Umarmung verdient für diesen Sieg, den er nicht nur für sich persönlich, sondern auch für sein Volk errungen hatte.

Unter Stimmengewirr eskortierten wir sie ins Camp, wo die Sherpas sie breit grinsend umringten, Ed herzlich die Hand schüttelten und Tenzing, ihrem großen Anführer, ein respektvolleres, geradezu ehrerbietiges Willkommen bereiteten. Wir gingen alle ins Kasino-Zelt, um die große Geschichte zu hören. Während Ed Hillary ein Omelett herunterschlang und Becher um Becher mit seiner Lieblingslimonade leerte, beschrieb er die Ereignisse des 28. und 29. Mai in ebenso bildhaften wie einfachen Worten.

J. HUNT, *The Ascent of Everest.*

TENZING NORGAYS RÜCKBLICK.

Ich verbrachte nur eine Nacht in Camp IV. Die Hälfte davon war Feiern, die andere Hälfte Ausruhen. Am nächsten Morgen hatte ich nur einen Gedanken: Ich wollte runter und weg von diesem Berg; in einem Tag ging ich über das Westkar und den Eisbruch bis zum Basislager hinunter ... Jetzt bin ich frei, dachte ich immer wieder. Der Everest hat mich befreit. Auch im Basislager bin ich nur eine Nacht geblieben, und dann, wieder in einem einzigen Tag, bin ich die 56 Kilometer über den Gletscher und durch die Täler hinunter nach Thamey, um meine Mutter zu besuchen. Ich erzählte ihr, dass wir es geschafft hatten, und sie war sehr glücklich. Sie sah mir tief in die Augen und sagte zu mir: „Ich habe dir so oft gesagt, du sollst nicht zu diesem Berg gehen. Jetzt musst du nicht mehr gehen." ...

Von den Gläubigen und Orthodoxen bin ich von vielen Seiten sehr unter Druck gesetzt worden: Ich sollte sagen, dass ich eine Vision oder Offenbarung gehabt hätte. Aber auch hier kann ich wieder nur die Wahrheit sagen – auch wenn das für viele vielleicht enttäuschend ist; und die lautet Nein, ich habe auf dem Gipfel des Everest nichts Übernatürliches gesehen und kein übermenschliches Wesen gefühlt. Was ich empfunden habe, war eine große Nähe zu Gott, und das hat mir genügt. Ich dankte Gott aus tiefstem Herzen.

T. NORGAY, *Man of Everest, 1955.*

LINKS AUSSEN
Tenzing Norgay steht auf dem Dach der Welt. Zurück in Camp IV: „Ich fühlte mich einfach – okay. Aber müde. Es war schwer, irgendetwas zu denken oder zu fühlen. Das wirkliche Glücksgefühl, dachte ich, wird später kommen." Norgay sprach sieben Sprachen, lernte aber nie zu schreiben oder eine Kamera zu bedienen. „Es war mir nicht so wichtig, ob Tenzing ein Foto von mir machen konnte", schrieb Hillary. „Soweit ich wusste, hatte er noch nie zuvor fotografiert, und der Gipfel des Everest war wohl kaum der richtige Ort, um es ihm zu zeigen."

VIVIAN FUCHS 1908–99

Die erste Durchquerung der Antarktis

Eine von Fuchs' Sno-Cats hängt über einer Spalte und wartet auf Hilfe. Die drei Monsterwesen mit den Spitznamen „Rock and Roll", „Knalltüte" und „Grafschaft Kent" waren mit Stahlseilen untereinander verbunden für den Fall, dass sie durch eine Schneebrücke stürzen würden – was oft genug passierte. Die Sno-Cats waren mit unglaublichen Mengen Reservebenzin überfrachtet. Als man Fuchs vorwarf, das sei der Grund gewesen, dass Hillary ihn auf der Tour zum Pol geschlagen habe, konterte Fuchs, er sei in ein wissenschaftliches Projekt eingebunden gewesen, nicht in ein Rennen.

1957 LEITETE FUCHS EINE EXPEDITION *des British Commonwealth, die zu Ende führen sollte, was Shackleton im Jahr 1916 nicht mehr geschafft hatte: die Durchquerung der Antarktis über den Südpol. Zur Ausrüstung der Gruppe, die unter Leitung von Fuchs vom Weddell-Meer aus startete, gehörten drei wuchtige Sno-Cats, mehrere kleinere Fahrzeuge mit Raupenketten, zwei Hundegespanne und gewaltige Mengen Dynamit, um den Kontinent seismisch zu erfassen. Die Versorgungsgruppe unter der Leitung des Everest-Helden Edmund Hillary bekam einen Fuhrpark von Traktoren, um vom Ross-Schelfeis aus eine Kette von Versorgungsdepots anzulegen. Die beiden Teams standen miteinander in regelmäßigem Funkkontakt und wurden von Flugzeugen der Royal Air Force unterstützt. Fuchs arbeitete sich unaufhaltsam bis zum Südpol vor, konnte aber nicht beanspruchen, der Erste gewesen zu sein: Nachdem Hillary sein letztes Vorratslager angelegt hatte, fuhr er mit seinen Traktoren die letzte Strecke bis zum Pol und erreichte ihn einige Tage vor Fuchs. Die Expedition war bewundernswert erfolgreich; sie hatte nicht nur die erste Durchquerung der Antarktis über Land geschafft, sondern auch zum ersten Mal die Landmasse unter dem Eis ermittelt. Doch als Fuchs 1958 nach Hause zurückkehrte, musste er feststellen, dass seine Leistung im Schatten der Suez-Krise unterging. Es sah fast so aus, als sei nach so vielen spektakulären Fehlschlägen am Südpol der Sieg kein besonderes Ereignis mehr.*

DIE EXPEDITION NÄHERT SICH EINEM SPALTENFELD.
Meiner Meinung nach werden die nächsten 15 Kilometer darüber entscheiden, ob die Expedition scheitert oder nicht, denn auf dem Terrain, das vor uns liegt, können wir leicht Fahrzeuge verlieren. Sturzhelme, Sicherheitsgurte, das Anseilen von Fahrzeugen – wir haben alle denkbaren Vorsichtsmaßnahmen ergriffen ...

[Beim Überqueren einer Schneebrücke.] David S. stand auf der gegenüberliegenden Seite, ich auf dieser Seite der Spalte, Geoffrey und David P. saßen in der Fahrerkabine. Als sie über die Schneebrücke fuhren, hörte ich ein gewaltiges Rumpeln, und der Schnee unter mir bebte so stark, dass ich mich nur zu gerne schnellstens davongemacht hätte, aber da ich keine Ahnung hatte, woher das Geräusch stammte, blieb ich stehen wo ich war. Als die Fahrzeuge langsam weiterfuhren, sah ich eine Schneewolke aus einem gewaltigen Krater aufsteigen, der sich nur zwei Meter links vom Fahrzeug aufgetan hatte. Er hatte ungefähr sieben Meter Durchmesser, war 13 Meter tief und hatte dunkle, tiefe Höhlen, die in unbekannte Tiefen führten. Lange stiegen daraus Wolken von Schneestaub auf und wehten davon; das ganze Ding sah aus wie ein Bombentrichter. Das Loch war so groß, dass es ... alles ohne weiteres hätte verschlingen können, aber wir hatten das unverschämte Glück, dass die Brücke links von den Fahrzeugen brach und nicht unter ihnen! [Das Auskundschaften des Terrains] war sehr zeitraubend, aber unsere Arbeit war zweifellos notwendig, wie ein paar monströse Höhlen zeigten, die wir dabei unter der harmlosen Oberfläche entdeckten. In manche hätte ein Doppeldeckerbus hineingepasst ... Als die Fahrzeuge über die Spalten rumpeln, die uns den Weg versperren, und schließlich jeder Fahrer glücklich die andere Seite erreicht hat, fällt uns allen ein Stein vom Herzen."
V. FUCHS, *The Crossing of Antarctica, 1958.*

UMSEITIG
Die nie untergehende Sonne des Südsommers umkreist die Scott-Amundsen-Station am Südpol. Als sich die beiden Teams am 2. März 1958 trafen, war das Wetter klar. Aber als sie zu ihrer letzten Etappe zum Ross-Schelf aufbrachen, verschlechterten sich die Bedingungen. Fuchs hoffte, rechtzeitig vor Winteranbruch mit allem fertig zu werden.

JACQUES COUSTEAU 1910–97

Entdeckungen unter Wasser

Cousteau bereitet sich auf einen Tauchgang vor. Auch auf seine alten Tage ging er noch einem Sport nach, bei dem er sich, wie er sagte, „wie ein Engel" fühlte. Im Laufe seines Lebens hat er 50 Bücher und zwei Enzyklopädien geschrieben, hat mehrere Filme und über 100 Dokumentarfilme gedreht – eine Leistung, die ihn auf der ganzen Welt bekannt gemacht hat. Sein entschlossenes Eintreten für Umweltschutz-Belange in späteren Jahren brachte ihm den Spitznamen „Captain Planet" ein.

JACQUES COUSTEAU, FRANZÖSISCHER MARINE-OFFIZIER im Zweiten Weltkrieg, war ein Pionier der Unterwasserforschung. Er erfand nicht nur den Lungenautomaten, sondern auch eine ganze Reihe von Unterwasserfahrzeugen, mit deren Hilfe Forscher länger und tiefer tauchen konnten als je zuvor. Sein Forschungsschiff Calypso wurde in den 50er- und 60er-Jahren berühmt; es wurde zum Symbol für die unermüdliche Suche nach den Geheimnissen des Meeres. Doch das Schiff war auch bemerkenswert, weil es für den ureigenen, gallischen Lebensstil stand. „Die Calypso hatte einen 1 Tonne schweren Weintank aus rostfreiem Stahl an Bord", schrieb Cousteau, „über den sich ausländische Ozeanographen gerne amüsierten. Die Calypsonier können trinken, so viel sie wollen: Der durchschnittliche Tagesverbrauch liegt bei ungefähr einem halben Liter pro Kopf." Cousteau hat Publicity nie verachtet und zahlreiche Filme und Dokumentationen über seine Arbeit gedreht. Gemessen an modernen Standards waren seine Expeditionen zwar nicht sonderlich bemerkenswert, aber damals haben sie ganz neue Gebiete erschlossen.

MORGENGRAUEN, ROTES MEER, DEZEMBER 1951.
Während des gesamten Tauchgangs waren Haie zu sehen. Als ich tiefer ging, wurden sie schneller ... In jeder Richtung waren ein oder zwei, und jetzt kamen sie auch noch bedrohlich nahe. Einige schwammen mit leeren Augen direkt auf mich zu und zogen sich dann wieder zurück. Als ich auf 45 Meter Tiefe angekommen war, warf ich einen Blick nach oben. Ein Dutzend torpedoförmiger Schatten zeichnete sich gegen die schimmernde Wasseroberfläche ab. Ich sah nach unten. 15 Meter tiefer pendelten bleiche Haie lässig über einem sandigen Abhang. Schutzlos und weit weg von unserem Boot entdeckte ich meine vergessenen Begleiter, und um sie herum schwammen die Haie des Roten Meeres, über deren Eigenheiten wir nichts wussten. Schlagartig wurde mir klar, dass unsere Situation unhaltbar war.

Aus der umherschwimmenden Meute kam der größte Hai, ein Tier von etwa vier Meter Länge, scheinbar gemächlich auf den Professor zu. Ich war zehn Meter von Drach entfernt, als sich der Hai ihm auf Knöchelhöhe näherte. Der Anblick eines Mannes, der ein Riff untersucht, während Carcharhinus an seinen Beinen schnüffelt, war in höchstem Maße beunruhigend. So schnell wie möglich schwamm ich zu ihm hinüber ... aber er wollte nicht gestört werden.

Die Kaltblütigkeit des Wissenschaftlers hatte etwas Ansteckendes. Seltsamerweise beunruhigte mich das alles jetzt nicht mehr, entspannt und neugierig ließ ich mich tiefer sinken. In einer Tiefe von 60 Metern fiel der Felsen plötzlich ab ...

Ich blieb vor der Kante in der Schwebe und sah sie mir nachdenklich an. Ich streckte meine Arme und Beine weit aus und sog gierig eine Lunge voll dicker, guter Luft ein. Zwischen den Zischlauten meines Lungenautomaten hörte ich rhythmisch kratzende Laute und das regelmäßig wiederkehrende Rauschen von Luftblasen über mir. Andere menschliche Wesen gaben ganz in meiner Nähe ihre Lebenszeichen von sich. Ihre banalen Atemgeräusche bekamen eine kosmische Bedeutung für mich. Ich wurde allmählich vom Tiefenrausch gepackt. Ich wusste es und empfand es als willkommene Herausforderung, um festzustellen, wie weit ich noch Kontrolle über mich hatte.

Der graue Abhang in 60 Meter Tiefe war die Grenze der Vernunft; über dem Abgrund lag der Wahnsinn. Die Gefahr bekam etwas Sinnliches. Meine Schläfen pochten. Ich ... glitt mit ein paar Flossenschlägen über den Rand des großen Nichts.

Hunderte von weißen Spazierstöcken ragten aus einer schwindelerregend steilen Wand. Langsam sank ich tiefer, an einem Gruselkabinett von Lebensformen vorbei. Hexenköpfe starrten mich an. Fahle, gallertartige Geschwüre wuchsen auf riesigen Schwämmen, die kunstvoll mit Spinnenweben verziert waren. So weit ich hinuntersehen konnte, war diese Wand über und über mit Lebenwesen besetzt – Lebewesen, zu denen ich keinen Zugang hatte. Ich ließ mich bis auf 76 Meter Tiefe hinuntersacken.

Ich hörte ein fernes mechanisches Seufzen; einer meiner Begleiter hatte das Ventil seines Reservetanks geöffnet. Ich hielt inne. Ich musste jetzt wieder nach oben, meine Freunde auflesen ... Wirklich jetzt? Warum jetzt?

Ich genehmigte mir noch eine Minute, hielt mich an einer weißen Seepeitsche fest und sah sehnsüchtig nach unten. Aber wir hatten ja ausgemacht, uns am zweiten Riff zu treffen. Ich schwor mir, dass ich Geräte entwerfen, bauen und einsetzen würde, die mir die versunkenen Riffe in dieser Welt der Stille offenbaren würden.

J. Cousteau, *The living Sea*, 1963.

UMSEITIG
*Cousteaus Team über-
quert den Äquator unter
den Wellen des Indi-
schen Ozeans. In ver-
gangenen Jahrhunderten
wurden Reisende, die
noch nie „die Linie"
überquert hatten, Ziel-
scheibe eines peinlichen
Initiationsrituals. Auf
der Calypso mussten sie
nur auf einen Tauch-
gang gehen. Und die
Motorbarkasse des
Schiffs zog zuvorkom-
menderweise eine Spur
aus gelbgrüner Farbe
durchs Wasser, um den
Breitengrad Null zu
markieren.*

WALLY HERBERT GEB. 1934
Zu Fuß über das Packeis der Arktis

HERBERT SCHRIEB 1968/69 GESCHICHTE, als er eine nur mit Hundeschlitten ausgerüstete Expedition von Alaska zum Nordpol leitete: Er ist der erste Mensch, der den Nordpol unbestritten zu Fuß erreicht hat. Per Fallschirmabwurf wurde er mit Lebenmitteln versorgt, fuhr dann weiter übers Eis bis Spitzbergen und hatte damit als Erster auf einer Strecke von 6115 Kilometern das arktische Packeis überquert. Seine Rekord-Leistung stand zwar im Schatten der Apollo-Mondlandung, aber Herbert war ohnehin weniger an Publicity als an Entdeckungen interessiert. Im Verlauf von 40 Jahren reiste er 37 000 Kilometer weit durch die Polargebiete, kartierte 119 140 Quadratkilometer unbekannter antarktischer Gebiete und lebte mit seiner Frau und seiner jungen Familie mehrere Jahre lang bei den Inuit in Grönland. Ein Gebiet der Antarktis und ein Berg der Arktis tragen seinen Namen.

HERBERT UND SEIN TEAM WURDEN VON EISBÄREN BEDROHT.
Wir waren ständig unterwegs, und doch schien es uns, als kämen wir nicht vom Fleck. Aber die Eisbären sorgten für Zerstreuung; in diesen drei Tagen töteten wir drei Bären. Manchmal kamen sie mit dem Wind, aber meistens machten sie sich von hinten an uns heran, und sie kamen einfach immer wieder. Einmal tauchte ein Eisbär auf, als Fritz in einer unangenehmen Lage war: Er versuchte gerade, eine sehr schwierige Eisfläche zu überqueren – dünnes, matschiges Eis mit gemeinen, kleinen Mulden mittendrin –, als plötzlich ein Eisbär des Weges kam. Die Hunde rasten natürlich los und zerrten den Schlitten ins Wasser ... Nur mit größten Schwierigkeiten bekamen wir ihn wieder heraus. Währenddessen kam der Eisbär immer näher, und Fritz wusste nicht, was er tun sollte: Sollte er das Gewehr in Anschlag bringen oder doch lieber die Kamera oder sollte er versuchen, den Schlitten in Sicherheit zu bringen? Die anderen Hundegespanne waren mittlerweile völlig aus dem Häuschen ... Fritz und Ken feuerten ein paar Schüsse ab, aber der Bär ließ sich einfach nicht vertreiben. Er kam immer näher. Er griff nicht wirklich an – er marschierte einfach weiter auf sie zu. Manchmal muss man auf sie schießen, sonst kommen sie einfach auf einen zu und greifen an. Man weiß nie, wie dicht sie herankommen, bevor sie endlich abdrehen und weggehen – falls sie überhaupt weggehen.

Um einen Eisbären zu töten, musste man ihn zuerst zu Fall bringen. Wir haben es nie auf einen Kopfschuss angelegt. Wir zielten immer mit mindestens zwei oder sogar drei Gewehren gleichzeitig auf ihn und sind kein Risiko eingegangen. Mit Sport hatte das nichts zu tun, hier ging es ums Ganze. Wir töteten, um uns und die Hunde zu schützen ...

Eisbären laufen normalerweise auf allen Vieren. Manchmal stellen sie sich auf die Hinterbeine, wenn sie noch ein Stück entfernt sind, um über die Grate aus verpresstem Eis hinüberschauen zu können. Sie sind zum Fürchten, aber sie sind auch sehr schön. Wenn sie ein Stück weit weg sind, dann sind es herrliche Tiere, aber wenn sie immer näher kommen, werden sie ungeheuer bedrohlich. Mit einem völlig furchtlosen Ausdruck auf ihren Gesichtern schlendern sie einfach auf dich zu. Fast beiläufig werfen sie hin und wieder einen Blick über die Schulter, und man könnte meinen, sie seien gar nicht sonderlich an dir interessiert. Aber sie laufen weiter in deine Richtung. Sie kommen näher, ohne dir in die Augen zu schauen; wie zufällig verringern sie dabei den Abstand ...

Wir konnten kein Risiko eingehen, und diesen speziellen Bären haben wir abgeknallt, als er nur noch etwa fünf Meter entfernt war. Näher will ich einem Eisbären nicht kommen. Wir beschlossen, dass wir von da an alle Eisbären abschießen würden, die näher als sieben Meter herankämen; aber zuerst versuchten wir natürlich immer, sie in die Flucht zu schlagen. Wir versuchten es mit mehreren Methoden. Einmal gingen wir alle vier mit drei Gewehren auf einen Eisbären zu, machten eine Menge Lärm und schrien. Aber er kam weiter auf uns zu. Weil wir auch auf ihn zugingen, verringerte sich der Abstand natürlich nur umso schneller. Es war lächerlich. Wir hätten wirklich eine andere Richtung einschlagen sollen ...

Irgendwie fanden wir es schade, einen Eisbären einfach so liegen zu lassen, selbst wenn wir ihn in Notwehr geschossen hatten. Also zerteilten wir ihn pflichtschuldigst als Hundefutter. Es kostete uns etliche Stunden und war für uns vier sehr harte Arbeit. Die Hunde allerdings brachten von da an die vorbeilaufenden Eisbären mit dem Fleisch in Verbindung und gerieten außer Rand und Band, sobald ein Eisbär in Sicht kam. Sie wurden völlig verrückt und waren kaum noch zu bändigen.

W. Herbert, *Across the Top of the World*, 1969.

VOR SPITZBERGEN WURDE DIE TRANSARKTIS-EXPEDITION PER HUBSCHRAUBER ZUM VERSORGUNGSSCHIFF GEBRACHT.

Die Hubschrauber konnten höchstens etwa fünf Minuten auf dem Boden bleiben. Aus irgendeinem Grund, den ich nie richtig verstanden habe, konnten die Piloten die Motoren nicht abschalten. Es war damals zwar nicht sonderlich kalt, aber vermutlich fühlten sie sich sicherer, wenn sie die Rotorblätter laufen ließen ... Alles war Panik und Knattern und Hektik, und alle rannten herum und schrien „Beeilung!"

Ich muss zugeben, dass ich dem ersten Menschen, der mich begrüßte, etwas feindselige Gefühle entgegenbrachte. Er trug einen Sicherheitshelm, hatte einen Teufelsbart und hieß ... „Biest". Später an Bord des Schiffes wurden wir dann noch gute Freunde, aber auf dem Eis wollte er, dass ich mich beeilte. Ich wollte mich aber nicht beeilen. Ich hatte mich 18 Monate lang nicht beeilt, aber da stand sein Hubschrauber mit laufendem Rotor, machte einen Höllenlärm und wirbelte alles durcheinander. Später habe ich erfahren, dass sie haarscharf an der maximalen Reichweite waren, bis zu der sie mit schwerer Fracht gerade noch operieren konnten, und dass alles in einem Desaster hätte enden können, wenn sie auch nur fünf oder zehn Minuten länger auf dem Eis geblieben wären.

Hunde haben anscheinend nichts dagegen, in ein Flugzeug verladen zu werden, solange die Triebwerke nicht laufen – aber versuch mal, Hunde in einen Hubschrauber zu verfrachten, wenn die Rotorblätter schwirren und die ganze Maschine rüttelt! Man muss sie buchstäblich mit Gewalt hineinstopfen und dann in der Tür stehen bleiben und sie gewaltsam zurückdrängen, bis sie sich schließlich in panischer Angst auf den Boden kauern und nach und nach alles vollsabbern.

Fritz, Allan und Kent wurden weggebracht, und ich blieb mit nur einem Schlitten, einem Zelt und meinem Hundegespann zurück ... Als alles fertig war, setzte ich mich auf den Schlitten und rauchte erst mal eine. Es war ein wunderbares Gefühl, ganz allein hier draußen zu sein. Zum ersten Mal seit 16 Monaten war ich mehr als sieben Kilometer vom nächsten Menschen entfernt. Das war etwas, das man genießen musste. Ich saß einfach da und rauchte, dachte an nichts Besonderes, sondern fühlte mich einfach wohl. Ich war weder traurig über das, was ich zurückließ, noch neugierig auf das, was auf mich zukam. Es war eine Art Schwebezustand.

Die Hubschrauber kamen zurück, und die Stille und Reinheit der Arktis wurde von Lärm zertrümmert und mit üblem Motorengestank besudelt. Das war also die Zivilisation. Eine Qual für die Ohren. Ein Eindringling. Menschen schrien mich an, brüllten, lachten, luden mich zu Partys ein. Ich musste mich beeilen. Ich musste Hunde hochheben, musste sie in die Hubschrauber schieben. Schlitten stemmen. Hinter den Hunden hineinkriechen und sie während des Fluges beruhigen. Manchmal warf ich einen Blick aus dem Fenster: Das Eis unten war richtig aufgebrochen, ein totales Chaos ... Ich war auf dem Rückweg zu etwas, dessen ich mir gar nicht mehr sicher war. Alles war verworren und geschah viel zu schnell. Der Hubschrauber schwenkte ab, und für einen kurzen Augenblick konnte ich das Schiff sehen. Es war im Fenster eingerahmt. Es sah sehr klein aus. Als wir ankamen, sah ich, dass der Hangar des Landedecks voller Leute war.

Wir schwebten ein oder zwei Sekunden über dem Landedeck, dann setzten wir auf. Die Türen wurden aufgerissen, und der Lärm flutete herein. Der Wind von den Rotorblättern peitschte den Wasserfilm auf dem Landedeck hoch und machte es rutschig. Ich schob die völlig verängstigten Hunde aus der Hubschraubertür. Ihre Beine strampelten in der Luft, noch bevor sie das Deck berührten, und sobald ihre Krallen auf Stahl kratzten, machten sie sich davon. Matrosen packten die Hunde und verschwanden mit ihnen; ich machte mir deshalb keine Gedanken. Ich wusste, dass jemand nach den Hunden sehen würde ... deshalb warf ich sie einfach aus der Tür und folgte ihnen. Ich sprang auf das Landedeck. Verdammt, war das hart! Der Aufschlag hallte über das ganze Schiff.

Direkt vor mir wogte ein Meer von Gesichtern, eine Unmenge von Fremden; die Rotorblätter machten so viel Wind und die Maschinen so viel Lärm, dass ich nicht sagen konnte, ob die Matrosen etwas riefen, als ich von der Menge überrollt wurde. Anscheinend lächelte hier jeder, ich hörte Stimmen und ich spürte, wie man mir die Hand schüttelte. Ich war verwirrt, und zu viele Gefühle auf einmal stürmten auf mich ein. In diesem Augenblick wusste ich nur, dass meine Reise zu Ende war.

W. HERBERT, *Across the Top of the World.*

Herbert und seine Huskys rasen über das Packeis. Zwar wurden die Männer des Transarktis-Teams aus der Luft per Fallschirmabwurf versorgt, aber ihr Überleben hing von der Geschwindigkeit und Stärke ihrer Hunde ab. Auf einer späteren Expedition zur Ostküste von Grönland äußerte Herbert seinen Respekt vor ihrer Robustheit: „Zehn Stunden lang fuhren wir mit unseren beiden Hundegespannen durch einen Blizzard. Der Wind war so stark, dass wir unser Zelt nicht aufstellen konnten und uns wohl oder übel im Stockfinsteren an der Ostküste entlangtasten mussten ... Die letzten drei Kilometer der insgesamt 30 Kilometer langen Reise gehören zu den fürchterlichsten Erfahrungen meines Lebens."

EDWIN BUZZ ALDRIN GEB. 1930
NEIL ARMSTRONG GEB. 1930
MICHAEL COLLINS GEB. 1930

Fußspuren auf dem Mond

Buzz Aldrins berühmtes Foto von Neil Armstrong auf dem Mond. (Aldrin und die Mondfähre spiegeln sich in Armstrongs Visier). Als sie endlich die amerikanische Flagge einrammen wollten, mussten sie feststellen, dass die Mondoberfläche trotz der Pulverschicht, die sie bedeckte, steinhart war. Schließlich schafften sie es, den Fahnenmast ein paar Zentimeter tief einzurammen. „Seit meiner Kindheit haben mich Forscher fasziniert, die an fremden Gestaden Fahnen hissten", erinnert sich Aldrin. „Jetzt würde ich dasselbe tun ... Sehr standfest sah sie allerdings nicht aus. Aber als wir die Flagge aufgestellt hatten, habe ich kurz und zackig salutiert, in bester West-Point-Manier."

NACH EINER DEKADE RASANTER ENTWICKLUNGEN erreichte Amerikas Raumfahrtprogramm 1969 mit dem Start von Apollo 11 *seinen Höhepunkt. Am 16. Juli hob die Rakete ab, vier Tage später ging sie auf die Mondumlaufbahn. Collins blieb an Bord des Raumschiffs, während Aldrin und Armstrong die Mondfähre namens* Eagle *(Adler) auf die Oberfläche des Mondes steuerten. Sie hielten sich zwar nur kurz auf dem Mond auf, aber in den zweieinhalb Stunden, die sie außerhalb der* Eagle *waren, konnten sie wertvolle Bodenproben sammeln, unter dem Einfluss der geringen Mondschwerkraft laufen und springen und – das war das seltsamste Erlebnis – ihren Heimatplaneten sehen. „Die Erde hing im schwarzen Himmel wie eine Scheibe, die von der Tag-Nacht-Trennlinie in zwei Hälften geschnitten wird", schrieb Aldrin. „Sie war größtenteils blau mit weißen Wolkenspiralen, und ich konnte eine braune Landmasse erkennen: Nordafrika und den Mittleren Osten. Als ich einen Blick auf meine Stiefel warf, wurde mir bewusst, dass der Boden, über den Neil und ich gestapft waren, schon länger existiert als irgendeiner dieser braunen Kontinente. Die Erde ist ein dynamischer Planet mit Plattentektonik, aufgewühlten Meeren und einer Atmosphäre, die ständig im Umbruch ist. Der Mond ist ein totes Relikt des frühen Sonnensystems." Sie kehrten am 24. Juli zur Erde zurück – und hatten damit eine der kürzesten, teuersten, aber auch bedeutungsvollsten Reisen der Forschungsgeschichte abgeschlossen.*

AM 20. JULI 1969 SETZTE DIE EAGLE AUF.
Neil nahm den Steuerhebel in die Faust und schaltete auf manuellen Betrieb um. Er bremste unseren Sinkflug von 6,5 Metern pro Sekunde auf nur noch drei Meter pro Sekunde herunter. In einer Höhe von 100 Metern sanken wir dann nur noch mit etwas mehr als einem Meter pro Sekunde. Die Eagle glitt weiter gemächlich abwärts und vorwärts.

Neil war immer noch nicht zufrieden mit dem Terrain. Ich konnte ihm nur die Angaben des Höhenmessers und unsere Geschwindigkeit über Grund durchgeben ... Wir zischten über die Felsen ... Auf einer Höhe von 60 Metern verlangsamte Neil den Sinkflug noch einmal. Der Mondhorizont war jetzt auf Augenhöhe. Und unser Treibstoff war fast zu Ende.

„60 Sekunden", warnte Charlie.

Die Tanks für unseren Abflug waren zwar voll, aber sie waren von den Triebwerken für den Sinkflug völlig getrennt. In der Abstiegsstufe hatten wir noch Treibstoff für 60 Sekunden, bevor wir entweder landen oder das Ganze abbrechen mussten. Neil suchte den Boden unter uns ab.

„Runter mit 80 Zentimetern," rief ich. Die Mondfähre brauste vorwärts wie ein Hubschrauber vor dem Landeanflug. Wir waren in der so genannten Zone des Toten Mannes, in der wir nicht lange bleiben konnten. Wenn in dieser Höhe der Treibstoff ausging, würden wir auf die Mondoberfläche krachen, bevor die Triebwerke der Aufstiegsstufe uns zurück in den Orbit befördern konnten. „Vorwärts. Vorwärts. Gut. Zwölf Meter. Runter mit 80 Zentimetern. Wirbeln etwas Staub auf. Zehn Meter ..."

Ein unvergesslicher Fußabdruck. Aldrin berichtet: „Ich beobachtete, wie meine Stiefelspitze die Mondoberfläche berührte. Mit maschinengleicher Präzision stob der graue Staub hoch, und die Staubkörnchen landeten in fast gleichem Abstand von meinen Zehen. Das faszinierte mich ... Der Staub blieb an den Beinen meines Raumanzugs haften ... Als wir später im Inneren der Eagle unsere Helme wieder absetzten, konnten wir überhaupt nicht verhindern, dass wir etwas davon einatmeten. Falls fremdartige Mikroben in diesem Boden sein sollten, würden Neil und ich die ersten Versuchskaninchen sein, die ihre Wirkung testeten."

Staub, der hier eine Milliarde Jahre ungestört gelegen hatte, wurde zehn Meter unterhalb der Stakelbeine der Mondfähre von unseren Triebwerken seitlich weggeblasen.

„30 Sekunden", verkündete Charlie feierlich, aber immer noch bremste Neil unseren Sinkflug.

Die Triebwerke brummten leise, als sie den letzten Rest Treibstoff aufsaugten. Ich heftete meine Blicke auf den Knopf, auf dem „Abbruch" stand. „Driften rechts", rief ich und beobachtete, wie der Schatten einer Fühlsonde leicht die Oberfläche berührte. „Leichter Kontakt." Der Horizont schien sacht zu schaukeln und stabilisierte sich dann. Unser Höhenmeter hörte auf zu blinken. Wir waren auf dem Mond ...

„Okay, Triebwerk abgeschaltet", sagte ich zu Neil und las von der Checkliste ab. „ACA freigeben".

„Verstanden", antwortete Neil und schaltete das manuelle Steuerungssystem ab. Wir waren noch ganz kribbelig von der Aufregung der letzten Momente vor der Landung ...

Ich starrte hinaus auf die Felsen und den dunklen Mond. Er war so kahl, wie ich ihn mir immer vorgestellt hatte ... die gebogene Linie des Horizonts verschwand in der Dunkelheit.

„Houston", rief Neil, „hier Tranquility Base. Der Adler ist gelandet." ...

Eigentlich hätten wir uns jetzt ein bisschen den häuslichen Dingen in der Mondfähre widmen sollen; wir hätten etwas essen und dann versuchen sollen, sieben Stunden lang zu schlafen, bevor wir uns auf die Erkundung der Mondoberfläche vorbereitet hätten. Aber wer auch immer diesen Plan abgesegnet hat, kann nicht viel über Psychologie gewusst haben – oder eher über Physiologie. Wir waren gerade auf dem Mond gelandet und durch unsere Körper zischte jede Menge Adrenalin. Wir sollten versuchen, vor unserem Einsatz außerhalb der Mondfähre zu schlafen? Das ist ungefähr so, als wenn man Kindern am Weihnachtsmorgen erzählt, dass sie bis mittags im Bett bleiben müssen. Ich beschloss, jetzt eine Zeremonie abzuhalten, die ich mir mit Dekan Woodruff überlegt hatte, meinem Pastor von der Webster Presbyterian Church. Er hatte mir ein winziges Set für die Heilige Kommunion mitgegeben ... Der Metallrumpf der Adler knarrte. Ich aß die winzige Hostie, trank den Wein und dankte für die Intelligenz und den Geist, die zwei junge Piloten zum Mare Tranquilitatis (Meer der Ruhe) gebracht hatten ...

Sieben Stunden, nachdem wir auf dem Mond gelandet waren, senkten wir den Kabinendruck ab, und Neil öffnete die Ausstiegsluke. Meine Aufgabe war es, ihn zu lotsen, wenn er auf allen Vieren rückwärts auf die kleine Plattform hinauskroch. Er erreichte die Leiter, die mit dem vorderen Standbein verbunden war, und stieg vorsichtig hinunter ...

„Ich bin jetzt am Fuß der Leiter", sagte Neil langsam und deutlich. „Die Fußplatten der Mondfähre sind nur etwa drei bis fünf Zentimeter tief in den Boden eingesunken." Der Boden bestand aus sehr feinkörnigem Pulver. „Ich verlasse jetzt die Mondfähre ..."

Von meinem Fenster aus sah ich zu, wie Neil seinen blauen Mond-Überschuh von der Metallplatte der Fußplatte auf die pulvrige, graue Oberfläche setzte.

„Ein kleiner Schritt für einen Menschen, aber ein großer Sprung für die Menschheit."

Die Gravitation des Mondes hatte etwas so Elastisches an sich, dass es einerseits spaßig, andererseits aber auch kniffelig war, die Leiter hinunterzusteigen. Ich machte einen Probelauf zur höchsten Leiterstufe hinauf und hüpfte dann hinunter neben Neil.

„Ist das nicht toll?" fragte Neil. „Wunderbare Aussicht hier draußen."

Ich sah mich um und hatte einen Horizont im Blick, der nach allen Seiten jäh wegsackte. Wir hatten die Sonne im Rücken, deshalb war jenseits des Mondes nur schwarze Leere ... Kiesel, Felsbrocken und kleine Krater überzogen die Oberfläche. Linker Hand konnte ich den Rand eines größeren Kraters ausmachen. Ich holte tief Luft und bekam eine Gänsehaut. „Wunderschön, wunderschön", sagte ich. „Eine grandiose Einsamkeit."

Es war ein Schock, aus dem Schatten der Mondfähre herauszutreten. Eben noch stand ich völlig im Dunkeln, im nächsten Augenblick im heißen Flutlicht der Sonne. Von der Leiter aus hatte ich außerhalb des Schattens die sonnenbeschienene Mondlandschaft gesehen, aber ohne Atmosphäre gab es kein bisschen Streulicht. Wenn ich meine Hand über die Trennlinie des Schattens in die Sonne streckte, war es, als hätte ich sie durch eine Barriere in eine andere Dimension gestreckt ...

Neil lehnte sich zu mir hinüber ... „Macht richtig Spaß, oder?" sagte er.

Zwar verdeckte das goldbeschichtete Lichtschutzvisier mein Gesicht, aber ich grinste von einem Ohr zum anderen. Wir standen zusammen auf dem Mond.

E. ALDRIN & M. McCONNELL, *Men from Earth*, 1989.

Präsident Richard Nixon applaudiert der Mannschaft von Apollo 11 *in ihrer Quarantäne-Kammer an Bord der USS Hornet. Acht Tage, drei Stunden und 18 Minuten, nachdem sie Cape Kennedy verlassen hatten, landeten sie im Wasser. Nach ihrer Ankunft bekamen sie sterile Overalls und wurden in eine Kammer geschickt, die dann zur Ellington Air Base geflogen wurde. 21 Tage später wurden sie entlassen: Man ging davon aus, dass eventuelle Mondkeime denselben Lebenszyklus hätten wie die Keime der Erde.*

RANULPH FIENNES GEB. 1944
Die Transglobale Expedition

DER ARMEEOFFIZIER UND ARISTOKRAT *Ranulph Fiennes wurde zu einem der hartnäckigsten Forschungsreisenden. Er unternahm zahlreiche Expeditionen nach Afrika und in die Antarktis, aber sein berühmtestes Abenteuer war die Transglobe-Expedition von 1979 bis 1982, eine Umrundung des Erdballs, und zwar nicht in Ost-West-Richtung, sondern von oben nach unten, mitsamt der Sahara, den beiden Polen und der Nordwest-Passage. Anfangs war Fiennes ein rechtes Greenhorn mit wenig Pol-Erfahrung. Als er zurückkehrte, hatte er gründliche – und oft unerfreuliche – Bekanntschaft mit dem Eis gemacht. Als professioneller Forschungsreisender in der Tradition von Amundsen suchte er ständig nach neuen Grenzen, die er überwinden konnte. „Warum habe ich mir nur so ein Leben ausgesucht?" schrieb er. „Aber eigentlich habe ich es mir gar nicht ausgesucht; es ist einfach so gekommen. Die Dinge haben sich so ergeben."*

ÜBER DIE SCHWIERIGKEITEN DES REISENS AN DEN POLEN.

Jedes Mal, wenn eine Axt traf, flogen Eisstückchen herum. Aber so wenig Eis bei soviel Körpereinsatz! Federleicht lag der Schnee über den Spalten zwischen den Eisblöcken, und ständig fielen wir in diese Spalten hinein. Einmal verschwand Charlie bis zu den Schultern darin. Ein andermal blieb einer meiner Stiefel in einer Ritze stecken. Wir lachten uns hilflos an. Was blieb uns auch anderes übrig? Um einen guten Standplatz zu finden, von dem aus wir die Axt mit einigem Erfolg einsetzen konnten, mussten wir oft erst eine ebene Fläche freischaufeln. Wenn wir das nicht taten, schlitterten wir haltlos herum, wenn wir die Axt schwangen. Wenn wir uns körperlich anstrengten, mussten wir die eiskalte Luft tief einatmen; und jeder Atemzug brannte in der Brust ...

Hunger und Durst, die beiden unzertrennlichen Plagen, wurden unsere ständigen Reisebegleiter. Jeder Tag begann mit Hunger: Wir tranken zum Frühstück Kaffee und hatten dann nichts weiter als tiefgefrorene Marsriegel oder ein Päckchen Rollos und acht Bonbons, die passenderweise „Fox's Gletscher-Pfefferminz" hießen. Die Marsriegel waren wunderbar, wenn man es erst einmal geschafft hatte, ein Stück herunterzunagen, das klein genug war, um es ganz in den Mund zu nehmen und daran saugen zu können. Aber sie waren auch Zahnkiller. Als wir Ende Juni nach London zurückkehrten, hatten wir sechs zusammen 19 Füllungen verloren. Oliver hatte zwar gelernt, Zähne zu ziehen und Löcher zu plombieren, aber trotz des professionell aussehenden Sets zahnmedizinischer Instrumente, die er Charlie und mir von Zeit zu Zeit mit liebevollem Stolz zeigte ... bat ihn niemand um Zahnreparaturen irgendwelcher Art.

In der trockenen Luft der polaren Wüste, wo wir nichts zu trinken hatten als das Wasser, das wir aus kleinen Schneebällen saugten, waren wir 14 Stunden am Tag durstig. Ansprechender als diese Schneebälle sahen kleine Lutscher aus Eis aus, aber nachdem ich einmal ein dünnes Scheibchen von einem großen Eisblock heruntergeschnitten hatte, hielt ich mich zurück: Ich hatte mir das Eisstück in den Mund gesteckt, hörte es zischen, und dann brannte es. Ich tastete mit meinem Fausthandschuh nach dem Eis und nahm es heraus. Ich schmeckte Blut. Noch tagelang danach war meine Zunge wund, wo das Eis sie verbrannt hatte.

R. FIENNES, *To the Ends of the Earth, 1983.*

WÄHREND SEINER REISE ÜBER DAS ARKTISCHE PACKEIS BRACH FIENNES DURCHS EIS.
Das Eis fühlte sich zuerst schwammig an, dann eher gummiartig. Ohne Vorwarnung geriet
es in Bewegung. Ein paar Meter vor mir quoll schwarzes Wasser empor und breitete sich
schnell über eine große Fläche aus. Ich blieb sofort stehen, aber das Wasser raste auf mich
zu und überschwemmte meine Stiefel. Ob es am Gewicht des Eises lag oder an meinen
unwillkürlichen Bewegungen, jedenfalls fing die ganze Masse aus neu gebildetem Eis an,
sich zu heben und zu senken, als ob ein Motorboot vorbeigefahren wäre. In Zeitlupe kam
die Welle auf mich zu ... und als sie unter mir durchlief, brach die Eiskruste unter meinen
Stiefeln auf, und ich begann zu sinken. Aus Angst, das Eis noch mehr aufzurühren, blieb
ich so reglos wie ein hypnotisiertes Kaninchen.

    Als ich bis zu den Knien abgesunken war, brach auch die letzte Eisschicht, und ich ging
lautlos unter. Mein Kopf kann nicht länger als eine Sekunde unter Wasser gewesen sein,
denn die Luft, die unter meinem Wolfsfellparka eingeschlossen war, wirkte wie eine
Schwimmweste. Anfangs hatte ich nur einen Gedanken: Ich musste schnellstens hier raus!
Aber die nächste tragfähige Eisscholle war 30 Meter entfernt. Instinktiv schrie ich nach
den anderen, dann erinnerte ich mich daran, dass sie gut 800 Meter weit weg und jenseits
von wer weiß wie vielen Eisplatten und -graten waren.

    Ich stützte beide Arme auf das neugebildete Eis, das eine knappe Handbreit unter der
Wasseroberfläche trieb. Dann machte ich einen Schwimmstoß mit den Beinen, um meinen
Oberkörper auf diese brüchige Eishaut zu stemmen. Ich schaffte es und schöpfte sofort
wieder Hoffnung. Aber dann brach die dünne Eisschicht, und ich ging wieder unter.

    Ich versuchte es mehrmals. Jedes Mal brachte ich es fertig, halb herauszukrabbeln,
aber jedes Mal brach ich wieder ein – und jedes Mal wurde ich schwächer ...

Ob es hier wohl tief war? Vor meinem inneren Auge tauchte ein Bild des arktischen Meeresbodens auf, wie er auf einer Karte im National-Geographic-Magazin abgebildet war; mir wurde schwindelig. Ja, es war tief. Richtig tief. Direkt unter meinen wild paddelnden Füßen fiel der Meeresboden jäh zu den Canyons des Lomonosov Ridge auf 4500 bis 5500 Meter Tiefe ab. Ich erinnerte mich ... an die Worte eines Dozenten zum Thema Überleben: „Kämpfen Sie nie, versuchen Sie nicht mal zu schwimmen ... Warten Sie, bis sich das Wasser in ihren Kleidern ein bisschen angewärmt hat ...“

Also versuchte ich nichts weiter zu tun, als mich mit Armpaddeln über Wasser zu halten. Aber meine Zehen wurden taub – ein Gefühl, das aus weiter Ferne zu kommen schien. Meine Innenstiefel liefen voll Wasser, meine Hosen waren vollgesogen. Nur unter meinem Wolfsfellparka konnte ich mich noch fühlen. Meine Finger in den Handschuhen waren völlig gefühllos geworden. Und mein Kinn in der Parkakapuze sank langsam und unaufhaltsam tiefer, je schwerer die Kleider wurden.

Im Mittelmeer oder in der Nordsee funktionierte das vielleicht, aber nicht hier. Ich fühlte, wie Panik in mir aufstieg. Ich musste jetzt sofort hier raus, oder ich konnte es vergessen. Mit einem Arm schlug ich krachend auf das Eis, während ich mit dem anderen wild ruderte, um meinen Kopf über Wasser zu halten.

Die Sekunden kamen mir vor wie Minuten und die Minuten wie Stunden. Die brüchige Fläche aus verkrustetem Eis war zu stark, als dass ich sie mit einem Arm hätte zerteilen können. Nur mit dem Gewicht meines Oberkörpers konnte ich sie zentimeterweise zerbrechen, und meine Kräfte schwanden schnell dahin. Mein Arm schlug auf einen mehrere Zentimeter dicken festen Eisbrocken, der im Brucheis trieb ... Ich wuchtete meinen Oberkörper darauf. Er hielt. Dann meine Oberschenkel und endlich meine Knie.

Eine Sekunde lang lag ich keuchend auf dieser sicheren Insel, aber kaum war ich aus dem Wasser, brachen der Wind und die Kälte über mich herein. An diesem Morgen waren es −39° C ...

Wie eine Meersschildkröte, die sich durch den weichen Sand schiebt, robbte ich mich auf dem Bauch mit rudernden Armen und Beinen langsam an die nächstgelegene Scholle heran; das neu gebildete Eis unter mir schwankte und pulsierte, als wäre es ein Lebewesen. Aber es hielt. Ich stellte mich auf die Eisscholle und sah zu, wie das Wasser aus meinen Stiefeln, der Hose und den Ärmeln troff. Wenn ich mich bewegte, hörte ich, wie die gefrierende Hose knisterte. Jetzt begann ich unkontrollierbar zu zittern. Ich versuchte es mit Liegestützen, aber zu meinen besten Zeiten waren fünf schon das Äußerste gewesen. Ich schleppte mich zu meinem Skidoo hinüber. Jeder Luftzug biss mir ins Gesicht und die Beine ... Mein Skidoo-Motor war ausgegangen. Ich konnte ihn nicht mehr anlassen, ohne meine dicken Außenfäustlinge auszuziehen. Aber das schaffte ich nicht; das Leder war steinhart geworden und eingeschrumpft.

15 oder 20 Minuten lang stapfte ich durchweicht um mein Skidoo herum, schwenkte meine Arme wie Windmühlenflügel und rief ununterbrochen. Schließlich kam Ol ...

Dann ging es Schlag auf Schlag. Ich stieg hinten auf sein Skidoo und wir fuhren langsam dorthin, wo Charlie mit seinem umgekippten Skidoo hängengeblieben war. Sie stellten schnell das Zelt auf, warfen den Kocher an, schnitten meine Stiefel und den Wolfsfellparka mit einem Messer auf und suchten aus ihrem Gepäck Reservekleidung heraus, damit ich meine durchweichten Sachen wechseln konnte. Bald hingen die nassen Kleider tropfend über uns auf der Leine, der Tee zog und Ol massierte mir das Blut zurück in die Finger und Zehen. Ich hatte verdammt viel Glück gehabt.

R. FIENNES, *To the Ends of the Earth.*

Fiennes und Dr. Mike Stroud plagen sich 1992 quer durch die Antarktis – es war die erste Durchquerung des Kontinents ohne Hilfe von außen. Mit 226 Kilogramm Gewicht, die jeder zu ziehen hatte, brauchten sie insgesamt 97 Tage, um von einer Seite zur anderen zu gelangen.

BERTRAND PICCARD GEB. 1958

Im Ballon rund um die Welt

PICCARD WURDE IN EINE LANGE TRADITION *von Forschern hineingeboren: Sein Vater Jacques brach 1960 den Tiefentauchrekord; sein Großvater Auguste stieg 1931 im Ballon bis in die Stratosphäre auf; und Bertrand Piccard beschloss, der Familientradition zu folgen und als erster Mensch mit einem Ballon nonstop rund um den Globus zu fliegen. Seine ersten Versuche 1997 und 1998 scheiterten an technischen Zwischenfällen und politischen Blockaden. Doch am 1. März 1999 startete Piccard in Begleitung des britischen Co-Piloten Brian Jones von seiner Schweizer Heimat an Bord der* Breitling Orbiter 3. *Auf seinem Flug Richtung Süden nach Afrika wurde der Ballon von einem ostwärts wehenden Jet-Stream erfasst, und am Morgen des 20. März passierte er wieder seinen Startpunkt und landete einen Tag später in Ägypten. Piccard zog einen Vergleich zwischen ihrer Weltumrundung und der Apollo-Mondlandung. „Als Neil Armstrong den Mond betrat, freute er sich, so weit weg zu sein“, schrieb er. „Als wir in der Wüste ausstiegen, freuten wir uns, dass wir unsere Fußabdrücke wieder auf der Erde hinterlassen konnten.“*

AUF SEINER REISE SCHWANKTE PICCARD ZWISCHEN BEGEISTERUNG UND VERZWEIFLUNG. Hoch über der roten Endlosigkeit der Sahara in der Silberblase der Breitling Orbiter 3 kommt es uns vor, als bewegten wir uns überhaupt nicht von der Stelle. Nur unsere Instrumente sagen uns, dass wir vorankommen: mit einer Geschwindigkeit von 136 Stundenkilometern. Gestern sind Brian und ich aus der Luke geklettert. Während er ein Problem mit dem Brenner behob, brach ich mit einer Feueraxt die über drei Meter langen Eiszapfen ab, die sich an beiden Seiten der Kabine gebildet hatten, und sah ihnen zu, wie sie auf die unglaublich leeren Sandflächen von Mali hinuntertrudelten. Nachdem wir die Luke geschlossen hatten, erhöhten wir den Druck in der Kabine wieder, warfen unsere Brenner an und stiegen hinauf auf unsere Reisehöhe von 7000 Metern. Jetzt sitzen wir in unserem Cockpit vor unseren Navigationsinstrumenten und strahlen uns an: Drei Tage lang sind wir nach Südwesten geflogen, aber jetzt sind wir endlich in den Jet-Stream hineingeraten. Endlich können wir ... zum ersten Mal behaupten, dass unsere Reise um die Welt wirklich begonnen hat ...

[Über dem Pazifik.] Man könnte meinen, die Wolken um uns herum seien lebendig. Jeden Morgen tauchen kleine Kumulus-Wolken direkt neben dem Ballon auf und werden immer größer, bis sie zu schrecklichen Kumulonimbus-Stürmen angewachsen sind, die mit ihren Turbulenzen leicht die empfindliche Haut unseres Ballons zerreißen könnten. Es ist, als würden wir von einer unsichtbaren Hand geleitet, wenn wir uns einen Weg zwischen den Gewitterwolken hindurchbahnen, die sich jeden Abend in der Kühle fantastischer Sonnenuntergänge auflösen ...

Nach sechs Flugtagen über dem Pazifik ... kommen wir in einen kräftigen Jet-Stream. Wir sind begeistert, dass wir jetzt in fast 10 000 Meter Höhe mit 184 Stundenkilometern auf Mexiko zurasen. Die typischen Cirruswolken des Jet-Streams begleiten uns, ihre Eiskristalle glitzern im hellen Sonnenlicht. Aber die Euphorie dauert nur 24 Stunden. In dieser Höhe beträgt die Außentemperatur −50° C. Unsere Brenner verbrauchen ungewöhnlich viel Propan, und die Heizung für unsere Kabine arbeitet weniger effizient. Unsere Wasservorräte in der Kabine sind zu Eis gefroren.

Frierend und erschöpft beginnen Brian und ich in der staubtrockenen Luft der Kabine zu keuchen. Schlimmer noch: Wir müssen machtlos zusehen, wie unsere Geschwindigkeit abfällt. Irgendwie sind wir über Mexiko aus dem Jet-Stream rausgeworfen worden und fliegen jetzt in die falsche Richtung, nach Südosten Richtung Venezuela.

Brian und ich tragen jetzt Sauerstoffmasken und wechseln uns ab, um so viel wie möglich zu schlafen und so wieder zu Kräften zu kommen. Völlig außer Atem und mit Tränen in der Stimme telefoniere ich mit meinem Vater und mit meiner Frau. Ich erzähle ihnen, dass sich mein Traum in Luft auflöst. Und das so kurz vor dem Ziel! Ich beschließe, alles auf eine Karte zu setzen. Wir wollen versuchen, in einen Jet-Stream zu kommen, und werden deshalb so hoch aufsteigen, wie der Ballon es nur schaffen kann, egal wie viel Propan uns das kostet ... In einer Höhe von 10 000 Metern starre ich auf die Instrumente und traue meinen Augen kaum: Grad um Grad schwenkt unsere Flugkurve Richtung Nordosten ab ... [Am 19. März] haben wir den Ozean schon halb hinter uns und fliegen mit 168 Stundenkilometern ... In der Nacht überqueren wir die Küste von Afrika, und als am 20. März die Sonne aufgeht, sind wir nur noch ein paar Flugstunden von Mauretanien entfernt. Das sind die längsten Stunden meines Lebens. Die westliche Sahara erstreckt sich vor meinen Augen. Ich freue mich, die rote Sandwüste wiederzusehen.

Um 9.54 Uhr Westeuropäische Zeit schauen Brian und ich ungläubig auf unsere Karten: Wir sind 41 914 Kilometer weit geflogen und haben die Ziellinie auf 9°27' westlicher Länge erreicht, von wo aus wir Richtung Osten gestartet waren ... Aber für uns hat sich nichts geändert. Wir sind über derselben Wüste, von der aus wir losgeflogen sind, und müssen erst noch einen passenden Landeplatz finden. Der Brennstoff reicht noch, also fliegen wir – teils wegen des Nervenkitzels, teils weil uns ein weniger abgelegener Landeplatz lieber ist – noch einmal 3829 Kilometer weit bis Ägypten ...

Am 21. März unmittelbar nach Tagesanbruch, nach 19 Tagen, 21 Stunden und 47 Minuten in der Luft, wird der Breitling Orbiter 3 im Sand von Ägypten landen; ein Hubschrauber wird Brian und mich aus der Wüste wegtragen, und wir werden sofort Worte finden müssen, um die öffentliche Neugier zufrieden zu stellen. Aber jetzt lasse ich mich, in meine Daunenjacke eingemummelt, von der eisig kalten Nacht daran erinnern, dass ich noch nicht gelandet bin, sondern immer noch einen der schönsten Augenblicke meines Lebens durchlebe ... Wir haben es geschafft, den günstigen Winden sei Dank. Mögen die Winde der Hoffnung weiter um die Erde wehen.

B. PICCARD, *National Geographic Magazine, September 1999*

Vor dem Start zur Erdumrundung schwebt der Breitling Orbiter 3 über die Alpen. Der 55 Meter große Ballon trug eine 5,4 Meter lange Druck-Kabine, die genug Sauerstoff und Nahrung enthielt, um ihre Bewohner vier Wochen lang zu versorgen. Die Kabine war mit Sauerstoffflaschen, einem Luftaufbereitungssystem, Propangasflaschen und einer ansehnlichen Zahl von Solarmodulen ausgerüstet, sodass man theoretisch bis in 12 192 Meter Höhe darin hätte überleben konnte. Als der Breitling Orbiter 3 in Nordafrika landete, war er eisverkrustet und an der Grenze seiner Leistungsfähigkeit. „Wir drücken uns die Hände und fallen uns um den Hals", schrieb Piccard. „Wir haben den verrücktesten unserer verrückten Träume wahr gemacht, den ersten Nonstop-Flug rund um die Welt in einem Ballon."

INDEX

BILDNACHWEIS

Pauline Hubner von der Royal Geographical Society in London, Susan Henry von der National Geographic Image Collection in Washington DC, Lucy Martin vom Scott Polar Research Institute in Cambridge, Halfdan Tangen vom Kon-Tiki Museum in Oslo, Sandra Noel und Kari Herbert haben uns beim Zusammenstellen der hier abgedruckten Bilder sehr geholfen; ihnen gilt der ganz besondere Dank der Herausgeber.

Wir danken für die Abdruckerlaubnis der im Folgenden aufgelisteten Bilder:

Vordere Umschlagseite: Royal Geographical Society, London

Hintere Umschlagseite: Herbert Ponting/Royal Geographical Society, London

Schmutztitel: Maynard Owen Williams/National Geographic Image Collection, Washington

Titelseite: F.Amam/Royal Geographical Society, London

11: Sydney Parkinson/Natural History Museum, London

12: Joseph Banks/British Library, London

15: Alexander Buchan/British Library, London

16-17: William Hodges/National Maritime Museum, London

19: aus S.Parkinson: *A Journal of a Voyage to the South Seas, in His Majesty's Ship, the Endeavour*/ British Library, London

21: British Library, London

23: British Library, London

25: Alexander von Humboldt/Bridgeman Art Library, London

26: Alexander von Humboldt/Royal Geographical Society/Bridgeman Art Library, London.

29: William Clark/National Geographic Image Collection, Washington DC.

31: aus M.Park: *Travels in the Interior Districts of Africa*/Royal Geographical Society, London

33: George Lyon from G.Lyon: *A Narrative of Travels in North Africa*/Bridgeman Art Library, London

34: George Lyon/Bridgeman Art Library, London

37: aus John Franklin: *Narrative of a Journey to the Shores of the Polar Sea,*/Royal Geographical Society, London

38 links und rechts: Scott Polar Research Institute, Cambridge

41: Hugh Clapperton, aus D.Denham, H.Clapperton, W.Oudney: *Narrative of Travels and Discoveries in Northern and Central Africa*/Royal Geographical Society, London

42: Dixon Denham, aus D.Denham, H.Clapperton, W.Oudney: *Narrative of Travels and Discoveries in Northern and Central Africa*/Royal Geographical Society, London

45: René Caillié/Biblioteque Nationale, Paris/Bridgeman Art Library, London

47 John Ross aus J.Ross: *Narrative of a Second Voyage in Search of a North-West Passage*/Royal Geographical Society, London

48-49: John Ross/Royal Geographical Society, London

50: John Ross/Royal Geographical Society, London

53: Frederick Catherwood, aus J.Stephens: *Incidents of Travel in Yucatán*

54-55: Frederick Catherwood, aus J.Stephens: *Incidents of Travel in Yucatán*

56: Frederick Catherwood, aus F.Catherwood: *Views of Ancient Monuments in Central America, Chiapas & Yucatán*

59: aus *Darwin on the Beagle*: Bibliotheque Nationale, Paris/Bridgeman Art Collection, London

60: John Gould, aus C.Darwin: Tafel 47, *Zoology of the Voyage of the Beagle, Part 2, Birds*/Natural History Museum/Bridgeman Art Library

63: aus J.Dumont D'Urville: *Voyage au Pole Sud et dans L'Oceanie*/Royal Geographical Society, London

64: aus J.Dumont D'Urville: *Voyage au Pole Sud et dans L'Oceanie*/Royal Geographical Society, London

67: Elisha Kent Kane aus E.Kane: *Arctic Explorations In Search of Sir John Franklin*

68: Elisha Kent Kane aus E.Kane: *Arctic Explorations In Search of Sir John Franklin*

71: Getty Images, London

72: National Portrait Gallery, London (NPGx76470)

74: Royal Geographical Society/Bridgeman Art Library

77: Charles Sturt & Samuel T.Gill/National Library of Australia, Canberra

78-9: Charles Sturt & Samuel T.Gill/National Library of Australia, Canberra

83: John Speke/Royal Geographical Society, London

84: John Speke/Royal Geographical Society, London

87: Sam Baker/Royal Geographical Society, London

91: aus E.Whymper: *Scrambles Amongst the Alps in the Years 1860-69*

92: aus E.Whymper: *Scrambles Amongst the Alps in the Years 1860-69*

95: aus C.Koldeway: *The German Arctic Expedition of 1869-70*

97: Thomas Baines/Royal Botanical Gardens, Kew, London

98-99: Thomas Baines/Royal Geographical Society, London

100: Thomas Baines/Royal Geographical Society, London

103: Scott Polar Research Institute, Cambridge

105 (alle): Scott Polar Research Institute, Cambridge

107: Royal Geographical Society, London

109: Isabella Bird/Royal Geographical Society, London

111: H.Aschehoug & Co., Oslo

112-3: H.Aschehoug & Co., Oslo

114: H.Aschehoug & Co., Oslo

115: Royal Geographical Society, London

117: H.Aschehoug & Co., Oslo

119: Royal Geographical Society, London

120: Royal Geographical Society, London

123: Royal Geographical Society, London

125: Sven Hedin/Museum of Ethnography, Stockholm

127: aus L.Abruzzi: *On the Polar Star in the Arctic Sea*/Royal Geographical Society

128: aus L.Abruzzi: *On the Polar Star in the Arctic Sea*/Royal Geographical Society

131: Robert Peary/National Geographic Image Collection, Washington

132: Robert Peary/National Geographic Image Collection, Washington

135: Robert Peary/National Geographic Image Collection, Washington

137: The Ohio State University Archives, Frederick A.Cook Society Collection, no.34_29d

138: Herman L.Tucker/National Geographic Image Collection, Washington

139: Hiram Bingham/National Geographic Image Collection, Washington

140-1: Hiram Bingham/National Geographic Image Collection, Washington

143: Hiram Bingham/National Geographic Image Collection, Washington

145: National Library of Norway, Oslo

146: National Library of Norway, Oslo

147: Royal Geographical Society, London

148-9: Underwood & Underwood/Corbis, London

151: National Library of Norway, Oslo

153: Herbert Ponting/Royal Geographical Society, London

154: Herbert Ponting/Royal Geographical Society, London

155: Herbert Ponting/Royal Geographical Society, London

156-7: Popperfoto

159: Royal Geographical Society, London

160: Frank Hurley/State Library of New South Wales

162: Frank Hurley/State Library of New South Wales

165: Frank Hurley/State Library of New South Wales

167: Frank Hurley/State Library of New South Wales

169: Frank Hurley/Royal Geographical Society, London

170: Frank Hurley/Royal Geographical Society, London

172: Frank Hurley/Royal Geographical Society, London

173: Frank Hurley/Scott Polar Research Institute, Cambridge

175: Frank Hurley/Royal Geographical Society, London

177: George Finch/Royal Geographical Society, London

178-9: Copyright John Noel Photographic Collection

181: Noel E.Odell/Royal Geographical Society

183: aus R.Amundsen & L.Ellsworth: *Air Pioneering in the Arctic*

184: aus R.Amundsen & L.Ellsworth: *Air Pioneering in the Arctic*

187: Scott Polar Research Institute, Cambridge

188-9: Scott Polar Research Institute, Cambridge

190: Bettman/Corbis

191: National Geographic Image Collection, Washington

193: Kate Grimond

194: Kate Grimond

197: Royal Geographical Society, London

198-9: Freya Stark/Royal Geographical Society, London

201: Freya Stark/Royal Geographical Society, London

202: National Geographic Image Collection, Washington

203: Dr.William Beebe/National Geographic Image Collection, Washington

205: Else Bostelmann/National Geographic Image Collection, Washington

206: Else Bostelmann/National Geographic Image Collection, Washington

207: Else Bostelmann/National Geographic Image Collection, Washington

208: Else Bostelmann/National Geographic Image Collection, Washington

211: *Illustrated London News*/Bridgeman Art Library, London

212-3 Maynard Owen Williams/National Geographic Image Collection, Washington

215: The Ohio State University Archives/Richard E.Byrd Papers no.7740_3

217: Kon-Tiki Museum, Oslo

218: Kon-Tiki Museum, Oslo

220-1: National Geographic Image Collection, Washington

223: Wilfred Thesiger/copyright Pitt Rivers Museum, University of Oxford (Zugangsnummer 2004_130_17285)

224: Wilfred Thesiger/copyright Pitt Rivers Museum, University of Oxford (Zugangsnummer 2004_130_1720)

226-7: Wilfred Thesiger/copyright Pitt Rivers Museum, University of Oxford (Zugangsnummer 2004_130_3751)

228: Marcel Ichac/OMI

230: Marcel Ichac/OMI

230: Royal Geographical Society, London

233: George Band/Royal Geographical Society, London

234: Alfred Gregory/Royal Geographical Society, London

236: Edmund Hillary/Royal Geographical Society, London

237: Alfred Gregory/Royal Geographical Society, London

240-1: Royal Geographical Society, London

242: Getty Images, London

244-5: National Geographic Image Collection, Washington

246: Wally Herbert

249: Wally Herbert

251: Getty Images, London

252: Getty Images, London

253: Getty Images, London

255: copyright Ranulph Fiennes/Royal Geographical Society, London

257: copyright Ranulph Fiennes/Royal Geographical Society, London

259: Corbis, London

Wir haben uns nach Kräften bemüht, zu allen Inhabern von Urheberrechten Kontakt aufzunehmen. Sollten dennoch irgendwelche Angaben fehlen, bitten wir die Verleger um Benachrichtigung, damit sie bei nächster Gelegenheit entsprechende Korrekturen veranlassen können.

Die Herausgeber und Verleger danken für die Erlaubnis, in diesem Buch urheberrechtlich geschützte Passagen abzudrucken, die aus folgenden Büchern entnommen sind:

ABRUZZI, L (Übersetzung W Le Queux): *On the "Polar Star" in the Arctic Sea*, Hutchinson, London, 1903.

ALDRIN, B AND MCCONNELL, M: *Men From Earth*, Bantam Press, London, 1989, Abdruck mit Genehmigung von Random House Inc.

ALLEN, B: *The Faber Book of Exploration*, Faber & Faber, London.

AMUNDSEN, R: *The North West Passage*, (2 Bände) Constable, London, 1908 und *My Life as an Explorer*, Heinemann, London, 1927.

BAINES, T: *Explorations in South-West Africa*, Longman, Roberts & Green, London, 1864.

BAKER, A: *Morning Star: Florence Baker's diary of the expedition to put down the slave trade on the Nile, 1870–1873*, William Kimber, London, 1972.

BAKER, S: *The Albert N'yanza, Great Basin of the Nile* (2 Bände), Macmillan, London, 1867.

BANKS, J (ed J Beaglehole): *The Endeavour Journal of Joseph Banks 1768–1771* (2 Bände), Angus & Robertson, Sydney, 1982.

BEEBE, W: *Half Mile Down*, John Lane, London, 1935.

BINGHAM, H: *Lost City of the Incas*, Phoenix House, London, 1952, Abdruck mit Genehmigung der Orion Publishing Group.

BIRD, I: *A Lady's Life in the Rocky Mountains*, John Murray, London, 1879.

BOUGAINVILLE, L (Übersetzung J Dunmore): *The Pacific Journal of Louis-Antoine de Bougainville, 1767–1768*, Hakluyt Society, London, 2002.

BURTON, I & WILKINS, W: *The Romance of Isabel Lady Burton: the story of her life* (2 Bände), Hutchinson, London, 1897.

BURTON, R: *Personal Narrative of a Pilgrimage to Al-Madinah & Meccah* (2 Bände), Tylston and Edwards, London, 1893.

BYRD, E: *Alone*, Island Press, Washington, 2003, Abdruck mit Genehmigung des Verlegers.

CAILLIÉ, R: *Travels through Central Africa to Timbuctoo; and across the Great Desert, to Morocco; performed in the years 1824–1828* (2 Bände), Henry Colburn and Richard Bentley, London, 1830.

COOK, F: *My Attainment of the Pole*, The Polar Publishing Company, New York, 1911, rAbdruck mit Genehmigung von Cooper Square Press.

COOK, J (ed J Beaglehole): *The Journals of Captain James Cook on his Voyages of Discovery*, Boydell Press, Woodbridge, 1999.

COUSTEAU, J (with J Dugan): *The Living Sea*, Hamish Hamilton, London, 1963, Abdruck mit Genehmigung des Autors.

DARWIN, C (ed R Keynes): *Charles Darwin's Beagle Diary*, Cambridge University Press, Cambridge, 1988.

DUMONT D'URVILLE, J: *Voyage au Pole Sud et dans L'Oceanie sur les corvettes L'Astrolabe et La Zelée, executée par l'ordre du roi pendant les années 1837–1838–1839–1840*, (10 Bände). Gide, Paris, 1844.

FIENNES, R: *To the Ends of the Earth*, Hodder & Stoughton, 1983, Abdruck mit Genehmigung von Hodder Headline.

FLEMING, P: *Brazilian Adventure*, Pimlico, London, 1998, Abdruck mit Genehmigung der Nachlassverwaltung von Peter Fleming.

FRANKLIN, J: *Narrative of a journey to the shores of the Polar Sea in the years 1819–20–21–22*, John Murray, London, 1823.

FUCHS, V: *The Crossing of Antarctica*, Cassell, London, 1958, Abdruck mit Genehmigung der Orion Publishing Group.

HEDIN, S: *Trans-Himalaya: Discoveries and Adventures in Tibet* (3 Bände), Macmillan, London, 1909, Abdruck mit Genehmigung der Asian Educational Services.

HERBERT, W: *Across the Top of the World*, Longmans, Green & Co, London, 1969, Abdruck mit Genehmigung von Kari Herbert.

HERZOG, M: *Annapurna*, Pimlico/Random House, London, 1952, Abdruck mit Genehmigung des Autors.

HEYERDAHL, T: *The Kon-Tiki Expedition*, Flamingo, London, 1950, Abdruck mit Genehmigung von Harper Collins Publishers Ltd.

HUMBOLDT, A VON: *Personal Narrative to the Equinoctial Regions of America*, 1852.

HUNT, J: *The Ascent of Everest* Hodder & Stoughton, London, 1953, Abdruck mit Genehmigung von Hodder Headline.

HUNTFORD, R (ed): *The Amundsen Photographs*, Atlantic Monthely Press.

KANE, E: *Arctic Explorations* (2 Bände) Childs & Peterson, Philadelphia, 1857.

KOLDEWEY, K (Übersetzung C Mercier; ed H Bates): *The German Arctic Expedition of 1869–70 and narrative of the wreck of the Hansa in the ice*, Sampson Low, Marston, Low & Searle, London, 1874.

LIVINGSTONE, D: *Narrative of an Expedition to the Zambezi and its tributaries; and of the discovery of Lakes Shirwa and Nyasa*, John Murray, London, 1865.

LYON, G: *A Narrative of Travels in Northern Africa*, John Murray, London, 1821.

MAWSON, D: *The Home of the Blizzard: A True Story of Antarctic Survival* (2 Bände), Heinemann, London, 1915, Abdruck mit Genehmigung von Birlinn, Edinburgh.

NANSEN, F: *Farthest North* (2 Bände), Constable, London, 1897.

NARES, G: *Narrative of a Voyage to the Polar Sea* (2 Bände), Sampson Low, Marston, Searle, & Rivington, London, 1878.

NOBILE, U: *My Polar Flights*, Frederick Muller, London, 1961.

NORGAY, T (mit J R Ullman): *Man of Everest: The Autobiography of Tenzing*, Harrap, London, 1955, wiedergegeben mit Genehmigung von Gibson Square Books.

NORTON EDWARD, Somerville Howard and Odell Noel: *The Mount Everest Dispatches*, Royal Geographical Society, Abdruck mit Genehmigung der Verleger.

PARK, M: *The Life & Travels of Mungo Park*, William Nimmo, Edinburgh, 1870.

PEARY, R: *Nearest the Pole*, Hutchinson, London, 1907.

PICCARD, A: *Between Earth and Sky*, Falcon Press, London, 1950.

PICCARD, B: *Alone At Last*, National Geographic Magazine, September 1999, Abdruck mit Genehmigung des Autors.

ROSS, J: *A Voyage of Discovery Inquiring into the Possibility of a North-West Passage*, John Murray, London, 1819 und *Narrative of a Second Voyage in search of a North-West Passage*, Webster, London, 1835.

SHACKLETON, E: *South*, Heinemann, London, 1919.

SCOTT, R: *Scott's Last Expedition*, (2 Bände), Smith, Elder, London 1913.

SPEKE, J: *What Led to the Discovery of the Source of the Nile*, Frank Cass, London, 1967.

STANLEY, H: *Through the Dark Continent* (2 Bände), Sampson Low, Marston, Searle & Rivington, London 1878.

STARK, F: *The Valleys of the Assassins*, John Murray, London, 1934, Abdruck mit Genehmigung von Hodder Headline und *The Southern Gates of Arabia*, John Murray, London, 1936.

STEPHENS, J: *Incidents of Travel in Yucatán* (2 vols), Harper Bros, New York, 1843.

STURT, C: *Journal of the Central Australian Expedition, 1844–45*, Calibar Books, London, 1984.

THESIGER, W: *Arabian Sands*, Longmans, Green & Co, Abdruck mit Genehmigung von Penguin Books und *My Life and Travels*, Harper Collins, London, 2002.

WOLLASTON, N: *The Life of August Courtauld*, Constable, London, 1980, Abdruck mit Genehmigung des Autors.

WOOD, F: *The Silk Road*, British Library, London, 2003.

WHYMPER, E: *Scrambles Amongst the Alps in the Years 1860–69*, John Murray, London, 1871.

YOUNGHUSBAND, F: *The Heart of a Continent: a narrative of travels in Manchuria, across the Gobi Desert, through the Himalayas, the Pamirs and Chitral, 1884–1894*, John Murray, London, 1896, Abdruck mit Genehmigung von Hodder Headline.

Wir haben uns nach Kräften bemüht, alle Inhaber von Urheberrechten ausfindig zu machen oder Kontakt zu ihnen aufzunehmen. Sollten dennoch irgendwelche Angaben fehlen, bitten die Verleger um Benachrichtigung, damit sie bei nächster Gelegenheit entsprechende Korrekturen veranlassen können.

IMPRESSUM

Mitarbeiter an der englischen Original-Ausgabe:
Design & Art Direction David Rowley
Editorial director Susan Haynes
Design assistance Justin Hunt
Copyedited Constance Novis
Index Elizabeth Wiggans

Mitarbeiter an der deutschen Ausgabe:
Übersetzung Anke Maß, Monika Rößiger, Susanne
Schmidt-Wussow, Veronika Straaß, Sabine Tessloff
Lektorat Monika Rößiger (Ltg.), Dr. Thomas Pago für CLP
Lektoratsassistenz Hella Raddatz, Alexandra Carsten
Schlussredaktion Dr. Horst Leisering für CLP
Titelgestaltung Lutz Jahrmarkt
Produktionsgrafik Ursula Peters
Herstellung Dirk Beyer

Erste Veröffentlichung 2005 von Weidenfeld & Nicolson in
Großbritannien unter dem Titel:
The Explorer's Eye. First-hand Accounts of Adventure and
Exploration

Autorisierte deutsche Ausgabe veröffentlicht von
National Geographic Deutschland (G+J/RBA GmbH & Co KG),
Hamburg 2006.

ISBN 3-937606-94-7 / ISBN 978-3-937606-94-1

Printed in Italy

Die National Geographic Society, eine
der größten gemeinnützigen
wissenschaftlichen Vereinigungen der
Welt, wurde 1888 gegründet, um «die
geographischen Kenntnisse zu
mehren und zu verbreiten». Seither
unterstützt sie die wissenschaftliche
Forschung und informiert ihre mehr
als neun Millionen Mitglieder in aller
Welt. Die National Geographic
Society informiert durch Magazine,
Bücher, Fernsehprogramme, Videos,
Landkarten, Atlanten und moderne
Lehrmittel. Außerdem vergibt sie
Forschungsstipendien und organisiert
den Wettbewerb National Geographic
Bee sowie Workshops für Lehrer. Die
Gesellschaft finanziert sich durch
Mitgliedsbeiträge und den Verkauf
der Lehrmittel.

Die Mitglieder erhalten regelmäßig
das offizielle Journal der Gesellschaft:
das NATIONAL GEOGRAPHIC-Magazin.

Falls Sie mehr über die National
Geographic Society, ihre
Lehrprogramme und Publikationen
wissen wollen, nutzen Sie die Website
unter www.nationalgeographic.com.

Die Website von NATIONAL
GEOGRAPHIC DEUTSCHLAND können
Sie unter www.nationalgeographic.de
besuchen.